高等职业教育教材

体育与健康
第二版

毛春风 主编　王 涿　李 鹏 副主编

化学工业出版社

·北京·

内容简介

《体育与健康》(第二版)分为两大板块,共四章、十八个项目,主要内容既包括高职体育与健康、体育竞赛的组织编排、运动医务监督等理论性知识,又包括田径运动、球类、传统武术、休闲体育、健身体育等具体运动的详细情况介绍。在编写过程中,充分考虑教师"教"与学生"学"的发挥空间,力图体现本门课程基础、浓缩、实用的编写理念。

本书可作为各高校学生学习公共体育课程及相关体育选修课教材使用,也适合体育运动爱好者作为参考资料使用。

图书在版编目(CIP)数据

体育与健康/毛春风主编;王涿,李鹏副主编. —2版. —北京:化学工业出版社,2024.8
高等职业教育教材
ISBN 978-7-122-45676-2

Ⅰ.①体… Ⅱ.①毛… ②王… ③李… Ⅲ.①体育-高等职业教育-教材②健康教育-高等职业教育-教材 Ⅳ.①G807.4②G717.9

中国国家版本馆 CIP 数据核字(2024)第 098566 号

责任编辑:满悦芝　　　　　　　装帧设计:张　辉
责任校对:宋　玮

出版发行:化学工业出版社
　　　　（北京市东城区青年湖南街13号　邮政编码100011）
印　　装:大厂聚鑫印刷有限责任公司
787mm×1092mm　1/16　印张16¼　字数620千字
2024年8月北京第2版第1次印刷

购书咨询:010-64518888　　　　售后服务:010-64518899
网　　址:http://www.cip.com.cn
凡购买本书,如有缺损质量问题,本社销售中心负责调换。

定　　价:42.00元　　　　　　　　版权所有　违者必究

序

发展体育运动，增强人民体质，是我国体育工作的根本任务。习近平总书记指出："人民健康是民族昌盛和国家富强的重要标志""青年兴则国家兴，青年强则国家强。青年一代有理想、有本领、有担当，国家就有前途，民族就有希望。"

为了落实立德树人的根本任务，全面提升学生的核心素养，加强大学体育课程的建设与改革，提高教学质量，根据2020年10月中共中央办公厅、国务院办公厅印发《关于全面加强和改进新时代学校体育工作的意见》和《关于全面加强和改进新时代学校美育工作的意见》的要求和相关文件精神，编写团队教师注重把职业教育体育课程与职业技能培养相结合，扎根中国、融通中外，充分体现思想性、教育性、创新性、实践性，同时根据学生年龄特点和身心发展规律，围绕课程目标和运动项目特点，精选教学素材，丰富教学资源，精心策划，精益求精。

教材编写人员坚持"学生为本、健康第一"的指导思想，认真总结了当前高职体育教学的现状，在遵循体育课程建设与改革的客观规律、广泛参考众多优秀资料的基础上，结合高校体育教学改革和学生的实际需要编写了本书。

通过新时代背景下高职院校体育课程思政元素的开发与思政教育开展的研究，编者注重将思政元素融入教材，从而将思想政治教育与体育教育融合统一，编写了"通识基础、融合课程、拓展素质"三位一体的多元教学参考用书。教材把理论与实践结合起来，把继承与创新结合起来，以"项目教学"为基本方法，以传统体育课程为主，以休闲体育等为补充，通过体育项目的学习使学生掌握科学锻炼的基础知识、基本技能和有效方法，有利于学生学会一些终身受益的体育锻炼项目，养成良好的锻炼习惯。

教材通过深入挖掘学校体育在学生道德教育、智力发展、身心健康、审美素养和健康生活方式形成中的多元育人功能，培养学生爱国主义、集体主义、社会主义精神和奋发向上、顽强拼搏的意志品质，能够较好地实现以体育智、以体育心的独特功能，促进学校体育与德育、智育、美育有机融合，加强对学生规矩意识的培养，同时培养学生学习兴趣和顽强的意志品质，积极进取以及团结协作的集体主义精神，使学生能够德智体美劳全面发展。

牟纬

2024 年 7 月

前言

2014年6月11日，教育部以教体艺〔2014〕4号印发《高等学校体育工作基本标准》（下简称《标准》）。该《标准》是对全日制普通高等学校体育工作的基本要求，也是评估、检查高等学校体育工作的重要依据。《标准》中明确规定，"必须为一、二年级本科学生开设不少于144学时（专科生不少于108学时）的体育必修课""为其他年级学生和研究生开设体育选修课""建立健全《国家学生体质健康标准》管理制度，学生测试成绩列入学生档案，作为对学生评优、评先的重要依据。毕业时，学生测试成绩达不到50分者按结业处理""深入推进课程改革，合理安排教学内容，高等学校开设不少于15门的体育项目"。这些规定充分体现了体育课在我国高等教育人才培养体系中的地位和重要意义，也为高校体育课程建设指明了方向。

本教材分理论和实践两个篇章，理论篇由四个章节组成，实践篇由十八个项目组成。学生可通过对理论篇的学习，深层次掌握学习体育的目的和任务，还会学习到科学的体育锻炼方法及营养搭配。通过对实践篇的学习，可以增进体育项目技术和战术的水平。本教材可以作为学生在校期间学习体育的理论支撑，也可以作为进入社会后进行大众体育锻炼的参考。

本教材由毛春风任主编，王涿、李鹏任副主编。毛春风负责制定本书的编写框架。具体分工如下：毛春风编写二维码1-0-1、第二章、项目二、项目八，王涿编写第一章、第三章、第四章，李鹏编写项目一、项目四，安品齐编写项目五、项目十六，滕守峰编写项目十四，滕守峰、裴迅、罗庆慧共同编写项目十五，田欣编写项目六、项目十三，裴迅编写项目十、项目十一，罗庆慧编写项目三，裴玉东编写项目七，白桐源编写项目九，梁秀平编写项目十二，王硕编写项目十七，才军政编写项目十八。

在本书的编写过程中，我们得到了专家团队的鼎力支持，同时参考了大量的文献和最新研究成果，在此对各方表示衷心感谢！

尽管我们在主观上做了很大努力，但由于时间仓促，加上编写人员水平有限，全书难免有不妥之处，敬请大家斧正。

编者
2024年7月

目录

第一篇 理 论

第一章 高职体育与健康概述 ·················· 2
第一节 高职体育的特点与目标 ················ 2
一、高职体育的特点 ······················ 2
二、高职体育的目标 ······················ 3
第二节 高职体育的原则及内容 ················ 4
一、促进职业教育遵循的原则 ················ 4
二、高职学生体育锻炼的原则 ················ 5
三、高职体育教育的内容与形式 ··············· 6
第二章 学生体质健康测试 ··················· 7
第一节 大学生体质健康标准 ················· 8
一、《国家学生体质健康标准（2014年修订）》说明 ······· 8
二、《国家学生体质健康标准（2014年修订）》项目及评价指标 · 9
第二节 学生体质健康监测评价办法 ··············15
一、身高 ····························15
二、体重 ····························16
三、肺活量 ···························16
四、仰卧起坐 ··························17
五、引体向上 ··························17
六、坐位体前屈 ·························18
七、立定跳远 ··························18
第三章 体育锻炼与健康 ····················20
第一节 体育锻炼与身体健康 ·················21

  一、体育锻炼对身体发育的影响 …………………………………………………… 21
  二、体育锻炼对身体机能的影响 …………………………………………………… 21
 第二节 体育锻炼与心理健康 …………………………………………………………… 23
  一、心理健康概述 …………………………………………………………………… 23
  二、大学生心理健康问题及成因 …………………………………………………… 23
  三、体育锻炼对大学生心理健康的促进作用 …………………………………… 24
 第三节 体育锻炼与社会适应能力 …………………………………………………… 26
  一、社会适应概述 …………………………………………………………………… 26
  二、体育锻炼对社会适应的影响 …………………………………………………… 27
 第四节 体育锻炼与营养 …………………………………………………………………… 28
  一、营养的含义与合理营养 ………………………………………………………… 28
  二、营养素与健康 …………………………………………………………………… 29
  三、体育锻炼与合理营养 …………………………………………………………… 31
  四、健康膳食 ………………………………………………………………………… 33
 第五节 体育锻炼的基本原则 …………………………………………………………… 34
  一、自觉积极性原则 ………………………………………………………………… 34
  二、全面性原则 ……………………………………………………………………… 34
  三、经常性原则 ……………………………………………………………………… 35
  四、循序渐进原则 …………………………………………………………………… 35
  五、区别对待原则 …………………………………………………………………… 36
  六、安全性原则 ……………………………………………………………………… 36
 第六节 体育锻炼的科学方法 …………………………………………………………… 37
  一、重复锻炼法 ……………………………………………………………………… 37
  二、间歇锻炼法 ……………………………………………………………………… 37
  三、循环锻炼法 ……………………………………………………………………… 37
  四、综合锻炼法 ……………………………………………………………………… 38
  五、处方锻炼法 ……………………………………………………………………… 38
 第七节 个人体育锻炼计划的制订 …………………………………………………… 38
  一、运动处方 ………………………………………………………………………… 38
  二、个人体育锻炼计划 ……………………………………………………………… 40

第四章 体育竞赛的组织编排 …………………………………………………………… 41
 第一节 体育竞赛的意义与种类 ………………………………………………………… 41
  一、体育竞赛的意义 ………………………………………………………………… 41
  二、体育竞赛的种类 ………………………………………………………………… 42
 第二节 体育竞赛的组织与编排 ………………………………………………………… 43
  一、体育竞赛的组织 ………………………………………………………………… 43
  二、体育竞赛的编排 ………………………………………………………………… 44

第二篇 实　　践

项目一　跑的训练 ·········· 48
　　学习任务一　短跑技术 ·········· 48
　　学习任务二　中长跑技术 ·········· 51
　　学习任务三　接力跑技术 ·········· 53
　　学习任务四　跨栏跑技术 ·········· 57

项目二　田径——跳跃训练 ·········· 60
　　学习任务一　立定跳远技术 ·········· 60
　　学习任务二　跳高技术 ·········· 64
　　学习任务三　跳远技术 ·········· 67
　　学习任务四　三级跳远技术 ·········· 69

项目三　投掷项目 ·········· 73
　　学习任务一　初识铅球项目 ·········· 73
　　学习任务二　推铅球动作要领 ·········· 74
　　学习任务三　训练投掷铁饼技术 ·········· 75
　　学习任务四　训练抛实心球技术 ·········· 76
　　学习任务五　训练掷标枪技术 ·········· 77
　　学习任务六　训练掷链球技术 ·········· 78

项目四　足球 ·········· 79
　　学习任务一　初识足球 ·········· 79
　　学习任务二　踢球 ·········· 82
　　学习任务三　停球 ·········· 86
　　学习任务四　头顶球 ·········· 88
　　学习任务五　运球 ·········· 90
　　学习任务六　抢截球 ·········· 92
　　学习任务七　掷界外球 ·········· 93
　　学习任务八　守门员技术 ·········· 95
　　学习任务九　足球竞赛规则 ·········· 97

项目五　篮球 ·········· 103
　　学习任务一　认识篮球 ·········· 103
　　学习任务二　篮球基本技术及练习方法 ·········· 105
　　学习任务三　篮球基本战术 ·········· 111
　　学习任务四　篮球比赛组织、编排及规则 ·········· 114
　　学习任务五　三人制篮球竞赛方法简介 ·········· 118

项目六　排球 ·········· 121
　　学习任务一　初识排球 ·········· 121

学习任务二	准备姿势与移动	123
学习任务三	传球	125
学习任务四	垫球	127
学习任务五	发球	129
学习任务六	扣球	131
学习任务七	拦网	132
学习任务八	排球运动规则	134

项目七　乒乓球 …… 137

学习任务一	乒乓球发展史	137
学习任务二	乒乓球基本技术	142
学习任务三	技巧学习	145
学习任务四	主要战术	146

项目八　羽毛球 …… 151

学习任务一	初识羽毛球	151
学习任务二	握拍与发球技术	154
学习任务三	接发球	156
学习任务四	击球	157
学习任务五	羽毛球基本步法	159
学习任务六	羽毛球基本战术	161
学习任务七	羽毛球规则和裁判方法	165

项目九　网球 …… 170

| 学习任务　初识网球 | 170 |

项目十　台球 …… 175

学习任务一	初识台球	175
学习任务二	基本动作	177
学习任务三	击球方法	179

项目十一　健美操 …… 181

| 学习任务　初识健美操 | 181 |

项目十二　瑜伽 …… 184

学习任务一	初识瑜伽	184
学习任务二	瑜伽坐姿	185
学习任务三	瑜伽呼吸	187
学习任务四	瑜伽身体四肢准备运动	188
学习任务五	语音冥想	190
学习任务六	站姿体式	191
学习任务七	伸展体式	192
学习任务八	坐姿体式	193
学习任务九	俯卧体式	195

项目十三 三十二式太极拳 ·················· 197
  学习任务一 初识三十二式太极拳 ·················· 197
  学习任务二 三十二式太极拳的动作 ·················· 198

项目十四 蹴球 ·················· 211
  学习任务一 初识蹴球 ·················· 211
  学习任务二 蹴球基本动作 ·················· 213

项目十五 极限飞盘 ·················· 217
  学习任务一 极限飞盘运动的起源与发展 ·················· 217
  学习任务二 极限飞盘运动的特点与价值 ·················· 219
  学习任务三 极限飞盘比赛规则及其演变特点 ·················· 221

项目十六 定向越野 ·················· 225
  学习任务一 初识定向运动 ·················· 225
  学习任务二 识读定向越野地图 ·················· 229

项目十七 健身 ·················· 233
  学习任务 制定个性化健身计划 ·················· 233

项目十八 飞镖 ·················· 238
  学习任务一 飞镖、镖盘的基础知识与构造 ·················· 238
  学习任务二 飞镖的基础动作和概念 ·················· 240

参考文献 ·················· 247

第一篇 理 论

二维码 1-0-1　高职体育课程思政

第一章 高职体育与健康概述

【学习目标】

① 了解高职体育的特点、目标；
② 了解高职体育遵循的原则与相关要求；
③ 了解高职体育课程及阳光体育的内容与形式；
④ 培养并增强终身体育意识。

第一节 高职体育的特点与目标

人才是我国经济社会发展的第一资源。《中国制造 2025》强调要健全完善中国制造从研发、转化、生产到管理的人才培养体系，为推动中国制造业从大国向强国转变提供人才保障。因而目前我国高职教育的培养目标基本定位在"技术应用型人才"。美国管理学家彼·杜拉克把"技术人员"表述为"同时也做体力工作"的知识工作者。"应用型"与"体力"两词充分说明了高职体育教育是实现这一目标的基础，是培养技术应用型人才素质的重要手段。马克思曾说："未来教育对于所有已满一定年龄的儿童来说，就是生产劳动同智育和体育相结合，它不仅是提高社会生产的一种方法，而且是造就全面发展的人的唯一方法。"当今社会发展已将职业教育与体育融为一体，而且两者作为社会发展的产物，相互作用，相互支撑，缺一不可。

一、高职体育的特点

高职院校体育教育既有与普通本科学校共同的特性，又有学制短和职业教育的定向性、实用性和专业性的特点，因社会分工、职业差别的存在而出现了不同的素质培养目标、职业体能要求及自我锻炼需求。高职体育是培养德、智、体、美全面发展的专业技术应用型人才的重要课程，是职业教育的重要组成部分。应针对教学对象的不同特点，充分考虑学生未来就业的职业体能需要和终身体育发展需求，培养学生适应就业岗位所需要的良好身体素质和自我心理状态调整能力。

高职体育教育应当顺应社会提供就业岗位对人才的多维度需求，依据院校自身办学特点，在学生身体素质全面发展的基础上，加强与其职业特点相关的身体素质、运动技能、健身知识、职业病预防、观赏与组织小型比赛的能力等方面的教学。

二、高职体育的目标

体育是高等教育的基本组成内容，它与德育、智育、美育紧密结合，肩负着为社会培养全面发展的高层次人才的历史使命。高职体育教育的目标是指在一定时期内，高职生通过体育实践所要达到的预期结果。它是高职体育的出发点和最终目标，对学生具有导向和激励作用。高职体育教育目标包括目标定位、健康达成目标和职业素质发展目标。

1. 高职体育的目标定位

（1）重视学生的兴趣，提倡快乐学习，主动锻炼

充分研究、探讨学生的体育兴趣爱好，结合新时期高职学生的个性特点和身心发展需要，为培养终身体育打好基础。

（2）尊重专业特点，以增强体质为本位，服务就业为导向

从实际出发，体现职业教育特点，强调知识、素质、体能的全面提高，实现思想品德教育、文化科学教育、职业和体育技能教育与身体活动的有机结合，是实施素质教育和培养全面发展人才的重要途径。

（3）重视阳光体育的开展

高职体育教育要走出课堂，打破传统教学方式的禁锢，重视学生课外体育活动的组织、指导和引导，以体育社团、体育俱乐部、院运动队等多种形式，面对多种学生群体，开展春秋季运动会、体育节等多类型、多层次的体育锻炼活动作为体育课堂的有效填充。

（4）重视体育精神与意识的传播

由于高职教育的学制较短，在有限的课堂体育教学时间里不但要让学生掌握一至二项在今后的工作生活中可以健康身心的体育技能，更要对学生加强体育精神的灌输，激发学生主动参与体育活动的欲望，才可能在较短时间内树立学生终身体育的意识。

（5）重视德育教育的渗透

体育教学过程的特点决定了体育教学与德育有着密不可分的联系。体育教学在向学生传授知识、技能的过程中要培养学生的综合能力，影响学生思想感情，培养学生的意志品质和性格特征，对学生世界观的形成起到积极作用。高职教育的目的是使学生在德、智、体、美、劳等方面得到发展，成为有理想、有道德、有文化、有纪律的应用技术型人才。在体育教学中，针对不同的学生，有的放矢地进行思想品德教育，是高职体育教育责无旁贷的任务。

2. 健康达成目标

通过体育课程，使学生养成自觉参与锻炼的行为习惯，掌握科学的体育锻炼方式方法，全面发展身体素质，形成健康的心理品质，表现出良好的人格特征，积极的竞争意识与团队合作态度。

（1）知识目标

了解体育运动的基本知识、运动特点和锻炼方法，树立正确的健康观，掌握基本的运动处方知识；了解常见运动竞赛规则与裁判知识、竞赛组织方法；理解常见运动技术、战术及实际运用方法；了解提高身体素质的知识和手段；了解与运动有关的损伤产生原因及简单处理方法和运动保健知识。

（2）技能目标

掌握两项及以上的基本运动技术技能，并能在运动实践中运用，形成自觉锻炼的能力与

习惯；掌握发展专项素质的方法与运用方式；能根据掌握的基本知识，利用体育锻炼调节与改善自身心理状态，具备对运动损伤进行简单临场处理及制定简单运动处方的能力；熟悉一至二项运动项目规则与裁判方法，并具有在校园及基层企事业单位临场执法与组织简单比赛的能力；具有一定的体育欣赏能力。

3. 职业素质发展目标

结合高职专业人才培养目标，针对职业岗位标准，利用体育教育的手段，来提升学生的身体素质和运动技能水平，提升职业素养，达到发展学生职业能力与素养的目的。

（1）知识目标

依据本专业人才培养方案，了解本专业相对应的职业岗位群的生理、心理负荷特征与水平，了解常见职业性疾病的成因与预防知识；了解增进职业体能和职业素质素养的锻炼方法和途径；了解体育文化与职业素养提升的关系。

（2）技能目标

能正确理解岗位体能要求，学会利用体育锻炼的方法来预防与纠正职业性疾病的方法；掌握提高本专业相对应的岗位群所需关键身体素质、体能的锻炼方法；掌握一至二项与职业岗位相关度高的实用体育技能；借鉴体育文化特征，改善身体形态、心理素质和团队协同能力，提升自身职业素养，更好地胜任本职工作，提升个人魅力，提高个人生活品质。

第二节 高职体育的原则及内容

一、促进职业教育遵循的原则

高职院校的体育课程体系构建须符合社会的需要和改革发展的需要，从实际出发，体现职业教育特点，强调知识教育、素质、体能的提高，能力、习惯的培养，方法、技能的掌握，为终身体育打好基础。应根据自身的实际情况及专业特点，紧紧围绕专业设置、职业特征调整开发课程体系，以促进学生就业为出发点，把学生今后从事职业劳动应具备的身心素质和社会对高素质劳动者的要求作为努力方向，以提高学生的职业体能和身体素质。应既符合职业发展需要，又满足学生个性需求，把体育与学习生活紧密结合。

1. 与学生未来所从事职业相适应原则

高职体育教育具有其特殊性，劳动者在从事职业劳动的过程中，所承受的心理、生理负荷，具体的工作形式、自然、社会条件均不同，在教学方法和课程设置上，要注意与学生未来所从事的职业相适应，充分考虑职业特点，以增强体质、提高体育能力、培养体育意识、促进学生身心健康为目标体系。

2. 针对性与多样性结合原则

在职业教育中，要围绕学生的专业特点，研究职业劳动的需要，分析学生今后从事的职业劳动对劳动者有哪些体能要求，有针对性地选择教学内容，进行职业实用性身体训练，重点提高身体素质，使学生获得适应职业的身体素质，可以很快地适应职业劳动要求。但锻炼的形式应力求丰富多彩，形式多样，使学生在愉快的练习中增进肌体机能能力，掌握运动技能。

3. 加强职业保健教育，预防劳动损伤原则

从事生产劳动容易使人产生职业病，任何一种职业，都会对劳动者身体造成一定程度的损伤和危害。每个从业者，都应了解自己所从事的职业劳动所具有的各种潜在危害因素，因此，高职体育教育应把"提高、防止、补偿"作为原则，始终贯穿于教学过程之中。在教学中注意

引导学生学会自我锻炼、自我评价、自我调节、自我预防，最大限度地维护自我健康，养成终生锻炼的习惯。因此，在体育教学内容安排上，应增加相关职业与健康有关联的理论知识，传授不同职业和专业学生所需要的职业养生健身知识和技能，使学生学会针对职业病的预防及锻炼方法，从而科学合理、有效地预防一些常见职业病的发生。

4. 实用性原则

劳动者在生产劳动过程中，必然受到时间、空间和环境的限制，高职体育教育要教会学生如何在有限的时空环境条件下，利用现有条件进行科学有效锻炼。如办公室和生产车间空间狭小，可练习简易健身操或哑铃操。

每一种职业劳动，都对应着特定的职业技能要求。在体育教学中，研究不同职业的基本工作方式，以体育为手段，进行有目的的身体锻炼，既可以发展学生的身体素质，又能培养学生的综合职业素质。

二、高职学生体育锻炼的原则

1. 自觉主动性原则

自觉主动性原则指体育锻炼者有明确的健身目标，在充分认识体育锻炼的目的、意义的基础上，自觉、自愿、主动、积极地从事体育锻炼活动。同学们首先应该树立"科学锻炼有益健康"的信念，其次体育锻炼是一个自我锻炼、自我完善，克服自身的惰性，战胜各种困难的过程。同时，还要有一定的作息制度作保证，把体育锻炼当作生活中不可缺少的一部分。

2. 因人而异原则

因人而异原则是指选择锻炼内容、方法和安排运动负荷时，应根据个人的性别、年龄、职业、健康状况，对锻炼的爱好、要求和原有的基础，以及生活条件等实际情况来确定。不搞"一刀切"，先确定一个经过努力能实现的目标，制定切实可行的计划，按科学方法进行锻炼，以取得最佳的锻炼效果。

3. 持之以恒原则

持之以恒原则是指体育锻炼必须经常进行，使之成为日常生活中的重要内容。体育锻炼对机体给予刺激，每次刺激都产生一定的作用痕迹，连续不断地刺激作用则产生痕迹的积累。这种积累使机体结构和机能产生新的适应，体质就会不断增强，动作技能形成的条件反射也会不断得到强化。因此，体育锻炼贵在坚持，不能设想在短时间内取得显著效果，必须要长久积累。

4. 循序渐进原则

循序渐进原则是指体育锻炼必须遵循人体自然发展、机体适应的基本规律，从不同的主客观实际出发，合理安排运动负荷，在渐进的基础上提高锻炼水平。在体育锻炼过程中，运动负荷的大小直接影响人体机能的变化，负荷是否适宜，对锻炼效果的好差起很大的作用。运动负荷的大小因人、因时而异。即便是同一个人，在不同的机能状态、不同的时间，人体对负荷的承受能力也不尽相同。因此，进行体育锻炼时应循序渐进，随时调整运动负荷，逐步提高锻炼水平。

5. 全面性原则

全面性原则是指体育锻炼必须追求身心全面和谐发展，使身体形态、机能、身体素质及心理素质等方面得到全面协调的发展。人体是由各局部构成的一个整体，各局部均按"用进废退"的规律发展，体育锻炼能促进新陈代谢，使身体各系统、组织、器官和谐发展，达到身体相对的完善与和谐。

三、高职体育教育的内容与形式

高职体育隶属于我国学校体育的范畴，主要是指非体育专业大学生在大学期间所接受的学校体育教育，按照"健康第一"和"终身体育"的要求，其含义是指传授体育文化与体育运动技能，增强学生体质，提高学生身心健康水平和适应能力的有目的、有计划、有组织的教育过程。

1. 高职体育的目的与任务

（1）高职体育的目的

一方面通过大学体育的开展，促进大学生生长发育和体质的增强，保证大学阶段繁重学习任务的完成；另一方面是要求大学生掌握体育知识技能，提高运动能力，形成良好的体育习惯和体育意识，为毕业以后走向社会，坚持终身体育奠定基础。

（2）高职体育的任务

培养大学生的体育运动能力，树立健康第一的思想意识；增进大学生的身心健康，增强大学生体质；培养高水平运动员，为国家培养体育后备人才。

2. 高职体育教育的途径与形式

实现高职体育目的与任务的主要途径包括大学体育课程教学多元化、课内外体育呈现一体化、课外体育形式多样化。高职体育的组织形式包括体育教学课、课外体育活动、运动队训练等。高职体育活动主要包括晨练（早操）、课外体育活动、运动竞赛、大学生体质健康标准测试等。

第二章 学生体质健康测试

【学习目标】

① 理解大学生健康体质测试的作用和意义；
② 掌握大学生健康体质测试的国家标准；
③ 掌握大学生健康体质测试的评价方法。

高职学生的体育能力，其实质是对职业所需能力的分析和确定。高职学生应具备什么体育能力，掌握什么体育技能，身体素质达到什么要求是体育教育的首要任务。根据我国现行体育教学文件、文献中的具体要求以及有关规定，确定高职学生应具备的体育能力。

收集学生的基本数据，并对数据进行动态化的更新，保证数据和学生的真实情况相匹配。结合实际教学经验，可以通过以下方法开展精准化的数据采集工作。

第一，明确数据采集的内容，定期对其进行合理的补充。要把常规的肺活量、力量、弹跳能力等纳入数据采集体系，从而确定数据库的来源范围。要定期对采集体系的内容加以完善。在采用新的指标时，要注重其和原有体系的兼容性。要在收集数据前预先对学生讲解新指标涉及的逻辑原理、检测方法、对训练的影响等内容，从而让学生做好心理准备。

第二，制定合理化的采集时间间隔，并严格执行相应的要求。要根据智慧体育教学的目标，定期对学生的基础数据进行有效的采集。相应的时间间隔必须与学生的锻炼强度和方式、学生的年龄情况和身体成长阶段相适应。要保证数据采集的及时性，通过智慧体育的相关系统将数据采集精确到具体的时间节点，在相应的时间点完成数据的采集、校对、上传工作。

第三，将不同类型的数据加以有效的汇总。要打造相应能够对不同的数据加以有效汇总的系统，并能够及时向相关人员反馈汇总结果。相应的分析系统要保证可以对身高、体重、肺活量、心率等信息进行有效收集和整理，从而为后续的数据分析做好准备。

第四，打造完善的数据库，保证数据的有效交接。这是一个长期的系统性工作，对学生每个阶段的成长都起到了重要的支持性作用。因此，要保证数据能够有效输出，即可以通过数据共享的方式将学生的基础数据传递给下一任教师，从而实现持续性的科学指导，保证指导的一贯性。

第五，用数据绘制成长轨迹。数据采集工作的另一个重要目的就是通过绘制数据的变化图清晰展示出学生的成长变化，为教师提供其身体各项指标的发展趋势。这种趋势的预测将为后续数据的分析和预测提供更为科学的依据，辅助后续的培训工作。

第一节　大学生体质健康标准

大学生体质健康评价是高等学校体育工作的重要环节，也是学校教育评价体系的重要组成部分。建立全面、科学的学生体质健康评价体系，可使学生自身、家长、学校、社会各方面及时了解学生的身体健康状况，从而促使学生调整自己的学习和锻炼目标，并为学校和教育管理部门制定和调整体育教育政策提供科学的依据。为贯彻落实健康第一的指导思想，切实加强学校体育工作，促进学生积极参加体育锻炼，养成良好的锻炼习惯，提高体质健康水平，2014年教育部和国家体育总局对《国家学生体质健康标准》进行了修订，与以前的标准相比，新标准重在激励学生积极地进行身体锻炼，而不是为了测试而锻炼。它采用个体评价标准，能够清晰地看出学生个体差异与自身某些方面的不足，这十分有利于通过测试促进学生积极参加体育锻炼，通过锻炼改善健康状况，弥补差距，从而促进学生身体健康的全面发展。

一、《国家学生体质健康标准（2014年修订）》说明

为建立健全国家学生体质健康监测评价机制，激励学生积极参加身体锻炼，教育部印发《国家学生体质健康标准（2014年修订）》（以下简称《标准》），要求各学校每学年开展覆盖本校各年级学生的《标准》测试工作，并根据学生学年总分评定等级。只有达到良好及以上的学生，方可参加评优与评奖。

①《国家学生体质健康标准》是国家学校教育工作的基础性指导文件和教育质量基本标准，是评价学生综合素质、评估学校工作和衡量各地教育发展的重要依据，是《国家体育锻炼标准》在学校的具体实施，适用于全日制普通小学、初中、普通高中、中等职业学校、普通高等学校的学生。

②《标准》的修订坚持健康第一，积极落实《国家中长期教育改革和发展规划纲要（2010—2020年）》《国务院办公厅转发教育部等部门关于进一步加强学校体育工作若干意见的通知》（国办发〔2012〕53号）和《教育部关于印发〈学生体质健康监测评价办法〉等三个文件的通知》（教体艺〔2014〕3号）有关要求，着重提高《标准》应用的信度、效度和区分度，着重强化其教育激励、反馈调整和引导锻炼的功能，着重提高其教育监测和绩效评价的支撑能力。

③《标准》从身体形态、身体机能和身体素质等方面综合评定学生的体质健康水平，是促进学生体质健康发展、激励学生积极进行身体锻炼的教育手段，是国家学生发展核心素养体系和学业质量标准的重要组成部分，是学生体质健康的个体评价标准。

④《标准》将适用对象划分为以下组别：小学、初中、高中，按每个年级为一组，其中小学为6组、初中为3组、高中为3组。大学一、二年级为一组，三、四年级为一组。

⑤小学、初中、高中、大学各组别的测试指标均为必测指标。其中，身体形态类中的身高、体重，身体机能类中的肺活量，以及身体素质类中的50m跑、坐位体前屈为各年级学生共性指标。

⑥《标准》的学年总分由标准分与附加分之和构成，满分为120分。标准分由各单项指标得分与权重乘积之和组成，满分为100分。附加分根据实测成绩确定，即对成绩超过100分的加分指标进行加分，满分为20分；小学的加分指标为1分钟跳绳，加分幅度为20分；

初中、高中和大学的加分指标为男生引体向上和1000m跑，女生1min仰卧起坐和800m跑，各指标加分幅度均为10分。

⑦ 根据学生学年总分评定等级：90.0分及以上为优秀，80.0~89.9分为良好，60.0~79.9分为及格，59.9分及以下为不及格。

⑧ 每个学生每学年评定一次，记入"《国家学生体质健康标准》登记卡"。特殊学制的学校，在填写登记卡时可以按规定和需求相应地增减栏目。学生毕业时的成绩和等级，按毕业当年学年总分的50%与其他学年总分平均得分的50%之和进行评定。

⑨ 学生测试成绩评定达到良好及以上者，方可参加评优与评奖；成绩达到优秀者，方可获体育奖学分。测试成绩评定不及格者，在本学年度准予补测一次，若补测仍不及格，则学年成绩评定为不及格。普通高中、中等职业学校和普通高等学校学生毕业时，《标准》测试的成绩达不到50分者按结业或肄业处理。

⑩ 学生因病或残疾可向学校提交暂缓或免予执行《标准》的申请，经医疗单位证明，体育教学部门核准，可暂缓或免予执行《标准》，并填写"免予执行《国家学生体质健康标准》申请表"，存入学生档案。确实丧失运动能力、被免予执行《标准》的残疾学生，仍可参加评优与评奖，毕业时《标准》成绩需注明免测。

⑪ 各学校每学年开展覆盖本校各年级学生的《标准》测试工作，《标准》测试数据经当地教育行政部门按要求审核后，通过"中国学生体质健康网"上传至"国家学生体质健康标准数据管理系统"。测试和数据上传时间由教育行政部门确定。

⑫ 《标准》由教育部负责解释。

二、《国家学生体质健康标准（2014年修订）》项目及评价指标

2014年新出台的《标准》，取消了选测项目，中学生和大学生必须测长跑，初中以上男生必须测引体向上。《标准》规定，学生毕业时，体育成绩和等级，按照毕业当年学年总分的50%加上其他学年总分平均得分的50%之和进行评定。成绩达不到50分，按结业或肄业处理，也就是说，拿不到毕业证。

《标准》要求，初中、高中、大学学生的必测项目全部一致：50m跑、坐位体前屈、立定跳远、引体向上（男）、仰卧起坐（女）、1000米跑（男）、800米跑（女）。

另外，各个测试项目都设置了具体的标准，比如，50m短跑，大一、大二的学生，男生超过9.1s为不及格，女生超过10.3s为不及格；大三、大四的学生，男生超过9.0s为不及格，女生超过10.2s为不及格。

1. 单项指标和权重

大学生单项指标与权重见表1-2-1。

表1-2-1 大学生单项指标与权重

测试对象	单项指标	权重/%
大学各年级	50m	20
	坐位体前屈	10
	立定跳远	10
	引体向上(男)/1min仰卧起坐(女)	10
	1000m(男)/800m跑(女)	20

注：体重指标（BMI）=体重（kg）/身高^2（m^2）。

2. 评分表

单项指标评分见表 1-2-2～表 1-2-12。

表 1-2-2　大学生体重指标（BMI）单项评分表

等级	男生/(kg/m²)	女生/(kg/m²)	单项得分
正常	17.9～23.9	17.2～23.9	100
低体重	≤17.8	≤17.1	80
超重	24.0～27.9	24.0～27.9	
肥胖	≥28.0	≥28.0	60

表 1-2-3　大学生肺活量单项评分表

等级	男生/mL		女生/mL		单项得分
	大一、大二	大三、大四	大一、大二	大三、大四	
优秀	5040	5140	3400	3450	100
	4920	5020	3350	3400	95
	4800	4900	3300	3350	90
良好	4550	4650	3150	3200	85
	4300	4400	3000	3050	80
及格	4180	4280	2900	2950	78
	4060	4160	2800	2850	76
	3940	4040	2700	2750	74
	3820	3920	2600	2650	72
	3700	3800	2500	2550	70
	3580	3680	2400	2450	68
	3460	3560	2300	2350	66
	3340	3440	2200	2250	64
	3220	3320	2100	2150	62
	3100	3200	2000	2050	60
不及格	2940	3030	1960	2010	50
	2780	2860	1920	1970	40
	2620	2690	1880	1930	30
	2460	2520	1840	1890	20
	2300	2350	1800	1850	10

表 1-2-4　大学生 50m 跑单项评分表

等级	男生/s		女生/s		单项得分
	大一、大二	大三、大四	大一、大二	大三、大四	
优秀	6.7	6.6	7.5	7.4	100
	6.8	6.7	7.6	7.5	95
	6.9	6.8	7.7	7.6	90
良好	7.0	6.9	8.0	7.9	85
	7.1	7.0	8.3	8.2	80

续表

等级	男生/s		女生/s		单项得分
	大一、大二	大三、大四	大一、大二	大三、大四	
及格	7.3	7.2	8.5	8.4	78
	7.5	7.4	8.7	8.6	76
	7.7	7.6	8.9	8.8	74
	7.9	7.8	9.1	9.0	72
	8.1	8.0	9.3	9.2	70
	8.3	8.2	9.5	9.4	68
	8.5	8.4	9.7	9.6	66
	8.7	8.6	9.9	9.8	64
	8.9	8.8	10.1	10.0	62
	9.1	9.0	10.3	10.2	60
不及格	9.3	9.2	10.5	10.4	50
	9.5	9.4	10.7	10.6	40
	9.7	9.6	10.9	10.8	30
	9.9	9.8	11.1	11.0	20
	10.1	10.0	11.3	11.2	10

表 1-2-5 大学生坐位体前屈单项评分表

等级	男生/cm		女生/cm		单项得分
	大一、大二	大三、大四	大一、大二	大三、大四	
优秀	24.9	25.1	25.8	26.3	100
	23.1	23.3	24.0	24.4	95
	21.3	21.5	22.2	22.4	90
良好	19.5	19.9	20.6	21.0	85
	17.7	18.2	19.0	19.5	80
及格	16.3	16.8	17.7	18.2	78
	14.9	15.4	16.4	16.9	76
	13.5	14.0	15.1	15.6	74
	12.1	12.6	13.8	14.3	72
	10.7	11.2	12.5	13.0	70
	9.3	9.8	11.2	11.7	68
	7.9	8.4	9.9	10.4	66
	6.5	7.0	8.6	9.1	64
	5.1	5.6	7.3	7.8	62
	3.7	4.2	6.0	6.5	60
不及格	2.7	3.2	5.2	5.7	50
	1.7	2.2	4.4	4.9	40
	0.7	1.2	3.6	4.1	30
	−0.3	0.2	2.8	3.3	20
	−0.3	−0.8	2.0	2.5	10

表 1-2-6　大学生立定跳远单项评分表

等级	男生/cm		女生/cm		单项得分
	大一、大二	大三、大四	大一、大二	大三、大四	
优秀	273	275	207	208	100
	268	270	201	202	95
	263	265	195	196	90
良好	256	258	188	189	85
	248	250	181	182	80
及格	244	246	178	179	78
	240	242	175	176	76
	236	238	172	173	74
	232	234	169	170	72
	228	230	166	167	70
	224	226	163	164	68
	220	222	160	161	66
	216	218	157	158	64
	212	214	154	155	62
	208	210	151	152	60
不及格	203	205	146	147	50
	198	200	141	142	40
	193	195	136	137	30
	188	190	131	132	20
	183	185	126	127	10

表 1-2-7　大学生 1min 仰卧起坐、引体向上单项评分表

等级	男生(引体向上)/次		女生(仰卧起坐)/次		单项得分
	大一、大二	大三、大四	大一、大二	大三、大四	
优秀	19	20	56	57	100
	18	19	54	55	95
	17	18	52	53	90
良好	16	17	49	50	85
	15	16	46	47	80
及格			44	45	78
	14	15	42	43	76
			40	41	74
	13	14	38	39	72
			36	37	70
	12	13	34	35	68
			32	33	66
	11	12	30	31	64
			28	29	62
	10	11	26	27	60

续表

等级	男生(引体向上)/次		女生(仰卧起坐)/次		单项得分
	大一、大二	大三、大四	大一、大二	大三、大四	
不及格	9	10	24	25	50
	8	9	22	23	40
	7	80	20	21	30
	6	7	18	19	20
	5	6	16	17	10

表 1-2-8　大学生耐力跑单项评分表

等级	男生(1000m 跑)		女生(800m 跑)		单项得分
	大一、大二	大三、大四	大一、大二	大三、大四	
优秀	3′17″	3′15″	3′18″	3′16″	100
	3′22″	3′20″	3′24″	3′22″	95
	3′27″	3′25″	3′30″	3′28″	90
良好	3′34″	3′32″	3′37″	3′35″	85
	3′42″	3′40″	3′44″	3′42″	80
及格	3′47″	3′45″	3′49″	3′47″	78
	3′52″	3′50″	3′54″	3′52″	76
	3′57″	3′55″	3′59″	3′57″	74
	4′02″	4′00″	4′04″	4′02″	72
	4′07″	4′05″	4′09″	4′07″	70
	4′12″	4′10″	4′14″	4′12″	68
	4′17″	4′15″	4′19″	4′17″	66
	4′22″	4′20″	4′24″	4′22″	64
	4′27″	4′25″	4′29″	4′27″	62
	4′32″	4′30″	4′34″	4′32″	60
不及格	4′52″	4′50″	4′44″	4′42″	50
	5′12″	5′10″	4′54″	4′52″	40
	5′32″	5′30″	5′04″	5′02″	30
	5′52″	5′50″	5′14″	5′12″	20
	6′12″	6′10″	5′24″	5′22″	10

表 1-2-9　男生引体向上评分表

加分	大一、大二/次	大三、大四/次
10	10	10
9	9	9
8	8	8
7	7	7
6	6	6
5	5	5

续表

加分	大一、大二/次	大三、大四/次
4	4	4
3	3	3
2	2	2
1	1	1

表 1-2-10　女生 1min 仰卧起坐评分表

加分	大一、大二/次	大三、大四/次
10	13	13
9	12	12
8	11	11
7	10	10
6	9	9
5	8	8
4	7	7
3	6	6
2	4	4
1	2	2

注：引体向上、1min 仰卧起坐均为高优指标，学生成绩超过单项评分 100 分后，以超过的次数所对应的分数进行加分。

表 1-2-11　男生 1000m 跑评分表

加分	大一、大二	大三、大四
10	−35″	−35″
9	−32″	−32″
9	−29″	−29″
7	−26″	−26″
6	−23″	−23″
5	−20″	−20″
4	−16″	−16″
3	−12″	−12″
2	−8″	−8″
1	−4″	−4″

表 1-2-12　女生 800m 跑评分表

加分	大一、大二	大三、大四
10	−50″	−50″
9	−45″	−45″
8	−40″	−40″
7	−35″	−35″

续表

加分	大一、大二	大三、大四
6	−30″	−30″
5	−25″	−25″
4	−20″	−20″
3	−15″	−15″
2	−10″	−10″
1	−5″	−5″

注：1000m跑、800m跑均为低优指标，学生成绩低于单项评分100分后，以减少的秒数所对应的分数进行加分。

大学生是我国未来社会发展的中坚力量，健康素养水平直接关系到个人、家庭和社会的健康与发展。新时代，大学生健康素养的提升不仅需要学生掌握健康管理和决策的基本方法，养成文明健康的生活方式，更需要将健康意识与健康理念入脑入心，只有激发自身体育锻炼的潜能、培养兴趣、掌握技能、养成习惯，才能提升健康素养，提高有效应对影响身心健康风险的能力。

第二节　学生体质健康监测评价办法

通过《国家学生体质健康标准（2014年修订）》的具体标准，高等学校对大学生的体质健康状况进行检测能对大学生的身体素质进行全面深入的考核，综合掌握当代大学生的身体素质状况，并依据得出的结论进行针对性研究和分析，提出增强学生体质的相关方案和计划，进而帮助学生养成健康良好的运动习惯，提高大学生的身体素质水平。

一、身高

1. 测试目的

学生身高测试与体重测试相配合，共同用于评定学生的身体匀称度、学生生长发育的水平及营养状况。

2. 场地器材

一般采用身高测量计测量。使用前应校对0点，用钢尺测量基准板平面至立柱前面红色刻线的高度是否为10.0cm，误差不得大于0.1cm。同时应检查立柱是否垂直，连接处是否紧密，有无晃动，零件有无松脱等情况并及时加以纠正。

3. 测试方法

受试者赤足，立正姿势站在身高计的底板上（上肢自然下垂，足跟并拢，足尖分开成60°角）。足跟、骶骨部及两肩胛区与立柱相接触，躯干自然挺直，头部正直，耳屏上缘与眼眶下缘呈水平位（见图1-2-1）。测试人员站在受试者右侧，将水平压板轻轻沿立柱下滑，轻压于受试者的头顶。测试人员读数时双眼应与压板水平面等高进行读数，记录员复述后进行记录，以厘米为单位，精确到小数点后一位。测试误差不得超过0.5cm。

4. 注意事项

① 身高计应选择平坦靠墙的地方放置，立柱的刻度尺应面向光源。

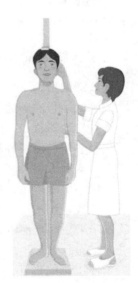

图1-2-1　测量身高

② 严格掌握"三点靠立柱""两点呈水平"的测量姿势要求，测试人员读数时两眼一定要与压板等高，两眼高于压板时要下蹲，低于压板时应垫高。

③ 水平压板与头部接触时，松紧要适度，头发蓬松者要压实，头顶的发辫、发结要放开，饰物要取下。

④ 读数完毕，立即将水平压板轻轻推向安全高度，以防碰坏。

⑤ 测量身高前，受试者应避免进行剧烈的体育活动和体力劳动。

二、体重

1. 测试目的

学生身高测试与体重测试相配合，共同用于评定学生的身体匀称度、学生生长发育的水平及营养状况。

2. 场地器材

一般使用杠杆秤或电子体重计。使用前需检验其准确度和灵敏度。准确度要求误差不超过 0.1%，即每百千克误差小于 0.1kg。检验方法是以备用的 10kg、20kg、30kg 标准砝码（或用等重标定重物代替）分别进行称量，检查指标读数与标准砝码误差是否在允许范围内。灵敏度的检验方法是：置 100g 重砝码，观察刻度尺变化，如果刻度抬高了 3mm 或游标向远移动 0.1kg 而刻度尺维持水平位时，则达到要求。

图 1-2-2 测量体重

3. 测试方法

测试时，杠杆秤应放在平坦的地面上，调整 0 点至刻度尺水平位。受试者赤足，男性受试者身着短裤；女性受试者身着短裤、短袖衫，站在秤台中央（图 1-2-2）。测试人员放置适当砝码并移动游标至刻度尺平衡。读数以千克为单位，精确到小数点后一位。记录员复诵后将读数记录。测试误差不超过 0.1kg。

4. 注意事项

① 测量体重前受试者不得进行剧烈的体育活动或体力劳动。

② 受试者应站在秤台中央，上下杠杆秤动作要轻。

③ 每次使用杠杆秤时均需校正。测试人员每次读数前都应校对砝码标重以避免差错。

三、肺活量

1. 测试目的

测试学生的肺通气功能。

2. 场地器材

一般使用电子肺活量计。

3. 测试方法

保持房间通风良好，使用干燥的一次性口嘴（若用非一次性口嘴，则每换测试对象必须消毒一次，每测试一人后将口嘴向下倒出唾液并注意消毒后必须使其干燥）。肺活量计主机放置于平稳的桌面上，检查电源线及接口是否牢固，按工作键液晶屏显示"0"即表示机器进入工作状态，预热 5min 后测试为佳。

告知受试者不必紧张，以中等速度和力度吹气效果最好。令受试者手持吹气口嘴（图 1-2-3），面对肺活量计站立试吹 1～2 次，首先看仪表有无反应，还要试口嘴或鼻处是否漏气，调整口嘴和用鼻夹夹住鼻孔（或自己捏鼻孔）；然后深吸气（避免耸肩提气，应该像闻花香似的慢吸气）。测试时，受试者进行一两次较平日深一些的呼吸动作后，更深地吸一口气，屏住气向口嘴处慢慢呼出至不能再呼为止，防止此时从口嘴处吸气，测试中不得中途二次吸气。吹气完毕后，液晶屏上最终显示的数字即为肺活量的大小。每位受试者测3次，每次间隔15s，记录3次数值，选取最大值作为测试结果，以毫升为单位，不保留小数。

图 1-2-3　测量肺活量

4. 注意事项

① 电子肺活量计的计量部位的通畅和干燥是仪器准确的关键，吹气筒的导管必须在上方，以免口水或杂物堵住气道。

② 每测试10人及测试完毕后要用干棉球及时清理和擦干气筒内部。严禁用水、酒精等任何液体冲洗气筒内部。

③ 导气管存放时不能弯折。

④ 要定期校对仪器。

四、仰卧起坐

1. 测试目的

测试学生的腹肌耐力。

图 1-2-4　仰卧起坐测试示意图

2. 场地器材

垫子若干块（或代用品）。

3. 测试方法

受试者仰卧于垫上，两腿稍分开，屈膝成90°角，两手指交叉贴于脑后。另一同伴压住其踝关节，以固定下肢。受试者坐起时两肘触及或超过双膝即为完成一次（见图1-2-4）。仰卧时两肩胛必须触垫。测试人员发出"开始"口令的同时开表计时，记录1min内完成的次数。1min到时，受试者虽已坐起但肘关节未触及或超过双膝者不计该次数，计数精确到个位。

4. 注意事项

① 如发现受试者借用肘部撑垫或臀部起落的力量起坐时，该次不计数。

② 测试过程中，观测人员应向受试者报数。

③ 受试者双脚必须放于垫上。

五、引体向上

引体向上用来测试学生上肢肌肉力量和耐力，其成绩与体育锻炼程度有关。引体向上的测试适用于初中至大学各个年级的男生。

1. 测试目的

测试学生的上肢肌肉力量的发展水平。

2. 场地器材

一般使用高单杠或高横杠，杠粗以手能握住为准。

3. 测试方法

如图 1-2-5 所示,受试者面向单杠,自然站立;然后跃起正手握杠,双手分开与肩同宽,身体呈直臂悬垂姿势。

待身体停止晃动后,两臂同时用力,向上引体;引体时,身体不得有任何附加动作。

当下颌超过横杠上缘时,还原,呈直臂悬垂姿势,为完成 1 次。测试人员记录受试者完成的次数,以次为单位。

使用电子引体向上测试仪时,应将臂带绑在受试者上臂中部。测试完毕后,显示屏显示引体向上的次数。

4. 常见错误

① 受试者反手握单杠。

图 1-2-5　引体向上测试示意图

② 下颌达不到横杠上缘,或引体时身体有摆动、屈膝、挺腹等动作。

5. 注意事项

① 测试前,受试者需做充分的准备活动。

② 受试者向上引体时,两次引体向上的间隔时间超过 10s 即终止测试。

③ 若受试者身高较矮、不能自行跳起握住横杠时,测试人员可以提供帮助。

④ 测试时,应有相应的保护措施,防止伤害事故的发生。

六、坐位体前屈

1. 测试目的

测量学生在静止状态下的躯干、腰、髋等关节可能达到的活动幅度,主要反映这些部位的关节、韧带和肌肉的伸展性和弹性及学生身体柔韧素质的发展水平。

2. 场地器材

坐位体前屈测试计。

3. 测试方法

受试者两腿伸直,两脚平蹬测试纵板坐在平地上,两脚分开约 10～15cm,上体前屈,两臂向前伸直,用两手中指尖逐渐向前推动游标,直到不能前推为止(见图 1-2-6)。测试计的脚蹬纵板内沿平面为 0 点,向内为负值,向前为正值。记录以厘米为单位、保留一位小数,测试两次,取最好成绩。

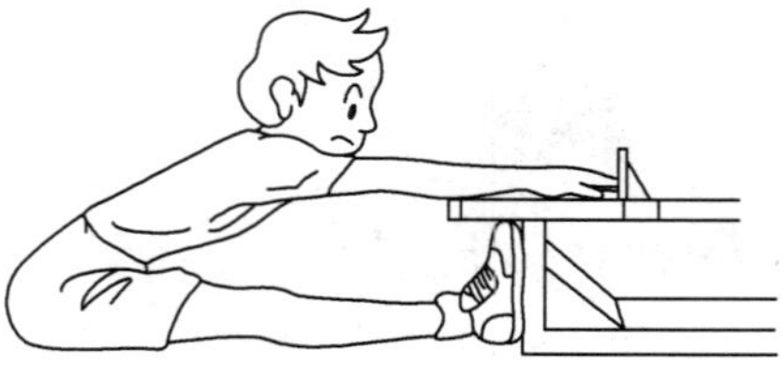

4. 注意事项

① 身体前屈,两臂向前推游标时两腿不能弯曲。

② 受试者应匀速向前推动游标,不得突然发力。

图 1-2-6　坐位体前屈测试

七、立定跳远

1. 测试目的

测试学生下肢爆发力及身体协调能力的发展水平。

2. 场地器材

一般使用沙坑、丈量尺。沙面应与地面平齐,如无沙坑,可在土质松软的平地上进行。

起跳线至沙坑近端不得少于 30cm。起跳地面要平坦，不得有坑凹。

3. 测试方法

受试者两脚自然分开站立，站在起跳线后，脚尖不得踩线（最好用线绳做起跳线）。两脚原地同时起跳，不得有垫步或连跳动作（见图 1-2-7）。丈量起跳线后缘至最近着地点后的垂直距离。每人试跳 3 次，记录其中成绩最好的 1 次。以厘米为单位，不计小数。

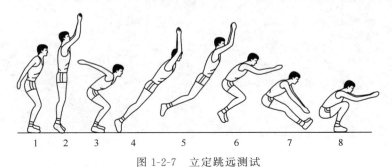

图 1-2-7　立定跳远测试

4. 注意事项

① 受试者犯规时，此次成绩无效。3 次试跳均无成绩者，应允许再跳，直至取得成绩为止。

② 可以赤足，但不得穿钉鞋、皮鞋、塑料凉鞋等参加测试。

第三章 体育锻炼与健康

【学习目标】

① 了解体育锻炼与身体健康的关系；
② 了解体育锻炼与心理健康的关系；
③ 了解体育锻炼与社会适应能力之间的关系；
④ 了解体育锻炼与营养之间关系；
⑤ 理解体育锻炼的基本原则；
⑥ 掌握体育锻炼的科学方法；
⑦ 掌握个人体育锻炼的制订方案。

由于现代科学技术的突飞猛进，人们征服自然和改造自然的能力达到了相当高的水平。生产力的提高、物质生产的丰富，给人们的生活带来无限好处的同时，也使人们付出了沉重的代价。环境污染，造成部分城市居民生存条件的恶化；各种营养素的盲目摄入造成人体内部新陈代谢的紊乱；先进交通工具的普及，人们以车代步导致体育运动不足，致使肌肉处于"饥饿"状态，机械化、电气化、信息文明又造成了部分人类生物结构和人体功能的退化；工作节奏快、生活压力大、社会竞争激烈等因素不仅导致了千奇百怪的心理障碍与疾患，更重要的是以往老年人的疾病，如高血压、高血脂等，也出现在不少年轻人的身上，使他们处在亚健康和不健康状态。

营养过剩、运动不足、精神紧张、肌体功能退化是造成亚健康的四大杀手。这四大杀手正使文明病广泛蔓延，威胁着人们的身体健康和幸福安定的生活。

健康是进行一切生产、生活活动的重要基础和保障，而体育锻炼则是获取健康的最佳途径。学校体育是一种有计划、有组织、有系统的文化教育活动，它以身体练习为主要手段，使得学生获得健康观念、建立健康行为、享有健康并为终生享有健康奠定基础。学校体育具有鲜明的教育性、健身性、约束性、娱乐性和周期性。它是学校教育的一个有机分子，可以促进学校教育的其他组成部分高效、有序运转。

第一节 体育锻炼与身体健康

一、体育锻炼对身体发育的影响

我们可以将人体生命的全部过程大致分为三个时期，即儿童少年时期、青少年时期和中老年时期。不同的时期生长发育的速度不同，而且每个人在其自身生长发育的不同时期，发育的速度也是不相同的。虽然总的发育规律不可以改变，但是变化的速度是可以控制的。

1. 增加身高

有学者通过横向调查和追踪调查发现，经常参加体育锻炼的青少年，其身高要高于不经常锻炼的青少年。在青春发育期，后天的因素对人体的影响比任何时候都大。

青少年时期是人体生长发育的最佳时期，也是人的体型、体力和健康奠定的关键时期。实践证明，经常参加体育锻炼对身高、体重、围度、身体机能和素质等指标的可塑程度可以达到50％～70％。

2. 调节体重

体育锻炼是调节体重的重要因素，可以使得身体成分明显改变，改变程度根据训练强度和时间而变化。控制体重是部分大学生最感兴趣的话题之一。体重除了受先天遗传的影响，还受到新陈代谢的影响。如果人体吸收的物质（或能量）大于消耗的物质（或能量），体重就会增加，反之体重就会下降。而体育锻炼可以有效地消耗体内脂肪，避免因皮下脂肪过多，增加体重，从而改变体型，使得身材更加匀称。

3. 对骨骼的影响

坚持体育锻炼，可促进人体血液循环和身体代谢，确保有充足的营养物质供养给骨骼，从而促进骨细胞生长发育，骨密质增厚，骨小梁的排列根据压力和拉力不同变得更加整齐、有规律，骨表面的突起更加明显和粗糙，更有利于肌肉和韧带牢固地附在骨骼面上。科学研究和实践都表明：坚持体育锻炼的人的骨骼要比一般人粗壮、坚固和稳定，骨的抗折、抗弯、抗压和抗扭曲性都比较强，骨的承受能力和生长发育较好。

4. 对肌肉、关节和韧带的影响

实践证明，坚持体育锻炼的人的肌肉重量要比一般人增加10％～15％，显得肌肉丰满、结实、有力、匀称、协调和有弹性。坚持体育锻炼，增强了关节周围肌肉和韧带的收缩性和弹性，同时也使得关节囊增厚，关节摩擦增加，所以关节活动显得更加灵活、敏捷、幅度大。骨骼、肉、关节对良好身体形态的形成起着至关重要的作用。

二、体育锻炼对身体机能的影响

1. 改善和提高心脏血管功能

科学的体育锻炼对心血管的结构和功能会产生不同程度的良好影响，运动时由于肌肉的紧张活动，心脏的工作量会增加，心脏毛细血管开放增多，心肌的血液供应和新陈代谢增强，增加了心肌中蛋白质和糖原的储备；心肌纤维变粗，心肌增厚，心肌的收缩力增大，心脏容量增加，从而使得心脏每搏输出量和每分输出量增加。

体育运动不仅可以提高身体对疾病的抗御能力，而且对很多心血管疾病都有防治作用。例如冠心病、心肌梗死、高血压、低血压、动脉硬化等。这是因为体育运动能够使得心肌兴奋性提高，收缩力增强，冠状动脉扩张，心肌代谢得到改善。同时也可以减少脂肪在血管壁的沉积，保持和增加血管壁的弹性，增加管径，提高高密度胆固醇的含量，缓解动脉硬化，使得血液中纤维溶解蛋白酶的活性增强，减少血小板的黏结能力，因而减少冠状动脉血栓的形成等。

2. 改善和提高神经系统的功能

神经系统是人体活动的最高司令部，人的运动是神经系统的一种反射活动，是与返回的信息形成回路的神经联系。人体在进行运动时，由感受器传入信息，通过神经中枢的反馈，再从感受器返回大脑进行改进，这种反馈促进动作技能的形成，使得动作变得更加协调准确，神经系统经常重复这个过程，能够改善神经系统的平衡性、灵活性和持久能力，达到抗疲劳、协调平衡的效能，同时提高大脑的分析、综合和判断的能力。所以练习对神经系统要求高的项目，将极大提高神经系统的功能。

坚持体育锻炼，可以使得大脑对氧的利用率从25％增加到32％，保证了充足的氧气、营养提供给神经系统，从而促进脑细胞的生长发育，使得大脑的沟和回数目增加、大脑皮层增厚，使得整个大脑重量增加，体表面扩大。

3. 促进消化系统的功能

（1）对消化系统的促进

体育运动中体内代谢活动加强，能量物质大量消耗，机体必须通过消化系统摄取营养，为运动提供动力。这就需要消化器官加强功能，更好地吸取养料，来满足机体的需要。经常进行中、小运动量的体育运动，可以促进消化系统功能更加完善。实践证明，经常参加体育锻炼的人对食物中的营养吸收得好，不容易因热量过剩而发胖。体育锻炼能够增强腹肌，强化消化道的平滑肌，使得腹腔内的消化器官保持正常位置，能够有效预防内脏下垂和便秘。

（2）对消化系统的疾病的抑制

消化和吸收，是由中枢神经通过交感神经和副交感神经来起作用的。"思伤脾""气伤肝"是祖国医学对精神因素与脏腑关系的总结。痛苦和悲伤、忧郁和焦虑等情绪都会使得胃、脾功能下降，引起消化功能和吸收功能紊乱。有时可能会引起消化不良、慢性胃炎、胃下垂、便秘，甚至溃疡等肠胃的疾病。而情绪的改变与中枢神经系统活动有直接关系，并会涉及全身各重要器官的功能。实践证明，经常参加体育运动，可以使人精神振奋，情绪乐观，从而充满着生命活力。运动能使人抑制忧虑、急躁情绪，通过对神经系统的良好刺激作用，使得大脑皮层形成的病理兴奋灶得到某种抑制。

需要注意的是，在运动时，由于交感神经的兴奋，迷走神经的抑制，消化液的分泌会大大减少，因此在吃饭前后半个小时不宜进行剧烈的运动；另外，饭前不要大量喝水，饭后和运动后切勿过多吃冷食等。

4. 改善呼吸系统的功能

（1）对肺的影响

人的肺有6亿～7亿个肺泡，如果将肺泡一个个摊开，其总面积为70～100m^2。安静时，由于人体需氧量不多，大约有5％的肺泡工作就可以满足身体对氧的需求。当进行体育锻炼时，由于肌肉活动及人体的需氧量增加，促使大部分肺泡参与工作，这对保持肺泡的弹性和改善肺泡弹性十分有益。

体育锻炼时，呼吸频率加快，深度加深，增强了呼吸肌的力量，增加了肺通气量、使得呼吸器官得到了良好的锻炼和增强。经常锻炼能促进胸廓发育，增大胸围、肺活量和呼吸差，改善呼吸频率，增加呼吸深度，提高呼吸率，使得呼吸机能节省化。经常参加体育锻炼能提高机能耐酸和抗缺氧的能力。

（2）对呼吸运动的调节

呼吸运动直接受呼吸中枢的控制，但呼吸中枢的活动也受来自呼吸器官本身的各种感受器传入冲动的反馈影响，骨骼肌和关节活动，温度及血液化学成分的改变，都会影响呼吸中枢的兴奋性。

经常参加体育锻炼的人，呼吸中枢的兴奋性高，对血液化学成分的改变敏感。随意停止呼吸运动时间的长短是评价组织呼吸强度和呼吸中枢对缺氧和二氧化碳增多的耐受的重要指标。优秀运动员随意停止呼吸的持续时间较长，而且对膈肌的控制稳定。他们在恢复呼吸时，血液的氧合作用也恢复得特别迅速。

5. 具有预防疾病和抗衰老、延年益寿的功能

人的生长是人体细胞不断繁殖和细胞间质不断增多的结果。人的发育是人体细胞不断分化、器官不断发展、机体逐渐成熟、形态逐渐完善的结果。发育与生长两者是相互联系的，但前者较为复杂，并且受到各种条件的影响。人体是一个统一、完整的有机体，它由许多细胞构成，在长期的进化过程中，这些细胞已经高度分化，具有不同的结构和不同的功能，组成了各种功能的器官系统。科学的体育锻炼，能促进机体的全面发展，保持内部与外界环境的平衡，延缓各器官系统功能的衰退进程，起到预防疾病、健身美体、抗衰老、延年益寿的作用。

第二节　体育锻炼与心理健康

一、心理健康概述

1946年，国际心理卫生联合会对心理健康做了如下定义："心理健康是指在身体、智力及情感上保持同他人的心理不矛盾，并将个人心理发展为最佳状态。"心理健康是以系统健康为基础的，个体能够保持对环境做出良好适应，并能保持旺盛的生命力，充分发挥身体潜能的心理状态和心理适应能力。或者说，心理健康是个体在各种环境中妥善处理和适应人与人之间、人与社会之间的相互关系；并积极调节自己的心态，顺应环境并有效地、富有创造性地发展和完善个人生活，完善自我，以促进心理健康，使得心理始终能保持一种良好适应和效能状态。

二、大学生心理健康问题及成因

大学生正处于青春发育后期，人生观日渐形成并趋于稳定，自我意识发展，开始由认识外部世界转向认识自我、评价自我，出现了一系列的自我意识的矛盾。因此部分大学生较容易产生心理障碍和身心疾患。

1. 大学生的学习类问题

① 个别学生学习的心理压力越来越大，造成精神上的萎靡不振，从而导致食欲不振、失眠、神经衰弱、记忆力下降、思维迟缓等。

② 考试焦虑，特别是遇到较为重要的考试时焦虑更加严重，甚至出现焦虑泛化现象。

③ 厌学是目前学习活动中比较突出的问题，不仅是学习成绩差的同学不愿意学习，一些成绩较好的同学也会出现厌学的现象。

④ 学习内容和方法的变化。大学的学习特点和方法与中学相比发生了很大的变化。中学的教学方式一般以灌输为主，大学的学习以自学为主，学生在学习上要有独立性和主动

性。这种学习方法上的改变，要求学生由态度上的被动改变为主动自觉，由教师灌输到自主自学，由追求分数到真正获得知识和能力。这一系列的变化，使得部分大学生感到不适应，茫然不知所措，心里有压抑感。

2. 大学生的人际关系问题

（1）迅速社会化

中学生的人际关系比较简单，然而进入大学以后，同学们来自四面八方，气质不同，认识各异。学习生活环境发生了变化，这一迅速社会化的过程对大学生的人际交往能力提出极大的挑战。大学生的人际关系问题表现为沟通不良、交往恐怖、人际关系失调、人际冲突、孤独无援、缺乏社交基本态度及技能、代沟等。

（2）恋爱问题

大学时代正值青春发育末期，仍然存在发育迅速成熟与性心理相对幼稚的矛盾。大学生涉世未深，受认知能力和个性发展的限制，如何处理爱情与学业、爱情与婚姻、爱情与责任等之间的关系问题，对他们仍是极大的挑战。恋爱问题表现为异性交往困难、陷入多角关系不能自拔、单相思、苦恋、失恋等。

3. 大学生的青春期心理问题

（1）青春期闭锁心理

主要表现是趋于关闭封锁的外在表现和日益丰富、复杂的内心活动并存于同一个体，可以说封闭心理是青春期心理的一个普遍存在而又特殊的标志。

（2）情绪情感激荡、表露而又内隐

青春期生理的剧变，容易引起学生情感上的激荡。这种动荡的情感有时表露，有时内隐。一个微笑可以使得情绪飞扬、兴奋，然而他们内心里激动、高兴或苦恼、消沉，表面上却很平静；他们有话有秘密想跟人倾诉，可是在人前又默默不言，这种情况如果得不到理解，便会出现压抑心理，出现焦虑与抑郁。

4. 挫折适应问题

大学生的挫折是多方面的，涉及学习、人际关系、兴趣、愿望、自尊等多个方面。其原因有客观因素、社会环境因素以及个人主观因素。面对挫折造成的困难与痛苦，大学生的反应方式有两类：消极的反应与积极的反应。消极的挫折适应方式一旦习惯、稳定，在一定的情境中挫折状态即使有所改变，行为仍以习惯化的适应方式如影随形地出现。于是，消极的挫折适应方式也就转化为较为严重的、需要长期耐心教育的心理健康问题。

5. 择业压力问题

就业指导与分配派遣中的某些障碍等原因，使部分大学生面临就业压力。表现为缺乏职业选择的主动性，不了解与自己个性能力相匹配的职业领域，对面试缺乏自信，过于追求功利，缺乏走上社会的心理准备等。

三、体育锻炼对大学生心理健康的促进作用

作为国家社会文化层次较高的群体，大学生是国家未来的建设者，充满活力的、身心全面健康的大学生在一个国家的整体素质的提高中有着举足轻重的地位。大学时期是一个人生理和心理发展趋于成熟的关键时期，又是一个人发展过程中从不成熟到成熟的最重要的阶段，现代大学生所面对的是一个知识密集、充满激烈竞争和挑战的信息时代，全面提高大学生的身体素质和心理健康水平势在必行。体育锻炼对大学生的心理健康的影响主要有以下几点。

1. 发掘大脑潜力,促进智能发展

据以前研究者估计,大脑皮质共有 140 亿个神经元,但是新的研究表明,其总数可达 500 亿个。每个神经元有几百到数千个突触,通过这些突触,每个神经元可和其他 6 万～30 万个神经元发生联系,估计大脑皮质的突触总数多达 5 万亿个。在任意给定的瞬间,大脑就有 10 万～100 万个化学反应发生!若将全世界的电话网络同大脑相比,前者不过只与一粒豌豆那么大小的大脑组织功能相当。

大量事实说明大脑具有相当大的潜能。美国麻省理工学院的一项研究估计,一个人如终生好学不倦,一生中储藏的各种知识总量可相当于数亿本书的知识含量。因此,我们要科学地开发大脑的潜能,努力提高学习的效率和效能。

2. 培养学生良好的意志品质

意志品质既是在克服困难的过程中表现出来的,又是在克服困难的过程中培养起来的。在体育锻炼中要不断克服客观困难(如气候环境条件的变化、身体运动能力的限制或意外等)和主观困难(如疲劳、紧张、畏惧、失意等)。锻炼者越能努力克服主观、客观困难,也就越能培养良好的意志品质。

体育锻炼的内容没有固定的模式,也没有时间空间上的限制,因而具有很大的灵活性和选择性,这些特点与学生的生理和心理需要非常吻合。学生可根据自己的兴趣爱好、需要、特长和身体素质,自主地选择更适合自己特点的运动项目和控制运动量,使得人格特征更容易在运动中表现和发展。一些团队项目,学生大都是进行自由组合和分组,其中的组织与协调工作均由学生自己担任。在其过程中,同学间的感情更容易建立和加深,集体荣誉感、责任感等社会高级情感也得到了锻炼和培养,同时也发展和培养学生的人际交往能力和社会适应能力。有关体育锻炼与心理健康的实验研究证明,体育锻炼对人格的培养有积极效应。

3. 提高体育锻炼兴趣,培养终身体育的意识和习惯

体育锻炼内容丰富多样,对学生更具有吸引力。在这种轻松、自主的活动中,学生可以更多地领略和体会体育锻炼中的乐趣,愿意积极主动地参加和长期坚持,使其身心健康的发展更加协调和持久,对一些焦虑、抑郁等消极情绪的控制调节和治疗作用更为显著。更多的研究证明,运动愉快感是使得运动的心理健康效应达到最大值的一个重大因素。愉悦感本身具有直接的健康效应,使得参加者更容易获得积极的心理健康状态。

研究发现,参加体育活动如果能够使得参加者在其中得到娱乐,以及增强社会适应能力,满足好奇心,释放竞争欲等,这种乐趣将使得参加者更加自觉、更投入地坚持运动。如果参加者不能从中得到这种满足,体会不到愉快感,将使得他们厌倦运动,直至放弃运动。培养体育锻炼兴趣,使得参加者体会到体育运动的乐趣,提高参加者的锻炼积极性,才能对参加者心理活动产生强烈的积极反应;能够持之以恒,长期锻炼,从而产生长期的心理健康效应。

4. 体育运动可以调节情绪,减缓应激和增进心理健康

心理学家认为,体育锻炼是使得中枢神经系统得到适度的激活并达到愉快水平的重要途径,适度负荷的体育锻炼能促进人体释放一种多肽物质——内啡肽,能够使得人们在进行锻炼后直接感受到舒适愉快的心情。经常从事体育运动可以转移个体的不愉快情绪和行为。通过参加自己喜欢的、适量的体育锻炼,锻炼者可从运动中体验运动的愉快感,在锻炼后能产生满足感、愉悦感等积极情绪。

长期有规律的中等强度的体育锻炼有助于情绪的改善。有些大学生常常因为学习的压力、同学间的竞争、人际关系的复杂以及对未来前程的担忧而持续紧张、焦虑和不安,经常参加体育锻炼可以使得这些不良情绪得到改善，心理承受能力增强。经常参加体育锻炼，可以消除疲劳、减缓应激；体育锻炼可以作为一种发泄方式，将各种烦恼、焦虑、不安等应激情绪发泄出去，从而使得心理得到平衡，增进心理健康。

第三节 体育锻炼与社会适应能力

一、社会适应概述

1. 社会适应概念

社会适应，也称为社会健康，是指个体与他人及社会环境的相互作用，是处理好人际关系和实现社会角色的能力。有此能力的个体在交往中有自信感和安全感，与人友好相处，心情舒畅，少生烦恼。知道如何结交朋友，维护友谊，如何帮助别人和求助别人，能聆听他人意见，表达自己的思想，能以负责的态度行事并在社会中找到自己合适的位置。

对社会适应的评价，应该从以下几个方面做出：

① 接受与他人的差异。
② 能与同性或异性交朋友。
③ 主动与人交往，有稳定而广泛的人际关系。
④ 与家庭成员和睦相处。
⑤ 当自己的意见与多人意见不同时，能保留意见和继续工作。
⑥ 有1~2个亲密朋友。
⑦ 共同工作时能容纳他人，能接受他人的思想和建议。
⑧ 交往中客观评价他人，能自我批评，取人之长，补己之短。

社会适应能力低的人与别人交往时，总是牢骚满腹，别人总是欠他的。没有耐心听取他人劝告或建议，拒绝从他人的立场考虑问题。也有些人对人际关系表现出恐惧心理，害怕与他人接触，性格孤僻，不被别人所接受。

2. 社会适应对身心的影响

（1）人际关系出现障碍

人类心理适应，最主要的就是对人际关系的适应，所以人类心理病症，主要是由人际关系失调而来。有研究表明，交往越广泛，寿命越长。在美国，一项对6900名成年人进行为期9年的观察结果发现，社会交往少的人死亡比例占总数的30.8%，而社会交往多的人死亡率只有9.6%。

（2）对社会环境不适应

现在部分人对环境适应能力差，对各种社会关系看不惯，只看到社会的阴暗面，对社会进步性不予接受，不知感恩社会反而对社会充满失望，继而产生各种精神疾病，甚至自杀。

（3）对家庭不适应

人一出生注定要面对家庭，扮演不同角色，为人子、为人夫、为人父等。而有些人却不能适应这些角色更替，面对各种责任和压力，总是使自己身心疲惫，甚至产生恐惧感，影响自己的身体健康和心理健康。

因此，为了保持身心健康，人们需要体育锻炼，需要友谊、爱情、亲情、支持、理解和尊重等，通过人际关系获得心理方面的满足。良好的人际关系，是成功的基础。善于同他人相处是一个人诸多能力中最重要的、不可缺少的能力之一。

二、体育锻炼对社会适应的影响

1. 体育锻炼促进适应社会的合作意识和团队精神

合作是建立在团体成员对团队目标认识相同的基础上的。在合作社会情景中，个人所得有助于团队所得。合作的优越性体现在个人与他人一起工作时获得的社会效益，如增加交流、互相信任等。在做一些相互依赖的运动项目的任务时，合作会使该项目的完成变得更为有效，因为团队要获得成功，团队成员就必须相互协作、共同努力。

合作能力既是体育活动参与者必备的素质，也是通过体育活动可以发展的一种能力。大学生从事体育活动，特别是从事集体性的体育活动，需要自己与他人的通力合作，这不仅能使集体的目标得以实现，而且个人的作用也能充分地发挥。现代社会科学技术快速发展，知识与信息纷至沓来，各个学科相互渗透，社会分工既精细又要求互相合作。这就要求每一个现代人都必须具备合作精神与能力。所以经常性地参加体育活动，特别是参与集体性的体育活动，有助于大学生加强合作意识，有助于培养他们的团队精神。

体育竞技中的许多团体项目，如篮球、排球、足球等已经广泛地得以普及，人们在投身于这些运动强身健体的同时，学会了如何恰当地处理个人与集体的关系，如何融入集体之中，与他人沟通及合作，并在其中强化了个人的组织性和纪律性。

2. 有助于人际关系的改善

人是社会的基本构成单元，人对社会的适应从本质上来讲是自身对他人的适应，能否成功地与人交往，与人沟通是人与社会适应最直观、最客观的体现，体育运动使人们相聚在运动场上，进行平等、友好和谐的练习和比赛，使人们相互之间产生亲切感，尤其是集体竞赛项目，可以使直接参与者及间接参与者结识更多的朋友，将他们之间的关系变得更加和谐友好。

体育锻炼的任何一个项目，都有其规定的技术动作和运动要求，所有参与者在锻炼过程中都需要学习和练习，都需要讲解与示范，都存在对技术动作的纠正和完善。这就要求无论是自我纠正和完善，还是互相纠正与完善，都需要相互配合和主动沟通。特别是在集体项目中，每个人能否在完成自己任务的同时，达到与同伴的协助配合，对竞赛的输赢关系重大，这也要求队员之间必须要有良好的合作。所以经常参加体育运动可以消除孤独感，并逐渐形成与人交往的意识和习惯，促使良好人际关系的形成。

3. 有助于提高人们的心理素质

体育的显著特点是竞技性强，凡是比赛都要争高低，论输赢，体育运动的过程必然伴有成功的喜悦和失败的失意。在成功与失败之中，人们学会了享受成功、承受失败，学会了胜不骄、败不馁，人们心理承受能力与心理适应能力在不断的锤炼中得到了显著的加强。

4. 有助于塑造健全的人格

在体育运动中人要承受一定的生理负荷，这就要求人们要不怕困难，不怕艰辛，在克服困难的过程中锻炼顽强的意志品质和坚持不懈、吃苦耐劳的优良作风。体育运动多种多样，有的要求快速，有的要求耐久，有的动作复杂惊险，有的动作变化无穷，这就要求人们勇敢地去尝试，果断地做判断，而以上这些优秀的品质对一个人适应社会竞争，胜任社会角色都有着深远的意义。此外，绝大多数的体育项目都伴随着高强度的对抗，这是一个侵犯与被侵犯、忍让与被忍让、尊重与被尊重的过程，人们参与其中，学会了彼此尊重，相互体谅。

5. 有助于体验不同的社会角色，树立正确的价值观

一个人要符合社会的要求，取得社会成员的资格，就必须学会接受适当的社会角色，而各种体育运动的场合，则有机会让学生体验不同的角色和"做什么，怎么做"的社会意义，为他们走向社会打下基础。

尽管因为时代制度不同，社会价值观所包含的价值取向不统一，但是都离不开对和平、自由、平等、幸福、友谊等具体价值内容的追求。体育锻炼宗旨方式、结果都对价值观所涵盖的内容有积极的影响作用，它可以培养、塑造人们适应当今社会的正确价值观。

6. 有助于适应社会发展的生活方式

当前，由高科技开创的文明与繁荣，使人们的生活水平有了极大的提高。此时，尽管闲余时间不断增多，但由于工作压力、生活节奏加快等因素，导致现代文明病多有发生，基于这种现状，为了防止体力衰退，学会生存，提高生活质量，人们必须选择文明、和谐、健康、活泼的活动方式去度过余暇。人们在对各种活动方式进行认真比较之后，更寄希望于丰富多彩的体育运动，把它作为现代生活方式的一种重要内容和明智选择，体育运动具有动态性、趣味性、娱乐性、保健性与休闲性，不仅可以通过人的肢体活动，使高度疲劳的神经系统得以休息，而且还有调节身心平衡，丰富生活内容，提高健康水平的功能。

现代生活节奏加快，为了解决身体对社会的不适应性，人们通过体育锻炼掌握运动技能，并以这种快速、敏捷的活动方式，提高人体对快节奏生产、生活的应变与耐受能力。为了消除精神层面对社会的不适应，人们通过户外运动拓宽生活领域，并以这种回归自然本原的活动方式，克服对快节奏生活的抵触、恐惧、烦怨和焦虑等心理障碍。正是由于体育锻炼的这种特性，才使它在现代化生产劳动中，能够预防和消除许多精神和肉体的不适应，建立起适应生存竞争和享受生活乐趣的新生活方式。

7. 有助于培养丰富的情感生活

现代人的情感表现为责任感、道德感、追求感等。体育运动以其群体约束力和积极主动性，激励着参与者必须具有高度的责任感，才能和同伴密切合作；以其严格的规则，规范着参与者的行为，促使参与者必须具有良好的道德规范；以其具有胜负要求的特性，促使参与者竭尽体力和智力去追求胜利的目标。同时，在大众体育里，参与者可以得到对集体的信赖感和依托感。在家庭体育里，成员们可以在和睦快乐的气氛中得到归属感和稳定感。在娱乐体育里，人们可以得到愉悦感。在探险活动中，人们可以得到自豪感和征服感。所以，经常参加体育运动和锻炼，使得人们在成功与失败、竞争与退让之间不断拼搏，不断抉择，充分享受各种复杂情感的冶炼和体验。

第四节　体育锻炼与营养

一、营养的含义与合理营养

生命的存在、机体的生长发育及各种生命活动与体育活动的进行，都依赖于体内的物质代谢过程。机体必须不断地从外界摄取新的构成细胞的物质、能源等，而且主要从食物中摄取。因此，营养是指机体摄取、消化吸收和利用食物中的营养物质，以维持生命的整个过程。营养是保证机体生命存在和延续的重要条件。

合理营养的含义是，由食物中摄取的各种营养素与身体对这些营养素的需要达到平衡，既不缺乏，也不过多。缺乏某些营养素会引起营养缺乏病，如缺钙引起的佝偻病、缺铁引起的贫血等；而某些营养素如脂肪和碳水化合物摄入过多又会导致肥胖症、糖尿病、心血管病等"富贵病"。营养缺乏和营养过剩引起的病态统称为营养不良，都是营养不合理的后果，对健康都是十分有害的。

我们强调营养膳食的合理性，应注意下面三个问题。

1. 要做到食物营养成分的互补

我们日常生活中的任何一种食物所含的营养成分都不可能十分全面，在富含一种或数种营养成分的同时，可能缺少另外某种成分。例如，谷物主要提供糖类，肉类、禽蛋等主要提供蛋白质与脂肪，而蔬菜与水果是维生素、无机盐的主要来源。只有各种食物合理搭配，才能实现营养成分的互补，满足机体的需要。

2. 要进行不同年龄段营养成分的选择

人生的各个时期对营养的需求是不同的，无论是在种类上还是在数量上都有着明显的不同。儿童、少年处于生长发育的高峰时期，对各种营养成分的摄取，在种类、数量上要有充分的保障，做到高蛋白、高热量、高维生素、适量脂肪，全面而均衡。老年人为延缓衰老、健康长寿，强调高蛋白、高维生素、低热量；为防治骨质疏松、高血压等疾病，要补充钙质、限制钠盐摄入量，形成对某些营养成分的特殊选择。

3. 要做好特殊体能消耗的补充

日常膳食可满足一般体能消耗，但对那些有特殊体能消耗的人应予以区别对待。例如，炼钢工人需高温作业，因大量排汗而造成蛋白质大量消耗及矿物质、维生素和水的大量丢失，这就要在膳食及饮料中给予适度补充。超量补充锻炼过程中的特殊消耗，为实现锻炼效果提供必要的物质基础。

如上所述，要实现合理营养膳食，必须做到营养成分全面、均衡，营养搭配要因人而异，营养过程要持之以恒。久而久之，才能从营养学角度提高健康水平。

二、营养素与健康

营养素是指能在体内消化吸收、供给热能、构成机体组织、调节生理机能，机体进行正常物质代谢所必需的物质，包括蛋白质、脂肪、糖类、维生素、矿物质和水六大类。营养素与健康有着密切的关系。

（一）蛋白质

1. 蛋白质在体内的主要作用

蛋白质是生命的物质基础，没有蛋白质就没有生命。它在人体内的主要生理功能包括构成机体组织，促进生长发育；酶和激素成分，调节酸碱平衡及全身生理机能；增强机体抗病免疫能力；供给热能等。机体一旦缺乏蛋白质，首先影响机体生长发育，肌肉萎缩甚至贫血，并出现免疫力下降、内分泌紊乱、易疲劳、伤口难愈合等现象。

2. 蛋白质的来源与日常需要量

日常膳食中的肉、蛋、奶等是动物性蛋白质的主要来源；而豆类是植物性蛋白质的主要来源；米、面等谷类食物蛋白质含量较低，只有10%左右。但在我国，由于谷类食物在人们食物中所占比例较大，谷类食物也成为植物性蛋白质的重要来源。一般认为，动物性及植物性蛋白质在食物中应各占50%。

中国营养学会建议，我国成人蛋白质摄入量为每日每千克体重1.0~1.9g，青少年应当更多一些，可达3.0g左右。参加体育锻炼的人在各自原基础上应适量增加一些。

（二）脂肪

1. 脂肪在体内的主要作用

脂肪在体内构成细胞膜及一些重要组织，参与代谢，供给热能，保护内脏，保持体温，并有促进脂溶性维生素的吸收等作用。

2. 脂肪的来源与日常需要量

动物性脂肪来源于各种动物油、奶油、蛋黄等，而植物性脂肪主要来源于各种植物食用油。另外，核桃、花生、瓜子等干果也可为机体提供较丰富的脂肪成分。就我国居民目前的生活水平来看，普通膳食可满足脂肪的每天需要量。食物中的谷类在人体内也很容易转变成脂肪供机体利用或储存起来。

（三）糖类

1. 糖类在体内的主要作用

糖类在体内的首要作用是供给热能，人体所需能量的60%是由糖类供应的；其次还构成组织成分并参与其他物质代谢，对中枢神经系统有特殊营养作用；最后能调节脂类代谢，具有解毒和保护肝脏的功能。

机体缺糖会使血糖下降，首先影响中枢神经系统大脑的机能，使其兴奋性下降、反应迟钝、四肢无力，动作协调性下降甚至晕厥，运动不能继续。

2. 糖的来源与日常需要量

糖的来源较为广泛，食物中的米、面中约有80%富含糖类，因此日常膳食供应较充足。也可直接适量食用糖果及饮用含糖饮料，提高肝糖原、肌糖原的储备量。日常膳食即可满足人们对糖的需求，不必强调大量补充。

（四）维生素

维生素是维持人体生命和调节正常机能不可缺少的一类营养素，它们在体内的贮存量很少，必须经常从食物中获得。维生素的种类很多，按其性质可分为脂溶性与水溶性两大类。前者有维生素A、维生素D、维生素E、维生素K四种，后者包括维生素B、维生素C等。各种维生素在体内不构成组织成分，也不提供能量，它们有各自的功用，总的来说是调节物质能量代谢、保证生理机能。

1. 维生素A

维生素A的主要功用是维持正常视力，保证眼睛健康以及维持上皮组织结构的健全与完整性。如果缺乏维生素A会引起视觉及适应能力下降，甚至患夜盲症。维生素A的主要来源是各种动物的肝脏和鱼卵、乳品类、蛋黄以及胡萝卜、菠菜等黄绿色蔬菜。

2. 维生素D

维生素D对机体的钙、磷代谢和骨骼生长发育极为重要，能促进钙的吸收，促进骨骼钙化及牙齿的正常发育。维生素D缺乏时，钙的吸收受到影响，严重者会产生骨盐溶解而致脱钙。维生素D的主要来源是鱼肝油、蛋黄、奶油。皮肤中的7-脱氢胆固醇在太阳紫外线照射下可转化成维生素D，一般不至于缺乏。

3. 维生素E

维生素E可增强机体对缺氧的耐受力，减少组织细胞的耗氧量，扩张血管，改善循环，增加肌肉力量与有氧耐力。如果与维生素C结合使用，能缓和及预防动脉硬化。维生素E主要来自动物性食品、小麦胚芽、玉米油，绿叶蔬菜中的维生素E含量也较丰富。

4. 维生素B

其主要功能是在糖代谢中发挥重要作用，促进肝糖原、肌糖原生成，保障神经系统机能。充足的维生素B可有效地缓解机体疲劳。维生素B广泛存在于谷物杂粮中，也可服用维生素B片剂。

5. 维生素 C

维生素 C 能促进体内氧化还原过程，提高 ATP 酶活性，使机体得到更多能量来维持运动，提高耐力，减缓疲劳，促进体力恢复；并能促进伤口愈合，保障造血机能，辅助解毒，增强机体免疫力。维生素 C 广泛存在于蔬菜和水果中。

（五）矿物质（无机盐）

人体内矿物质元素种类很多，总量约占体重的 5%，是构成机体组织成分、调节生理机能的主要物质。其中含量较多的有钙、镁、钾、钠、硫、磷等，其他如铁、碘、氟、锌的含量很少，称微量元素。在物质代谢过程中，人体内每天都有一定量的矿物质通过各种途径排出体外，因此必须从食物中进行补充。矿物质在食物中分布极广，正常膳食一般都能满足机体需要。其中最易缺乏的是钙和铁。

1. 钙和磷

钙在体内的主要作用是构成骨骼与牙齿、维持神经肌肉的正常兴奋性、参与凝血过程等。成人每日需补充钙 0.6g，儿童及孕妇、老年人的需要量较高。大量出汗可使钙的排出量增多，每日需钙量可达 1.5g。含钙较多的食品有虾皮、海带、豆制品、芝麻、山楂、绿叶蔬菜等。由于钙和磷在体内的关系非常密切，二者在血液中必须达到一定的浓度水平才能共同发挥其生理机能，所以在补充钙的同时，还要注意从富含蛋白质的食品中摄入磷。

2. 铁

铁的主要作用是构成血红蛋白，缺铁可影响血红蛋白生成而发生缺铁性贫血，削弱血液载氧功能，导致全身功能下降。成年男子每日需铁 12mg 左右，青少年、妇女每日需铁 15mg 左右。大量出汗可加速铁的流失，应给予额外补充。含铁量最多的食物有动物肝脏、动物血液，其他如蛋黄、肉类、豆制品、红糖、沙棘果等铁的含量也较丰富。

（六）水

水在体内的主要作用：构成机体的主要成分，参与全身的物质代谢，实现机体的物质运输，调节体温，保证腺体正常分泌。体内的水分必须保持恒定，体内不储存多余的水，也不能缺水。缺水后若不及时补充，将影响正常生理机能。大量出汗后在补充水分的同时，也要补充适量盐分，以弥补电解质的流失。

三、体育锻炼与合理营养

（一）营养对体育锻炼的影响

进行体育锻炼时，体内会发生一系列的生理性变化：中枢神经系统活动紧张，内分泌机能提高，酶系统活跃，新陈代谢旺盛，单位时间内的能量消耗数倍、十数倍于安静状态；体内的糖、脂肪被大量分解供能，蛋白质代谢更新加快，大量的维生素、无机盐参与分解代谢而加快了损失过程。这些变化使机体对各种营养物质的需求量大为增多。

营养与体育关系密切，对锻炼效果有着很大的影响。体育锻炼造成的能量消耗，要在运动结束后通过合理的营养膳食得到补充。如果缺乏合理营养保证、消耗得不到补充，机体能力下降，出现乏力、疲劳甚至疾病状态。机体会处于一种"亏损"状态，久而久之，对于机体健康不利。

合理营养与体育锻炼是维持和促进健康的两个重要条件。以科学、合理的营养为物质基础，以体育锻炼为手段，用锻炼的消耗过程换取锻炼后的超量恢复过程，使机体积聚更多的能源物质，提高了各器官系统的机能。此时获得的健康，较之单纯以营养获取的健康上升到一个新的高度。运动员通过合理营养和体育锻炼在获得健康的同时，也获得了良好的身体素质。

（二）不同锻炼项目对合理营养的需求

在进行体育锻炼时，机体的能量消耗比安静时大大增加。要安排好锻炼期间的饮食，加速运动后的体力恢复，防止过度疲劳，合理的营养就显得十分重要。

1. 速度性运动

速度性运动是典型的大强度运动，如短跑。快速跑时对神经系统的灵活性和协调性要求高，同时体内高度缺氧，故能量的来源主要是糖的无氧分解供应。短时间内将有大量代谢产物在体内堆积，使内环境向酸性偏移，容易产生疲劳感。锻炼后的膳食中应含有丰富的蛋白质、糖，还必须有足够的磷、维生素 B 和铁等。此外，还应多吃蔬菜、水果等碱性食物，进一步调节体内酸碱平衡。

2. 耐力性运动

耐力性运动如长跑、超长跑、骑自行车等，运动强低，但持续时间长，运动所需总热能大，能量代谢以有氧供能为主。为了保证热能的来源充足，增强机体的摄氧能力，膳食中应含有较多的糖、维生素 B，以及铁、钾、钠、钙、镁等元素，并适量补充脂肪和蛋白质。

3. 力量性运动

力量性运动如举重、器械体操等，由于练习时消耗的能量较多，必须提高饮食的产热量，故膳食中应有足够的糖、蛋白质和脂肪。特别是力量练习有利于肌肉质量与力量的增长，对蛋白质的需要量大于其他活动项目，需要量可达到每千克体重 2g。另外，为了保证神经、肌肉的正常功能，还要注意补充钠、钾、镁、钙等元素。

4. 灵巧性运动

灵巧性运动有体操、艺术体操、技巧等。这些运动动作复杂、多样化、需要良好的协调性与灵巧性，对神经系统的要求较高，所以食物中应含有丰富的磷及各种维生素。

5. 球类运动

球类运动对人体的要求较全面，对力量、速度、耐力、灵敏性等素质均有较高的要求，所以对营养的要求也较全面。膳食中糖、蛋白质、维生素 B、维生素 C、磷等的含量一定要充足。球的体积越小，食物中维生素 A 的含量应更高些。足球活动时间较长且在室外活动，矿物质、水分丢失较多，应及时补充。

6. 游泳运动

游泳运动在水中进行，机体散热较多，膳食中除供给必需的糖和蛋白质外，还要求有足够的脂肪、维生素 B、维生素 C 及磷等。

7. 冰雪性运动

由于长时间在冰雪上活动，加之周围环境温度较低，机体产热过程加快以维持体温，所以蛋白质和脂肪消耗较多，膳食中必须给予保证，同时增加糖类以提供能源。需主要注意多补充维生素 B，并适当增加维生素 A 的摄入量以保护眼睛，这有利于适应冰雪场地的白色环境。

8. 体育锻炼与水的补充

体育锻炼中水的代谢特别旺盛，如踢足球 1 小时，出汗量高达 2～7L。在高温环境下运动的出汗量更大。运动时体温升高，排汗使机体的一部分热量散发，降低了体温，这对运动是有利的。但在排汗的同时，也失去了体内的很多盐类（如钠盐、钾盐等），若不及时补充，不但会削弱运动效果，而且对健康也有一定不良影响（脱水严重可导致休克）。因此在锻炼中要及时补充水分，同时注意钠、钾盐的补充。一次饮水量不能太多，以 150～200mL 为宜。

（三）不同气候条件下锻炼的营养特点

1. 冬季锻炼的营养特点

冬季气温较低，寒冷的环境使机体代谢加快、散热量增加，所以膳食中应增加蛋白质及脂肪含量，同时增加热能充足的食物和维生素 A、维生素 B、维生素 C、维生素 E。因冬季着装较多，户外活动少，接受日光直接照射的时间较少，所以还应在膳食中补充维生素 D 和钙、磷、铁、碘等。

2. 夏季锻炼的营养特点

夏季人体内物质代谢变化很大，大量出汗使能耗增加，并使钙、钠、钾及维生素大量消耗和丢失，所以，夏季锻炼时的膳食有特殊要求，及时合理地补充水、电解质及维生素比补充蛋白质、糖、脂肪更加重要。这时加快散热过程、防止中暑是必需的。电解质氯化钠的摄入，常温下每人每天为 10~15g，夏季高温环境下应再增加 10g 左右，同时补充维生素，包括维生素 B_2、维生素 C、维生素 B_6 及胆碱、泛酸、叶酸等。

蛋白质的补充应较平日增多，减少脂肪摄入量。膳食搭配应清淡可口，以增加食欲；并应多吃一些蔬菜与水果，以增加矿物质、维生素的摄入。

四、健康膳食

(一) 健康膳食的概念

健康膳食又称平衡膳食，是指膳食中所含营养素种类齐全、数量充足、比例适当，且与人体的需要保持平衡，又不会导致摄入热量过多。健康膳食的目的是促进人体正常发育，确保各组织器官和机能的正常活动，提高人体对疾病的抵抗力，进而提高机体工作效率、延长寿命。具体地讲，平衡膳食是指同时在四个方面使膳食营养供给与机体生理需要之间建立起平衡关系，即氨基酸平衡、热量和营养素构成平衡、酸碱平衡及各种营养素摄入量之间平衡。只有这样，才有利于营养素的吸收与利用。

现代医学研究证明，人类各种疾病的发生，几乎或多或少、或轻或重都与人体内营养平衡失调有关，如心血管病与钾、镁、锌低而铜高有关；高血压与钠高、钾低、镁不足有关；脑血管病与钙、镁、锌、硒不足有关。所以，人体内营养平衡至关重要。当今人类在面临营养失调风险日趋严重的状况下，健康膳食的意义就越发显得重要。

(二) 高职学生的膳食调配

高职学生正处于青春年少、向成年过渡的时期，不仅身体发育需要足够的营养，而且繁重的脑力劳动和大量的体育锻炼也要消耗大量的能源物质。因此，合理的膳食和营养有助于提高高职学生的身体素质和学习效率。

高职学生膳食除应保证足够的粮食以补充热能需要外，还应补充足够的、多样的副食品，一般每人每天平均需供给肉类 75~100g，豆类 50~100g，鸡蛋 1~2 个，牛奶 250mL，蔬菜 500g 及水果 1~2 个。膳食中的蛋白质最好以动物蛋白为主，优质蛋白占总蛋白量的 60%，并应平均分配在一日三餐中。

近年来一些文献报道表明，人们在精神紧张时水溶性维生素 B_2、维生素 C 及烟酸等的消耗会增加。高职学生紧张的学习和考试使体内维生素的需要量增加，应从食物中给予补充，以免引起维生素缺乏。

我国居民膳食中比较容易缺乏和不足的营养元素有钙、铁、维生素 A、核黄素（维生素 B_2）等，特别是在集体食堂就餐的高职学生更应注意预防上述营养缺乏。缺铁在高职学生中更为常见，因为女高职学生每月有血液的丢失，使身体对铁的需要量增多，很容易出现缺铁性贫血。因此，女高职学生更应注意补充铁，应选食含铁丰富且吸收利用率高的猪肝、瘦肉、木耳、红枣、海带等食物。

维生素 A 和核黄素是我们平常膳食中较难满足需要量的两种维生素，而这两种维生素又与视力有关。高职学生使用眼睛的时间较长,更要特别注意这两种维生素的补充。富含维生素 A 和核黄素的食物除猪肝、鸡蛋、牛奶外,黄绿色蔬菜中含量也较丰富。若每天能进食 250g 以上的黄绿色蔬菜,就能提高这两种维生素的摄入量,从而满足维生素的营养需求。

钙和碘对高职学生的身体发育和完成繁重的学习任务具有重要意义,每天膳食中应注意选用牛奶、鸡蛋、大豆、虾皮、海带、紫菜及各种海鱼等含钙和碘丰富的食物。

卵磷脂是构成神经细胞和促进脑细胞代谢的重要物质。有人做过试验,用大豆卵磷脂给正常人服用,精力比服用前充沛,学习和工作的效率也大大提高了。富含卵磷脂的食物有鸡蛋、豆类、瘦肉、肝、牛奶等。

第五节 体育锻炼的基本原则

体育锻炼原则是体育锻炼客观规律的反映,也是参与者安排锻炼计划、选择锻炼内容、运用锻炼方法时必须遵循的基本准则。以下六项原则是人们在体育锻炼实践中总结出来的经验,为锻炼者达到理想的健身效果提供了科学的指导。

一、自觉积极性原则

自觉积极性的原则也称意识性原则,是指体育锻炼者应有明确的锻炼目的,要有"善其身者无过于体育"的思想认识,自觉积极地进行体育锻炼。

人体的发展、身体素质的提高是一个长期积累的过程。体育锻炼是一个自我锻炼,自我完善,也是自我养成良好习惯的过程。要提高参加体育锻炼的自觉性和积极性,这就要求锻炼者必须有明确的目的,确信锻炼的价值和作用,并以此作为自己行为的动力,长期不懈地坚持下去,最终获得良好的锻炼效果。自觉积极的原则是进行体育锻炼的指导性原则,也是能否长期坚持体育锻炼的前提,必须始终坚持这一原则,使参加体育锻炼有一个正确的指导思想。

以下介绍如何提高体育锻炼的自觉积极性:

① 明确"生命在于运动"的科学道理,树立正确的锻炼目标,把体育锻炼当作日常学习和生活的需要,调动锻炼的积极性。

② 丰富业余生活,培养体育兴趣。兴趣是人们认识事物和从事活动的开始,当一个人对一项体育活动产生兴趣时,就会对这项体育活动表现出极大的热情,做到身心融为一体。

③ 克服自身惰性,战胜各种困难,科学合理安排作息制度,把体育锻炼当作生活中不可缺少的一部分,才能保证体育锻炼的自觉积极性。

二、全面性原则

全面性原则是指体育锻炼必须追求身心全面发展,使身体形态、功能、各器官系统功能以及心理素质诸方面,都得到良好的锻炼效果。大学生正处在青春发育期,各器官系统生长发育不均衡,全面发展各项身体素质是保障他们身体正常发育的关键。国家体育教学大纲指明要注意各类教材的搭配,保证学生进行全面的锻炼。各种体育项目对人体都有良好的锻炼效果,但由于不同的项目有不同的特点,所以作用于机体的效果就不同。在锻炼时,不可能每个项目都能同时进行,所以要有阶段、有重点、有目的地选择,不能单纯从某个兴趣、某个目的出发,要做到重视全面锻炼的原则。具体来讲,应注意以下几方面:

① 身心的全面发展,要从提高适应环境,抵抗疾病的能力,改善机体形态,提高机能

的功效，陶冶情操，愉悦心情，丰富文化生活等方面着眼。

② 针对个人的实际情况，有选择地从事简单易行、富有实效的锻炼，并应参照运动负荷价值阈标准，控制锻炼的量和强度。

③ 体育锻炼的内容应根据不同年龄、不同季节予以适当调整，而且要针对自身的薄弱部位选取抑其过而补其不足的锻炼内容，促进身体各个部分与各种素质的全面提高。

三、经常性原则

经常性原则是指进行体育锻炼是一个长期的、经常的行为，必须持之以恒，把它作为生活中不可缺少的一项重要内容。人体的结构和功能的变化是逐渐积累、逐渐提高和逐渐完善的过程。只有坚持经常性的体育锻炼，才能使这些变化巩固和扩大。坚持经常性的体育锻炼，能使人的新陈代谢功能增强，促进体内异化作用，继而使同化作用加强，加快体内物质合成，使人体功能得到提高，并可使骨骼坚硬、韧带牢固、肌肉粗壮、肺活量增大等。若长期停止锻炼，各器官、系统和动作技能形成的条件反射就会慢慢减退。

保持体育锻炼的经常性应注意以下几点：

① 根据个人能力的高低确立一个能够实现的体育锻炼目标（不宜过高），制订切实可行的锻炼计划（以能长期坚持为宜）。

② 一旦参加体育锻炼，就应该自觉地坚持下去，活动的内容和项目可以更换，但是锻炼不能停止，这样才能对身体产生良好的影响。

③ 强化锻炼意识，保证一定的体育锻炼时间，并逐步养成习惯，使体育锻炼成为日常生活中的重要组成部分。

④ 因气候条件不能在室外锻炼时，可以改在室内进行，即使暂时变换了锻炼的内容，对效果也不会有太大的影响。因工作繁忙而不能按照原计划进行体育锻炼时，可充分利用闲散时间进行体育活动，一天进行几次短时间的体育活动同样能取得较好的锻炼效果。

四、循序渐进原则

体育锻炼的内容、方法、要求和运动负荷等要根据每个人的实际情况而有所区别，例如，根据年龄、性别、目前健康状况，可以由简至繁、由易至难、单次运动量由小到大，逐渐提高。人体各器官的机能提高要有一个适应过程，如果违反这一规律，既不利于增强体质，还会损害健康。循序渐进，持之以恒，人体的基本活动能力才能保持和不断提高，体质才能增强。

具体来讲，在进行循序渐进的体育锻炼时应该注意以下几方面：

① 力戒急于求成，运动负荷必须建立在符合自己实际情况的基础上，锻炼后有适度的疲劳感受，同时要正确处理运动负荷和强度的关系。对体质较弱和体育基础一般的人群而言，更应严格遵守这一原则。

② 体育锻炼并非一劳永逸，如果锻炼间隔的时间过长，锻炼的效果就不明显，因此，每次锻炼的安排间隔要合理。为此，要有长期计划、短期安排，要根据身体适应运动负荷的能力来进行计划和安排。

③ 要有恒心，持久锻炼，日积月累才能使健身益心之效显著，兴趣逐渐产生，身心愉快，从而养成经常锻炼的习惯。

④ 应遵守人体生理机能活动能力变化的规律。每次锻炼时，必须做好准备活动，锻炼结束前，也不能忽视做放松练习，尤其是在晨间和严寒的情况下，更应认真充分地做好准备

活动和放松活动，防止运动创伤和产生不舒服的感觉。

五、区别对待原则

区别对待原则是指在体育锻炼中，根据锻炼者个人的年龄、性别、爱好、身体条件、职业特点以及季节、地域等客观条件，合理地确定锻炼内容，选择方法手段和安排运动负荷，使之符合实际需要，做到区别对待，使体育锻炼更具有针对性。

贯彻区别对待原则的要求如下所述。

（1）根据年龄特点选择体育锻炼项目

老年人可进行一些活动量相对平稳的慢跑、太极拳、走路、打门球等体育锻炼，以减少运动损伤。年轻人可进行对抗性强、运动较剧烈的球类运动、爬山比赛等，以增加体育锻炼的趣味。

（2）根据性别、兴趣、爱好和习惯有选择地进行体育锻炼

男子可进行一些体现阳刚之气的举重、拳击等体育锻炼，女子则可练习健美操、健美舞等柔韧性运动项目。

（3）根据自己的健康状况进行锻炼

例如，高血压病人的体育锻炼要长期坚持和循序渐进，尤其要掌握好运动量，在锻炼时动作应做到有节奏、放松和缓慢、避免紧张用力和憋气，不要过度低头，以免引起头部充血。

（4）根据职业特点选择体育锻炼项目

例如，脑力劳动者，工作时经常保持弯腰伏案的姿势，颈部前倾，脑供血不足，肺部活动受迫，呼吸机能降低，肌肉活动少，体力下降。针对这些特点，就应以动作舒展的活动性户外锻炼为主。

（5）根据季节和地域情况选择体育锻炼项目

不同地区地理、气象条件、体育的地方特色不同，锻炼中应因地制宜，从实际出发，要有针对性地安排。例如在北方冬季进行滑雪锻炼，在南方夏季进行游泳锻炼等。

六、安全性原则

从事任何形式的体育锻炼都要注意安全，如果体育锻炼安排得不合理，违背了科学规律，就可能会引起伤害事故的发生。安全性原则要求锻炼者在体育锻炼的过程中始终注意保护自己，做到安全第一。保证体育锻炼的安全性要贯彻以下几点：

① 体育锻炼前做好充分的准备活动，以克服内脏器官的生理惰性，预防运动损伤的发生。

② 体育锻炼要全身心地投入，锻炼过程中不要开玩笑，这对于青少年尤为重要，有时候稍微不注意，就可能造成运动损伤。

③ 在进行跑步、健美操等体育锻炼时，最好不要在沥青马路和水泥地面上进行，以防出现各种劳损症状。

④ 不要盲目地进行锻炼，请体育教师或运动学专家根据自身的健康状况设计合理的运动处方，指导自己有目的、有计划地进行安全、科学的锻炼。

⑤ 每次锻炼后，要注意做好整理放松活动。这样有利于促进疲劳的恢复，以便迅速投入到学习与生活中去。

上述几项应遵循的体育锻炼原则是相互联系、相互制约的。只有科学全面地贯彻这些原则，才能不断增强体质，取得预期的健身效果。

第六节 体育锻炼的科学方法

体育锻炼方法是根据人体的发展规律，运用各种身体练习，以提高人体的身体素质和基本活动能力的途径和方式。主要有重复锻炼法、间歇锻炼法、循环锻炼法、综合锻炼法和处方锻炼法。

一、重复锻炼法

重复锻炼法是指按一定的负荷标准、重复进行某项练习，以获得健身效果，重复的次数和时间是决定健身效果的关键。过量会导致疲劳积累，不足则无益于健康。确定和调节重复的次数和时间应考虑项目特点，如健身跑、太极拳、广播操不同于足球、篮球。重复锻炼要注意克服厌倦情绪，防止机械呆板。每次重复都应达到运动负荷的有效价值范围，身体反应超过上限时，可减少重复或暂停，不足时可适当增加或变换。

重复锻炼是从增强体质的目标出发，为追求必要的负荷而一次又一次地反复做动作的过程。这个过程中主要是负荷强度，而不在于改正动作错误，因此，运用重复锻炼方法的关键是掌握好负荷的有效价值范围（最有锻炼价值负荷量下的心率），并据此调节重复次数。在重复锻炼中，对负荷量如何控制和怎样去重复才能达到理想效果的负荷强度，应视实际情况而定。通常认为，普通大学生的负荷心率在 130～170 次/min 的范围内是较适宜的。在这个范围内，心室血液充盈，每搏输出量以及氧气的运输量等均达到最佳状态，并可以持续地运动，心率低于 130 次/min 则健身效果不大，应增加重复次数，超过 170 次/min 则须减少重复次数或安排足够的间歇时间。

二、间歇锻炼法

间歇锻炼法是指重复锻炼之间的合理休整，它是一种提高锻炼效果的常用锻炼法。间歇锻炼法间歇时间的长短，主要以负荷的有效价值范围为准。一般来说，负荷超过上限时，间歇时间应长些，以防止负荷继续上升，造成体力消耗过量；在下限时，可连续进行，间歇时间应短，密度应大，后次锻炼应在前次锻炼的效果未减退时进行，倘若间歇过长，在效果消失后再进行，则失去锻炼的意义。

同重复锻炼法一样，间歇的时间也要依据负荷的有效价值标准去调节。一般来说，当负荷反应（心率）指标低于有效价值标准时应缩短间歇时间，而在高于价值标准时则可延长间歇时间。总之，通过适当的间歇，把负荷量调节到负荷有效价值范围以追求良好的锻炼效果。实践中，一般心率在 110 次/min 左右时，就应再次开始锻炼。间歇时，不要静止休息，而应边活动边休息，如慢速走步、放松手脚、伸腰或做深而慢的呼吸等。因为轻微活动可以使得肌肉对血管起到按摩作用，帮助血液流回和排出所产生的废物。

三、循环锻炼法

循环锻炼法是指将具有不同锻炼效果的各种类型的动作编成固定的程序，锻炼者按一定的顺序循环反复地进行锻炼的方法。锻炼者要按要求在各个练习点完成规定练习，当一个练习点上的练习完成后，迅速移到下一个练习点，锻炼者完成各个练习点上的练习后，就算完成了一次循环，运用循环锻炼时，各个练习点锻炼内容的搭配要全面，应选用已经掌握的、简便易行的动作，同时规定好练习的次数、规格和要求，使锻炼者得到全面的锻炼。

循环锻炼法对技术的要求不高，而且各项目都采用比较轻度的负荷练习，因此练起来简单有趣，可有效地提高不同层次和水平的练习者的运动情绪和积极性；可以合理地增大锻炼过程的练习密度；可以随时根据具体情况因人而异地加以调整，做到区别对待；可以防止局部负担过重，延缓疲劳的产生，交替刺激不同体位，有利于综合锻炼，从而达到全面发展的效果。

四、综合锻炼法

综合锻炼法是指多种练习方法的结合运用，它能更加有效地调节运动负荷，更好地符合练习内容的要求，从而有效地提高身体素质，取得良好的锻炼效果，在采用综合锻炼法时，应该注意练习手段、练习量和强度、练习间隔及练习程序的安排，从实际情况出发，合理安排。

五、处方锻炼法

处方锻炼法是指根据锻炼者体质测试结果，由体育专家制定锻炼身体的方案进行锻炼的方法。运用这种方法时，锻炼者应该先进行体质测试，并根据测试结果，由体育专家来制定锻炼的处方，锻炼者根据锻炼处方的具体安排进行锻炼，并要定期进行体质测试，以便根据体质变化情况进行锻炼处方的修改。

第七节　个人体育锻炼计划的制订

一、运动处方

1. 运动处方概述

20世纪50年代，美国生理学家卡波维奇提出了运动处方的概念，1960年，日本的猪饲道夫教授首先用了运动处方术语，1969年，世界卫生组织使用了运动处方术语并在国际上得到确认。联邦德国 Hollmann 研究所从1954年起对运动处方的理论和实践进行研究，制定出健康人、中老年人、运动员、肥胖病等各类运动处方，社会效果显著。日本在1971年成立了以猪饲道夫教授为首的运动处方研究会，于1975年制定出各个年龄组的运动处方方案，出版了《日本健身运动处方》，指导大众健身。我国用运动处方辅助治疗冠心病、肥胖病等有不少临床报道，也翻译了一些国外运动处方专著；在医学、体育院校的教材中，运动处方已经列入疾病防治内容；在普及运动处方知识方面，做了大量工作。

大学生应该根据自身的体征和爱好，科学地进行体育锻炼以适应不断变化和发展的社会环境，掌握制定运动处方的能力，以便进行长期、科学、有效的体育锻炼，制定合适的个人体育锻炼计划，确保体质强健。

运动处方是针对个人身体状况而采用的一种科学的定量化的体育锻炼方法，运动处方的特点是因人而异，避免不合理的运动损伤身体，更好地达到健身和防病的目的，以便促进体育锻炼的普及性和科学性。

2. 运动处方的内容

（1）运动项目

运动项目主要根据运动者所要达到的目的而设定。一般健身或改善心血管及代谢功能、预防冠心病、肥胖症等，可以练习耐力性（有氧训练）项目，如走、慢跑、自行车、游泳、爬山及原地跑、跳绳、上下楼梯等；改善心情、清除身体疲劳或防止高血压和神经衰弱等，可选择运动负荷较小的放松练习，如太极拳、散步、放松操或保健按摩等；针对某些疾病进行专门性的治疗、必须选择有关疾病的医疗体操，如慢性支气管炎、肺气肿患者就应做专门的呼吸体操，内脏下垂者应做腹肌锻炼，脊柱畸形、扁平足应做矫正体操等；如果想长高，必须多做一些跳跃、伸展性练习，如打篮球、跳绳、跳跃、引体向上等。

(2) 运动强度（运动量）

运动强度对运动效果、运动安全有直接影响。运动强度是否合适，是制定、执行运动处方的关键。运动处方的运动强度，从安全方面考虑应该在安全界限以下，从效果方面考虑应该在有效界限以上，这两个界限之间是既安全又有效的运动强度，也就是适宜的运动强度。

运动强度可以分为三级：较大、较小和小。反映运动强度的生理指标通常采用测定心率，在运动处方中应该规定运动中应达到而不应超过的心率指标，其标准应该根据锻炼者的实际情况而有所不同。运动时常用计脉搏跳动的次数来掌握运动强度（即测 10s 脉搏次数，再乘以 6，为 1min 脉搏次数），心率标准则根据年龄特点而有所不同。

(3) 每次运动的持续时间

运动时间指每次持续运动的时间，由于运动时间和运动强度的乘积决定运动量，因此，等量的运动量，因运动目的的不同有运动强度和时间不同的处方。以健身为目的的运动，用强度小而时间长的处方效果好（中老年人），对于青少年来说以短时间的激烈运动反复多次的处方，对增进健康有很好的作用。

运动需要的时间是指给予心脏适宜刺激所需要的充足时间。一次运动需要的时间应根据运动强度、运动频率、运动的目的以及身体状况等条件决定。在要求相同的运动量时，轻微的运动强度所需要的运动时间较长，运动强度大时，持续时间则较短。按照健身运动的要求，规定运动时间不能少于 5min，一般控制在 15～60min 为宜，医疗体操可根据具体情况而定。在健身运动中，50％强度的运动，一次运动的时间为 30～45min；60％强度的运动，一次运动的时间为 20～30min；70％强度的运动，一次运动的时间为 15～20min。相对来说，青年人或体质较好者，强度可稍大，持续时间可短些；而中老年人或体质较差者，则适合较小的强度，持续时间可相对长些。

根据研究，每次进行 20～60min 的耐力性运动是比较适宜的。从运动处理来说，5min 是全身耐力运动所需的最短时间，60min 对于坚持正常工作的人是最大限度的时间。库柏研究认为，心率达到每分钟 150 次以上时，最少持续 5min 即可开始收到效果；如果心率每分钟在 150 次以下，那么需要 5min 以上才会开始有效果。

(4) 运动次数

最好每天都安排锻炼，这样可以调剂每天的生活节奏。也可以安排每周 3～4 次练习，即隔日锻炼 1 次。不论采用哪种方式，都应该注意的是负荷量较大时，休息间隔要长一些，反之短一些。总之，以上锻炼的疲劳清除后，再进行下一次锻炼为宜。

每周锻炼的次数与运动效果密切相关。1 周进行 1 次运动，所给予肌肉和心脏的刺激，几乎不能期待运动效果积累；1 周进行 2 次运动，其效果是不充分的；对于以增强肌肉力量为目的的锻炼来说，每周安排 3 次锻炼就可以了（隔日运动）；而全身持久性锻炼（耐力锻炼）的效果与频率的关系，则是频率越大，收效越大，对于以增进健康保持体力为目标的体育锻炼，结合学生个人的学习、生活、工作和休息，每周 4～5 次为好。重要的是养成锻炼的习惯。

二、个人体育锻炼计划

一个完整的锻炼计划包括锻炼的目的、内容、方法、时间等。大学生在制订个人锻炼计划时应该注意锻炼内容、时间、次数的合理搭配。

1. 锻炼内容的合理搭配

在选配锻炼内容时,应该注意以下几点:

① 注意把课外锻炼的内容和体育课的学习内容结合起来。注意复习、巩固和提高体育课所学的内容。

② 注意把个人兴趣与实际需要结合起来。既要发展提高自己有兴趣的或者擅长的项目,又要努力克服自己的弱项和不足。

③ 注意不同身体素质练习与其他活动的有机结合。一般情况下,每次锻炼时应该安排一项活动性游戏或者球类活动,再配以1~2项身体素质练习为好。

2. 周锻炼次数和时间的安排

大学生在制订锻炼计划时,一般以一年或一学期为锻炼周期,以此来确定每周早操、课外活动的锻炼次数及每次锻炼的时间,如表1-3-1所示。

表1-3-1 周锻炼次数和时间的安排

时期/分类	有体育课时				无体育课时			
	早操		课外活动		早操		课外活动	
	周次数	时间	周次数	时间	周次数	时间	周次数	时间
春(秋)学期	3~5	0.5h	2~3	1.5h	3~5	0.5h	3~4	1h
夏(冬)学期			2~3	1h			2~3	1h
暑(寒)假			3~4	2h			3~4	2h

第四章
体育竞赛的组织编排

【学习目标】

① 理解体育竞赛的意义；
② 了解体育竞赛的种类；
③ 了解小型体育竞赛组织方法；
④ 掌握两种小型体育比赛编排方法。

体育竞赛是体育运动最显著的特征。它是指以争取优胜为直接目的，以某一项目或身体的某些活动为内容，在规则制约下平等进行的体力、技艺和心理素质的全面较量并结下深厚友谊的过程。

第一节 体育竞赛的意义与种类

一、体育竞赛的意义

学校体育竞赛是指以运动项目、游戏活动或身体练习活动为内容，利用课余时间组织学生进行各种体育竞赛活动的组织形式。体育竞赛是体育课外活动的重要组成部分，也是学校体育教育成果的重要展示形式之一。它有力地推动学校体育活动广泛开展，促进学校体育的普及与提高，是实现学校体育教育目标，发展"阳光体育"的基本途径之一。

参与体育竞赛，要求参加者在比赛中体现出和尽可能地发挥出最大机能潜力，在人体各种能力的极限水平甚至超极限水平上进行激烈的角逐。在体育竞赛过程中，其结果往往很难预料，在人们的心理上常常会引起种种悬念。而其最终结果，取决于参与者的技术、战术、身体素质、心理、智力等各种因素的激烈较量。

通过体育竞赛，强有力地宣传了体育运动，能吸引和鼓舞更多的人参加体育锻炼，发展学生的运动技能，增强体质，丰富学生的课余文化生活。通过有组织有计划开展各项体育竞赛，可有力地促进运动技术水平的提高，有利于相互增进团结和友谊，培养勇敢顽强、奋力拼搏、集体主义和爱国主义等优良品质。

学校体育教学和训练的效果如何，有什么进步和不足，通过体育竞赛可以反映出来，从而促进教学和训练质量的不断改进和提高，有利于更快地发现和培养优秀的运动人才，提高全民身体素质。

通过体育竞赛，可以调节和陶冶人们的道德情操，对社会主义精神文明建设，提高全民族素养有着重要的意义。在现代生活中，体育竞赛还可以加强国内各族人民之间的团结，促进世界各国人民之间的了解和增进友谊，推动国际交往。

在现代生活中，体育已成为人们生活的重要组成部分。各种形式的体育竞赛，受到了人们的普遍欢迎，我们必须充分认识体育竞赛的规律，发挥体育竞赛在推动体育运动中的杠杆作用，促进体育事业向广度和深度迅速持久的发展，为实现体育的任务、目的，认真办好各种体育竞赛活动。

二、体育竞赛的种类

（1）综合性运动会

它往往包含有若干个运动大项的比赛，其目的是全面展示各国家、地区、行业、单位的体育运动发展情况，广泛总结和交流经验，从而推动体育运动的发展，这种竞赛由于比赛项目众多、规模较大、组织工作较复杂，通常都是每几年举办一届。如奥运会、亚运会、全运会、全国大学生运动会等。

（2）单项锦标赛

只有一个单项比赛，并确定团体或个人冠军和其他名次，如世界男排锦标赛、世界体操锦标赛、大学生田径锦标赛等。

（3）联赛

这种比赛规定，每年定期举办一种列入计划的规模较大的比赛。

（4）邀请赛和友谊赛

各单位之间，为增进友谊和团结，互帮互助，共同提高某一运动项目的水平而举办的比赛均可称为邀请赛，此种比赛均为非正式比赛，各种访问比赛一般都属于友谊赛，其宗旨和邀请赛相同。

（5）选拔赛

为发现和挑选运动员，组织和补充代表队，准备参加高一级别的体育竞赛而进行的比赛，通常称为选拔赛。如各分院系为备战学校运动会组建运动队，组织有关同学进行比赛，从中发现和选拔人才。

（6）表演赛

为了宣传体育活动，扩大影响，参加庆祝，慰问纪念，集资等活动而举行的比赛。此项比赛着重技术、战术的发挥，一般不记名次。对准备开展的项目示范性介绍或参加重大比赛后的汇报表演均属于此类。

（7）对抗赛

指由两个以上实力相近的单位举办的竞赛，可以是双边、多边、定期或不定期的，目的是交流经验，切磋技艺，取长补短，共同提高。

（8）等级赛

按运动员不同技术水平分别举行的比赛。

（9）测试赛

为达到一定标准或了解运动员提高成绩的情况而组织的比赛。

（10）及格赛

一般在参赛人数过多，有可能影响正式比赛的正常进行时，先举行及格赛。

各类学校除组织上述比较正规的比赛外，还可以开展一些规则简单、形式灵活、对场地器材要求不高、容易组织和便于经常举行的各种非正规比赛，以吸引更多的人参加经常性的练习活动和锻炼，提高身体素质。

第二节 体育竞赛的组织与编排

一、体育竞赛的组织

为了顺利完成竞赛的任务，不论是综合性运动会或单项比赛，都应该是一项系统工程。这项工程大致可分为以下三阶段：赛前的策划组织，赛中的监控保障，赛后的总结收尾。组织规模较大的体育竞赛活动，应成立相应的大会组织委员会或筹备委员会。

在各类学校或各大学二级分院系组织校运会、体育节或单项比赛时，应建立领导小组，在主管院（校）长的领导下，领导小组由体育、学工、教务、后勤、医务、保卫等各方面领导或代表组成。根据工作需要分成若干小组，例如：宣传组、裁判组、场地器材组、医务组、后勤保障组等，各组的大致工作内容或任务如下。

1. 宣传组

搞好体育竞赛的宣传、教育工作。鼓励运动员赛出水平、赛出风格。宣传教育观众，争当"文明啦啦队"。

2. 竞赛组

制定大会法规性文件——竞赛规程。为使竞赛工作严密有序进行，还应做好以下工作。

① 审查报名表。

② 做好抽签和编排工作，编印和下发赛事秩序册。

③ 做好裁判员培训工作，保证裁判员的数量和专业知识与技术能力。

④ 预先确定分工，临场及时研究，解决竞赛中出现的和可能出现的有关问题。

⑤ 如确需要，下发补充通知，解决规程中未尽事宜。

⑥ 比赛前应认真全面检查场地器材，需要进行整改的应及早安排，保证安全。

⑦ 比赛期间要及时印发、公布成绩公报。

⑧ 比赛结束后，认真负责地核对好比赛成绩，编印成绩册，技术资料分类归类及时发送有关部门单位。

3. 裁判组

裁判员应本着"认真、公正、准确、及时"的执法原则认真履行职责。作为裁判员，应表现出高尚的道德准则和业务水准。裁判员在工作中应遵守好以下要求，认真履行好职责。

① 认真学好规程、规则，统一认识，统一裁判方法。对比赛中可能出现的问题加以研究并落实处理方案。组织必要的实习或考核。

② 裁判长要合理安排好裁判员，对抗性强或决定胜负的关键场次应重点关注。

③ 裁判员在履行职责时应精力集中。既要严格执行规则，又要讲文明礼貌。

④ 执法中不能弄虚作假。如发现反判、漏判、误判等应立即纠正。

⑤ 比赛结束后，广泛认真地听取各方意见，总结经验，改进工作。

在学校中举行的各种竞赛，应大胆积极地在学生中挑选和培养裁判人才，给他们创造在实践中学习和锻炼的机会。凡符合条件者，应向有关部门推荐，发放相应级别的裁判证书，充实裁判队伍，推动体育运动的发展。

4. 场地器材组

根据规则和规程的要求，认真合理地布置好竞赛场地和器材设备。认真负责地做好场地

5. 后勤保障组

后勤工作应向运动员、教练员、裁判员及工作人员提供良好的比赛、工作条件。

二、体育竞赛的编排

采用怎样的比赛方法，需根据比赛任务、项目特点、参赛人（队）数、时间安排、场地设备等因素来统筹考虑和选择，下面介绍的是几种常用的比赛方法。

1. 淘汰法

淘汰法是指在比赛进行过程中逐步淘汰成绩靠后者，最后决出优胜者。淘汰法有两种淘汰情况：一是按预先规定顺序让参赛者一人（队）进行比赛，用展现比赛参与者最佳成绩的方式，通过及格赛、预赛、复赛、决赛等渐进赛次，淘汰劣者，比出优胜名次。如田径、游泳项目比赛多采用这种方法。另一种情况往往被球类和其他对抗性比赛项目所采用，即一对一按预先排定的淘汰表进行比赛，胜者进入下一轮，直到最后一对决出优胜者。

为了使比赛尽可能公正，淘汰编排时应注意以下几点。

① 根据实际水平设立若干种子队。种子队分开排列，以便使强者不过早相遇，尽可能使他们在决赛时相遇。

② 排定种子队后，为使参赛者机遇、机会均等，其余位置均应抽签排定。

③ 淘汰赛比赛场次的计算，采用下列公式

比赛场次＝参赛队数－1

④ 如参赛队数（人数）不是2的几次方时，则应在第一轮排出"轮空"，"轮空"位置要分散排列。

图1-4-1为8个队参赛的淘汰制比赛轮次表的示意图。

图1-4-1　8个队参赛的淘汰制比赛轮次表示意图

2. 轮换法

将参赛者分为若干小组，在规定的同一时间内，分别进行各个项目的比赛。赛完一项后，各组按预先排定的比赛顺序依次轮换再进行下一轮比赛。如体操团体比赛的男子6个项目、女子4个项目均采用这种方法进行。

3. 循环法

又称循环制，共包括单循环、双循环、分组循环三种方法。

单循环：所有参赛的人（队）在比赛中均能相遇一次，最后按参赛者在全部比赛的胜负场数、得分的多少来排定名次。这种方法一般适用于参赛人（队）不多，竞赛时间又较长的情况。

循环制的编排方法较多，比较复杂。现分别就8个参赛队和7个参赛队采用的单循环比赛的轮次表依次示范，如表1-4-1和表1-4-2所示。

表1-4-1　8个参赛队单循环比赛轮次表

第一轮	第二轮	第三轮	第四轮	第五轮	第六轮	第七轮
1—8	1—7	1—6	1—5	1—4	1—3	1—2
2—7	8—6	7—5	6—4	5—3	4—2	3—8
3—6	2—5	8—4	7—3	6—2	5—8	4—7
4—5	3—4	2—3	8—2	7—8	6—7	5—6

表 1-4-2　7 个参赛队单循环比赛轮次表

第一轮	第二轮	第三轮	第四轮	第五轮	第六轮	第七轮
1—0	1—7	1—6	1—5	1—4	1—3	1—2
2—7	0—6	7—5	6—4	5—3	4—2	3—0
3—6	2—5	0—4	7—3	6—2	5—0	4—7
4—5	3—4	2—3	0—2	7—0	6—7	5—6

注：碰到 0 号队轮空一次。

单循环比赛场次 Y 计算公式为

$$Y=\frac{N(N-1)}{2}$$

式中，N 为参赛队数量。

单循环比赛轮次的计算方法：

① 参加比赛队数是奇数时，则比赛轮次等于队数，轮次＝队（人）数。

② 参加比赛队数是偶数时，则比赛的轮次为队数减 1，轮次＝队（人）数－1。

双循环：所有参赛的人（队）在比赛中均相遇两次，按最后比赛中的胜负场次、得分多少排列名次。这种方法适用于参赛的人（队）较少，而竞赛期限又较长时采用。

分组循环：把参赛的人（队）分成若干组，分别进行单循环。这种比赛方法适用于参赛人（队）数多而竞赛期又短的情况下使用。

循环赛的优点是不论参赛者的水平高低、技术优劣、实力强弱，都有机会与其他参赛者进行比赛，因此锻炼机会增多，有利于互相学习、共同提高，能比较准确地反映出参赛者的技术水平，产生的名次比较客观。

4. 混合制

竞赛在第一阶段预赛中采用分组循环制，第二阶段决赛中采用淘汰制；或者相反，在第一阶段预赛中采用淘汰制，在第二阶段决赛中采用循环制。任何一种赛制或方法的优缺点都不是绝对的，如其符合竞赛的目的、性质、队数、时间、场地等需要，就是相对正确和先进的。

5. 顺序法

分组顺序法：将参赛者分成若干组，分别进行比赛。如田径比赛中的径赛项目按预赛、复赛、决赛成绩评定名次。

不分组顺序法：在同一比赛时间内只能有一人依次进行比赛的项目。如田径比赛中的田赛项目。

第二篇 实践

项目一 跑的训练

【案例引入】

跑步运动一直受到人们的喜爱,跑步是最简单、最方便且最有效的有氧锻炼方式之一。它可以调节人的心情,促进血液循环,增强心肺功能,发展肌肉力量,保持体型健美。跑步可以燃烧脂肪,体重61kg的人慢跑45min,可消耗热量2009J以上,同时能塑造肌肉,对腿部和臀部效果更明显。然而,随着社会的发展,一方面我们需要良好的体质适应工作的需要;另一方面由于受到气候、环境、场地等一些客观因素的制约,我们到室外去跑步的机会越来越少,室内跑步应时代之需成为时尚,应用跑步机健身已成为人们的首选。跑步机健身的突出特点是:健身不受环境限制,简单易学,男女老少皆宜,对人体肌肉、骨骼以及改善人的心脏血管机能等都有良好的效果。

学习任务一 短跑技术

【任务导入】

熟练掌握短跑技术的正确动作和练习方法,了解并掌握各种短跑动作技术要领,能够达到短跑动作的基本要求。短距离跑是径赛中距离最短、速度最快的项目。它是在人体缺氧的状况下,以最短时间通过规定距离的极限强度的运动。它能有效地发展速度素质,因此是田径的基础。短距离跑项目包括60m、100m、200m和400m,目前少年开设了300m项目。短距离跑全部技术动作可分为起跑、起跑后加速跑、途中跑和终点跑四个。

【知识准备】

在公元前776年第1届古代奥运会上,就有一个"斯太地(Stadion)"距离的短跑竞赛项目。从第14届开始增加了第一个短跑项目,长度接近400m。当时,比赛规则很简单,不计时间也不排名次,谁第一个到达终点谁就获胜。

短跑是高速度的极限性运动项目,是田径运动的基础项目,短跑水平的高低体现了练习者神经中枢的灵活性和神经-肌肉系统的协调性,短跑是速度和力量的完美结合,给人以勇猛的表象。在学习短跑项目时一定要循序渐进,在掌握技术的同时不断提高跑速,以速度为中心,不断提高力量和技术的平衡能力。

除了竞赛之外，短跑运动又被广泛用作以健身为目的的健康锻炼。短跑运动动作结构简单，易学易练，不受年龄、性别、场地条件限制的。经常练习短跑可以提高神经、肌肉、关节的灵活性；增强机体负氧债的能力；提高神经-肌肉系统的能量储备和抗乳酸能力；使人始终保持充沛的精力和快速反应的能力。短跑技术经历了"踏步式""迈步式"和现在普遍采用的"趴地式"的技术发展阶段，技术的不断改良使整个短跑动作显得自然放松，也促进了短跑项目的成绩明显提高。

1. 起跑和起跑后加速跑技术

起跑的任务是最大限度地发挥自身的力量以获取向前冲力，使身体迅速摆脱静止状态，为起跑后的加速创造条件。起跑后加速跑的任务是保持合理的身体姿势，充分利用向前的冲力，在加速跑段距离内尽快地达到或接近自己的最高速度。

起跑动作包括"各就位""预备""鸣枪"三个过程。

（1）"各就位"

当听到"各就位"的口令后应该先做几次深呼吸，然后精神饱满地走到起跑器。先把两手手掌撑在地上，双脚（有力脚在前）前脚掌依次踩在起跑器上，后膝跪在地上成支撑姿势，再放松一下手、臂、肩，两手置于起跑线后。两手的四指应该并拢（或稍分开）与拇指成"八"字形，拇指相对，两手之间的距离与肩同宽。两臂伸直，肩与起跑线齐，颈背放松，头自然下垂，集中注意力听"预备"的口令，如图2-1-1所示。

图 2-1-1　蹲踞式起跑的全过程图示

（2）"预备"

当听到"预备"的口令以后应该深吸一口气，然后憋住气。同时平稳地抬起臀部使其略高于肩，身体重心适当前移。两脚前脚掌紧贴起跑器，头与躯干保持自然姿势，集中注意力听鸣枪的信号。

（3）"鸣枪"

当听到鸣枪信号以后，双手应该迅速推离地面。两臂积极有力地前后摆动，两腿依次用力蹬离起跑器。后腿蹬离起跑器后迅速以膝部领先向前上方摆出，后腿前摆时，脚跟要尽量靠近臀部，以缩短摆动半径，加快摆动速度。这时，前腿继续用力蹬起跑器，当髋、膝、踝三关节充分蹬直时，后腿也前摆至最大限度。此时，上体仍保持较大前倾，后腿摆至最大限度后，大腿积极下压，用前脚掌在身体重心投影点的后下方落地，这是起跑的关键技术。

起跑后加速跑是衔接起跑和途中跑的重要跑段，这一跑段的距离约30m，直接关系到最快速度的发挥。在蹬离起跑器后，应该保持良好的身体前倾姿势，两臂积极有力地快速前后摆动，两腿用力蹬地，上下肢协调配合。在加速跑的开始阶段，上体前倾较大，随着步长和速度的不断增加，上体应逐渐抬起，直到转入途中跑的正常姿势。在加速跑段，不应有任何停顿和跳跃现象，这是起跑后加速跑的技术关键，大腿积极下压的速度和力度直接影响到加速跑的效果。

2. 途中跑的技术

途中跑是短跑全程中距离最长的段落，其技术的合理与否决定着短跑成绩的优劣。途中跑的任务是继续发挥和保持加速跑段所获得的速度，并努力以最快速度跑完全程。途中跑的速度主要取决于两腿蹬摆的效果、上体的正确姿势和两臂动作的正确配合，以及肌肉用力和放松交替的能力。跑的动作包含支撑和腾空两个时期。一次支撑和一次腾空称为一个周期，一个周期中每条腿都经过一次支撑和一次摆动。

（1）摆动期

当支撑腿蹬离地面后即进入摆动期，摆动期大腿完成折叠前摆和积极下压动作。折叠前摆的动作要领，是在大腿积极前摆的同时，脚跟应尽量向臀部靠拢完成大小腿的折叠动作，使大腿在尽量小摆动半径的前提下快速前摆，在最短的时间内摆到个人力所能及的最大高度，为大腿的积极下压做好准备。积极下压的动作，是在大腿摆到最大高度后，带动小腿积极下压，同时膝关节要保持自然放松，在大腿的带领下迅速以"鞭打"式下压、脚尽量以与跑道相切的最佳方式接触地面，以减少着地时产生的阻力。完成以大腿为主导的，大腿、小腿、脚和髋、膝、踝三关节协调配合的快速有力的积极下压动作。

（2）支撑期

当摆动腿积极下压与地面接触后到脚蹬离跑道为止为支撑期。支撑期是身体重心获得移动速度的主要动力来源，脚与跑道接触后的运动方式和力度直接影响到身体重心的移动速度，因此，当脚接触跑道后应以大腿带动小腿积极伸髋，迅速有力地完成"趴地"动作，以最短的时间结束支撑期。积极的"趴地"动作可以推动身体重心快速前移。

图 2-1-2　弯道跑技术示意图

手臂和躯干动作：在整个途中跑段落躯干应始终保持正直或略前倾，双目平视，以维持身体的平衡。两手掌心相对，四指自然弯曲，同时两臂弯曲以肩为轴、以肘为用力点前后摆动。前摆时手的高度不超过下颚，肘关节的角度约90°；后摆时肘关节的角度约130°，高度不超过肩。正确快速而富有节奏的摆臂动作不仅能维持身体左右平衡，而且能带动下肢的同步节奏。

弯道跑：200m 和 400m 跑中有百分之六十左右的距离要在弯道上跑，所以弯道跑的技术十分重要。弯道跑的技术与途中跑技术基本相同，由于弯道跑要克服离心力的作用，所以跑时躯干应向左倾斜，右臂和右腿的摆动幅度都要超过左侧，支撑腿的落点尽量靠近跑道的内沿线，如图 2-1-2 所示。

【任务实施】

1. 起跑器的安装

起跑的任务是获得向前冲力，使身体迅速摆脱静止状态，为起跑后加速跑创造有利条件。起跑器的安装。规则规定，短跑的起跑必须使用起跑器并采用蹲踞式起跑。安装起跑器的目的是使脚有牢固的支撑，形成良好的用力姿势，便于快速起跑和加速，有利于获得较快的起跑速度。起跑器的安装方法常用的有普通式和拉长式两种。普通式的前起跑器安装在起跑线一脚半（40～46cm）处，后起跑器距离前起跑器一脚半；拉长式的前起跑器安装在起跑线后两脚长（约60～65cm）处，后起跑器距离前起跑器一脚长。前后起跑器的支撑面与地面的夹角分别为40°～50°和70°～80°。两个起跑器的中间线间隔约15cm。起跑器的安装距离见图2-1-3。

两种起跑器的安装方法各有优缺点，应根据各人的特点选用和调整起跑器的安装方法。运动员采用哪种起跑器的安装方法应根据个人的身高、体型、身体素质和技术水平等情况来选择，其目的是使运动员能充分发挥肌肉最大力量，获得最大初速度，有助于加速跑的完成。

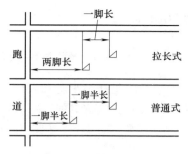

图2-1-3 起跑器的安装距离

2. 短跑技术练习方法

短跑技术练习方法说明见表2-1-1。

表2-1-1 短跑技术练习方法说明表

短跑练习方法	动作要领	分值
速度练习的方法	通常速度锻炼是指位移速度的锻炼，而动作速度是位移速度的基础。在实施速度锻炼方案时，应该先把跑的动作分解成多个环节，通过单一的肌肉力量练习和专门性练习相应地提高各环节运动速度，然后再通过各段落的快速跑来提高位移速度。可以采用20～40m快节奏的高抬腿跑、小步跑、跨跳等专门性练习；也可一采用30～60m的加速跑和20～30m的行进间跑等快速跑。练习的重复次数少但强度要大	25
速度耐力的练习方法	速度耐力的锻炼主要是各种距离的较快速度跑。可以采用30m、60m、100m、150m的间歇跑；也可以采用150m、200m、250m、300m的变速跑和100～500m的重复跑。初学者可根据不同的水平和能力，设计成不同强度、不同段落的各种组合。总的设计原则是循序渐进，段落由长到短；强度由小到大；重复次数由少到多	25
力量的练习方法	短跑的肌肉力量锻炼是一项比较重要的内容，肌肉力量的增强有助于加快动作速度。通常的练习方法有：负重半蹲、深蹲（练大腿前肌）；各种对抗外力的俯卧屈膝（练大腿后肌）；卧推和快速挺举（练上肢伸肌）；以及各种跳跃（练下肢综合力量）等。负重量和重复次数应根据练习者的初始水平和奋斗目标作相应设计	25

3. 短跑游戏比赛

短跑游戏比赛说明见表2-1-2。

表2-1-2 短跑游戏比赛说明表

名　称	持物接力跑游戏
游戏说明	将学生分成人数相等的四组，教师发出信号后，每组第一人迅速取出种子（实心球）快速跑到第一个播种区下种，然后迅速返回取第二粒种子在第二区播种，以同样的方法完成播种四次返回，与第二人击掌，第二人迅速将果实收回到筐里，然后与第三人击掌，第三人方法同第一人，第四人方法同第二人。依次类推，最先完成播种与收获的组为获胜
游戏规则	每次只能拿一个实心球，实心球必须放入规定区内，跑回的时候一次只能抱回一个
要求	认真听老师讲解游戏方法与规则，并在游戏中遵守游戏规则，发扬团结互助的精神，互相鼓励
结果点评	教师宣布比赛结果并点评学生在游戏中运用技术的情况

学习任务二　中长跑技术

【任务导入】

熟练掌握中长跑技术的正确动作和练习方法，了解并掌握各种中长跑动作技术要领，能够达到中长跑动作的基本要求。

在中长跑训练中，途中跑技术是教学的重点，建立良好的跑的节奏与速度感则是技术难点。

【知识准备】

一、中长跑分类与技术特征

中长跑包括中距离和长距离跑。中距离跑对速度和耐力都要求较高，而长跑以耐力为主。现代中长跑技术的特征为：身体重心位移平稳，动作实效、经济、轻松、自然，并保持良好的节奏、高步频，积极有效地伸髋和快速有力地摆动动作。

二、中长跑注意事项

中长跑时，应注意呼吸的节奏。呼吸的节奏取决于个人特点和跑的速度。一般是跑两三步一呼气，跑两三步一吸气，随着跑速的提高，呼吸频率也相应加快。在强度大、竞争激烈的情况下，应采用半张口与鼻同时呼吸来最大限度地满足机体对氧气的需要。

中长跑时，由于内脏器官机能的惰性，氧气的供应暂时落后于肌肉活动的需要，跑一段距离后会不同程度地出现胸部发闷、呼吸困难、动作无力等现象，迫使跑速降低，甚至有难以坚持下去的感觉。这种生理现象叫"极点"，它与准备活动、训练水平有关，训练水平高，内脏器官的适应能力强，"极点"出现就缓和、短暂。当"极点"出现时，可适当降低跑速，注意加深呼吸，同时要以顽强的意志坚持下去。

中长跑是体能类竞技项目运动。运动员在比赛中，表现出良好的耐乳酸能力，有较高的有氧与无氧训练水平。在练习中，对人的身体素质的完善、生理机能的提高、心理素质的健全起到了很大的推动作用，在全民健身活动中，更是一项人们喜闻乐见的体育活动。

三、中长跑动作要领

① 起跑：各就位到第一步前的动作任务是迅速摆脱静止状态获得向前动力。应采用站立式的起跑姿势。

动作顺序：各就位时做一两次深呼吸，然后放松地走到起跑位置。有力脚在后，前腿大小腿成150°、后脚130°，上身前倾，重心在前脚上，异侧臂前伸。目光在前方5～8m处。听到枪声后脚蹬地并向前摆动。

② 加速跑：上身逐渐挺直，双臂迅速有力摆动。加速进入有利位置。

③ 途中跑：重要阶段。要注意协调自然和放松。

良好姿势：上体正直或微前倾。根据跑步的速度来变换摆臂幅度的大小。重心平稳，双脚不应被动着地，而应大腿积极下压，小腿顺势前摆，并做扒地动作。大腿前摆不高，与地面成35°，后脚蹬地结束应成160°左右，如图2-1-4所示。

④ 弯道跑：身体稍向左侧倾斜，右臂和右腿的运动幅度稍大，着地时左脚用脚外侧，右脚用脚内侧。身体向左倾斜的角度与速度成正比。

图2-1-4　途中跑示意图

⑤ 终点跑：1500m 以上在最后 300m 或 400m 开始加速冲刺，耐力好的运动员加速冲刺的时间早。冲刺过程中加大摆臂，加大步频，和增加躯干的前倾角度。

用鼻子和半张开的嘴同时进行呼吸。积极进行呼气特别重要，积极呼气能保证吸气，一般采用两步或三步一呼。跑步过程中不能憋气。

【任务实施】

1. 中长跑技术练习方法

中长跑技术练习方法说明见表 2-1-3。

表 2-1-3 中长跑技术练习方法说明表

中长跑练习方法	动作要领	分值
中长跑技术训练	匀速反复跑，100～200m，改善技术。弹性跑加强下肢力量提高摆腿高度。放松大步跑，改进跑的放松能力提高步幅。起跑和起跑后加速联系。上体逐渐抬起，步幅逐渐加大。终点跑练习撞线	25
中长跑速度联系	30m 行进间跑，上坡下坡，快频率，加速，力量训练，俯卧撑，立卧撑，引体向上，双杠双臂屈伸，腰腹肌，举腿，背肌，下肢练习	25
耐力训练	重复跑，变速跑，追逐跑	25
柔韧训练	弓步压腿，正压腿，压肩，跨栏压腿	25

2. 中长跑游戏比赛

中长跑游戏比赛说明见表 2-1-4。

表 2-1-4 中长跑游戏比赛说明表

名称	贴 膏 药
游戏说明	两至三人一组，组成一个圆圈 教师任意指定两名学生，一抓一贴 贴膏药时必须经由内圈贴上，被抓到反过来抓别人，循环往复
要求	①教师示范讲解，叫口令领操；②学生听口令统一练习，动作准确、到位、整齐；③每节 4×8 拍
结果点评	教师宣布比赛结果并点评学生在游戏中运用技术的情况

学习任务三　接力跑技术

【案例引入】

综观国内外对接力跑研究的历史和从田径运动大赛中接力跑的技术状况看，对接力跑技术的研究还显得很不够，许多接力跑运动员对技术的掌握尚差。在国内外大赛中的 4×100m 接力跑比赛中常有犯规现象，4×400m 接力跑也往往因各种因素处理不好传接棒技术，在 3 个接力区内占用过多的时间，较大地影响了接力跑的成绩。如 1991 年第 3 届世界田径锦标赛，美国女子 4×100m 接力队具有 41.55s 的实力，但由于技术失误，在预赛中犯规，失去了冲击世界纪录的良机。英国女子 4×400m 接力队在 1971 年赫尔辛基欧洲田径锦标赛预赛中以 3min 35s 获得第二名（3 个接力区占用总时间为 8.8s），但在决赛中仅以 3min 34.5s 获得第四名（3 个接力区占用总时间为 12.30s），显然，这不是因为跑的能力不强，而是因为接力技术差而失败。在 1991 年第 3 届田径锦标赛上，英国男子 4×400m 接力队以

2min 57.53s 的成绩战胜了实力雄厚的美国接力队（成绩 2min 57.57s），当年英国队无一人列入世界 400m 的前 20 名，而美国参加 4×400m 接力的 4 名运动员均可排在世界前 20 名中的前列。由此可见接力技术的重要性。

【任务导入】

了解接力跑的发展，了解接力跑的起跑技术，掌握传接棒技术，能够完成接力全程跑，培养团结协作和集体主义精神。

【知识准备】

一、接力跑发展概况

接力跑是由跑和传、接棒技术组成的集体项目。接力跑传接棒时娴熟的技艺和每个参赛队员为集体竭尽全力所表现出的高度默契，以及比赛场面激烈的竞争性和比赛过程中变化无常带来的戏剧性，使它成为田径运动中最令人兴奋的项目之一。

1908 年的第 4 届奥运会上，男子 4×400m 接力跑被列为正式竞赛项目，1912 年第 5 届奥运会增加了男子 4×100m 接力跑项目。女子 4×100m 和 4×400m 接力跑，分别于 1928 年和 1972 年被列为奥运会竞赛项目。

接力跑包括场地接力跑和公路接力跑。目前，在正式的田径运动大型比赛中，一般设有男、女 4×100m、4×400m 接力跑比赛项目。历史上还有过男子 4×200m、4×800m、4×1500m、4×880yd❶、4×1mile❷ 世界纪录的记载。除此外，还有过异程接力跑比赛。

接力跑规则曾有过修改。早先的规则规定，各参赛队在各自指定的跑道内进行比赛，并要求接力棒必须在规定的 20m 接力区中完成起跑和传接棒动作。1962 年以后，国际田联规定在 20m 接力区的始端，向后延长 10m 作为预跑区。接棒队员可以在 10m 预跑区域内任选一处开始预跑，但传接棒仍然必须在 20m 接力区内完成。

随着短跑成绩的迅速提高和传接棒技术的不断改进，接力跑的成绩不断提高。

当前，国内外围绕提高接力跑成绩在以下几个方面进行了一些科学研究：如何改进和完善传接棒技术；如何从起跑技术、跑的能力、身体形态、心理素质、协作精神、传接棒技术等各个因素选择最佳参赛队员，以争取发挥最佳的整体效应；接棒运动员如何确定最适宜的起跑时机，以尽量减少速度损失的情况，完成传接棒动作，争取最快的跑进速度和提高接力跑的成绩。

二、接力跑的技术与特点

接力跑技术包括短跑技术和传接棒技术两个部分。接力跑的成绩取决于各棒队员的速度和娴熟的传接棒技术。

1. 起跑技术

（1）持棒人起跑

第一棒传棒队员以右手持棒，采用蹲踞式起跑，接力棒不得触及起跑线和起跑线前的地

---

❶ 1yd=0.914m。

❷ 1mile=1609.344m。

面。起跑技术和短跑相同。持棒方法有以下3种，如图 2-1-5 所示。

① 右手的食指握住棒的后部。拇指与其他手指分开撑地。

② 右手的中指、无名指握住棒的后部，拇指、食指和小指成三角撑地。

③ 右手的中指、无名指和小指握住棒的后部，拇指和食指分开撑地。

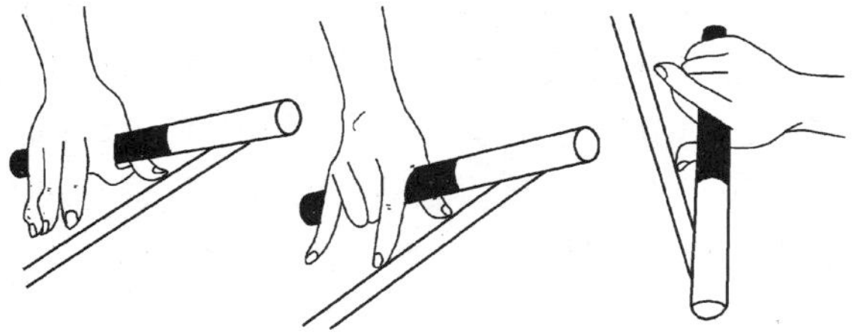

图 2-1-5　起跑持棒示意图

(2) 接棒人起跑

第二、第三、第四棒的起跑采取半蹲踞式。接棒人站在接力区的后端预跑区内，选定起跑位置。第二、第四棒接棒人应站在跑道的外侧，右腿在前，右手撑地保持平衡，身体重心稍偏右边，头部左转，目视传棒人的跑进和自己的起动标志线。第三棒接棒人站在跑道内侧，左腿在前，左手撑地，身体重心稍偏左，头部右转，目视传棒人的跑进和自己的起动标志线。此外，第二、第四棒接棒人靠近跑道外侧，也可用左腿在前、右臂撑地、头部左转、目视传棒人的方法，如图 2-1-6 所示。

图 2-1-6　接棒示意图

当传棒人跑到自己的起动标志线时，接棒人便迅速起跑。接棒人的起跑姿势是否正确，一是要看是否有利于快速起跑和加速；二是要看是否能清楚地看到逐步跑近的传棒队员并作出起动的准确判断。

2. 传接棒技术

传接棒技术主要有上挑式和下压式两种。

(1) 上挑式

接棒人的手臂自然向后伸出，手臂与躯干约成 40°～50°角，掌心向后，拇指与其他四指自然张开，虎口朝下，传棒人将棒由下向前上方送到接棒人的手中，如图 2-1-7 所示。上挑式传接棒的优点是接棒人向后伸手的动作比较自然，容易掌握。缺点是接棒后，接棒人的手握着接力棒的中部。为避免第三、第四棒的传接时接棒人抓的棒的前端部分越来越少，造成掉棒和影响持棒快跑，必须在跑进中换手或调整持棒部位（即倒棒）。

图 2-1-7　上挑手势示意图

(2) 下压式

接棒人的手臂向后伸出，手臂与躯干约成 50°～60°角，手腕内旋掌心向上，拇指与其他四指自然张开，虎口朝后，传棒人将棒的前端自上向下传到接棒人的手中，如图 2-1-8 所示。

长期以来，各国的接力跑队员习惯于采用下压式的方法。最近，国外一些教练员提出，下压式比上挑式的方法有更多的缺点，原因如下。

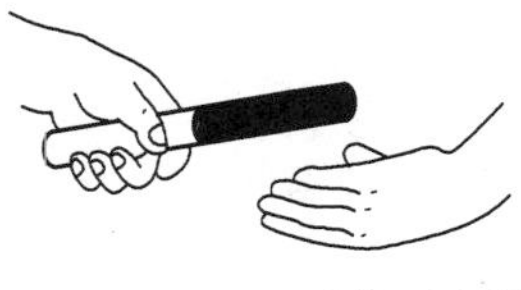

① 采用下压式时，接棒运动员的手臂后伸，掌心朝上，会引起身体前倾，影响其加速跑。

② 下压式接棒时，手心向上，五指分开，这种姿势运动员做起来很困难，影响快速、牢固地传接棒。

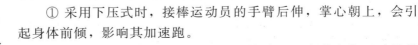

图 2-1-8　下压手势示意图

③ 下压式传接棒,传棒运动员一旦手臂前伸,就会降低跑速。

④ 下压式接棒要求运动员交接棒时的距离要合适,因此,传棒运动员必须分散一定的精力去判断他与接棒运动员之间有利于接棒的速度,这样即使判断正确,也不易完成。

⑤ 下压式传接棒运动员的接棒手臂伸出身后,跑动时势必要上下左右地晃动,这就不利于完成传接棒动作。如果让接棒运动员的手臂固定不动,那么运动员将会因不习惯而影响跑速。

⑥ 下压式传接棒限制了接棒运动员在接力区内的加速度,他必须限制跑速,准备迅速完成接棒动作。

4×100m 接力跑多采用上挑式与下压式混合的传接棒方法,它综合了上述两种方法的优点。第一棒队员以右手持棒起跑,沿弯道的内侧跑进,用上挑式将棒传给第二棒接棒队员,第二棒队员接棒后沿着跑道外侧跑进,并以下压式将棒传给第三接棒人,第三棒队员接棒后沿着弯道内侧跑进,用上挑式将棒传给第四棒接棒队员。

不管采用哪种传接棒技术都要因人而异,因为传接棒技术受身高、臂长、手掌大小和传接棒队员习惯的影响,只要能使传接棒技术达到默契、精确、保险、快速就可以。无论采用哪一种传接棒方法,都应是第一、第三棒队员沿跑道内侧跑进,以右手将棒传给第二、第四棒队员的左手,第二棒队员沿着跑道外侧跑进,以左手将棒传给第三棒队员的右手。为了集中精神保持高速度,4×100m 接力跑运动员都要采用不看棒的接棒方式。

【任务实施】

接力跑练习说明见表 2-1-5。

表 2-1-5 接力跑练习说明表

接力跑练习	练习方法	注意事项	分值
接力跑初步练习	①做传接棒技术示范并讲解有关传接棒的规则 ②持棒原地摆臂,集体按口令做上挑式和下压式的传棒练习 ③徒手原地摆臂,集体按口令做上挑式和下压式的接棒练习 ④两人配合,原地按口令做上挑式和下压式的传接棒练习。传棒人与接棒人前后相距 1.5m 左右,传棒人的右侧对着接棒人的左侧 ⑤两人在行进中按口令做上挑式和下压式传接棒练习 ⑥两人在慢跑和中等速度跑中做上述练习,要求同上	①原地传接棒练习时,应分成两列横队前后错开站立,前后距离约为 1.50m,传棒人的右手持棒。开始练习先按教师统一口令进行,然后由传棒人在行进中发口令,进行传接棒练习 ②在完成上挑式传接棒练习时,传棒人应在将棒摆到体前时发出"接"的信号,棒经后摆,再向前送棒,接棒人听到"接"的信号后迅速向后伸手接棒 ③在完成下压式传接棒练习时,传棒人应在持棒后摆时,发出"接"的信号,再自上向前下送棒,接棒人听到"接"的信号后,迅速向后伸手接棒	25
各棒次的起跑技术练习	①第一棒,右手握棒做蹲踞式起跑练习 ②第二、第三、第四棒,接棒人在直道和弯道以站立式和半蹲踞式起跑姿势,做单手臂撑地的起跑练习	第一棒起跑用右手握棒,要求接力棒不得触及起跑线前地面。在掌握练习①和练习②技术后,可进行两人配对的练习(距离 50m)	25
在接力区内完成传接棒技术练习	①两人传接棒技术练习:当传棒人用较快速度跑至标志线时,接棒人迅速起跑,完成传接棒技术 ②两人一组,2×50m 的接力跑练习要求在接力区末端 3m 处完成传接棒技术	两人一组的接力跑练习,要求接棒人的起跑时机和标志线的确定基本准确	25

续表

接力跑练习	练习方法	注意事项	分值
全程接力跑技术练习	①4人组队,连续进行50～100m的接力练习 ②4×50m接力跑或教学比赛 ③4×100m接力跑或教学比赛	①全程接力跑练习时,应力求各队实力较为平均,以提高各队之间的竞争效果 ②全程接力跑练习时,要强调在快速跑进中传接棒,并要求在传接棒队员之间要保持适当距离 ③为了增加全程接力的次数,练习时可缩短全程跑的距离,如采用4×30m、4×50m等练习	25
结果点评	教师点评学生运用技术的情况		

学习任务四　跨栏跑技术

【任务导入】

了解跨栏跑的起源、发展,理解跨栏跑技术的特点和风格,学会全程跑栏技术,克服恐惧心理,增强克服困难、取得胜利的信心。

【知识准备】

跨栏跑是一项有着悠久历史的运动项目,究其渊源可以追溯到上古时代。那时人类的祖先为了生活和生存,在追捕猎物或在躲避猛兽袭击时,常常需要在快速的奔跑中越过一些天然的障碍物,这就是最原始的跨栏跑。17~18世纪的英国,牧业发达,牧童们常常越过羊圈,跳进跳出,相互追逐嬉戏。在节日里,牧童们经常举行跳跃羊圈的游戏,比谁跳得快。后来,他们把栅栏移到平地上,设置成若干个与羊圈高度相近的障碍物,看谁能跨过栏杆跑在前头,这便是跨栏跑的前身。这种游戏后来便演化为跨栏比赛。

1864年,英国牛津大学与剑桥大学进行了一场田径赛,首次设立了跨栏项目,距离为120yd。运动员要跨过10个间隔相等的障碍物,形如羊圈栅栏,每个高3ft❶。剑桥大学的丹尼尔取得优胜,成绩是17.75s。这就是最初的跨栏跑比赛,标志着现代跨栏跑项目的诞生。

当时的跨栏跑技术与其说是"跨栏",不如称为"跳栏"更为贴切。当时的过栏技术大体是这样的:前腿屈膝上体挺直,两臂左右横张,后腿顺拖而过,腾空时间较长。英国选手克鲁姆于1866年将技术做了些改进,他在过栏时第一次将摆动腿伸直,上体微向前倾。在1891年至1894年间,跨栏跑的技术虽然没有多大的改进,但是美国选手威廉思和贝思先后以15.8s和15.6s的成绩闯进了"16s大关"。刘翔2002年以13.12s的成绩打破了110m栏的世界青年纪录、亚洲纪录和全国纪录,并于2004年获得奥运会男子110m栏冠军。

19世纪之前,可以认为是跨栏跑的起源与雏形时期,开始形成并设立了跨栏跑项目。虽然这一时期跨栏跑技术比较粗糙,但标志着现代跨栏运动的开始,并为以后的发展打下了良好的基础。目前跨栏跑技术已形成了它特有的技术风格和特点。

---

❶　1ft=0.3048m。

1. 速度成为跨栏跑技术的灵魂

随着"跨栏"向"跑栏"技术发展过渡，人们对跑的要求越来越高，跑与跨的动作区别也在逐步地缩小，运动员跨栏跑的平均速度与运动员平跑的平均速度逐渐接近，跨栏跑的成绩更接近于平跑成绩。因此跨栏跑技术的发展对跨栏跑运动员的速度要求也越来越高，速度将成为优秀跨栏运动员的灵魂。

2. "远起跨，近下栏"的技术逐步形成现代过栏技术

"远起跨，近下栏"这一特点是随着运动员的身高和身体素质的提高而出现的。起跨和下栏技术是整个跨栏跑技术中两个重要的技术环节。起跨是指从起跨腿踏上起跨点至蹬离地面止这一支撑时间。起跨的任务是保持较高的水平速度，为迅速过栏创造更大的腾起初速度和适宜的腾起角度。

正确的起跨攻栏技术是掌握好过栏技术的关键。优秀运动员的起跨距离为 2.0～2.20m。下栏着地是指从人体腾空过栏身体重心达到最高点开始，到摆动腿积极下压着地支撑这一动作过程。摆动腿积极有力的下压动作缩短了跨栏跑的腾空距离，减少了腾空时间，减少了运动员水平速度的损失，有效地缩短了过栏时间，提高了运动员的过栏速度，加快了上体的移动速度，使身体重心迅速赶上并超过支撑腿，而且还能保证过栏后获得较高的身体重心位置。优秀运动员的下栏着地点距离栏架约为 1.50m，着地角度约为 78°，如图 2-1-9 所示。

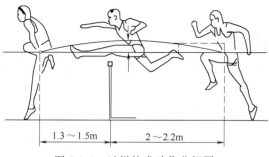

图 2-1-9　过栏技术动作分解图

3. 栏间跑的步长以及栏间步与跨栏步趋于均匀化

由于摆动腿过栏的速度明显加快，腾空时间减少，起跨腿小腿直接收向大腿，折叠后靠拢向前提拉的动作，使栏的第一步达到必要的步长与步速，使得整个跨栏跑的水平速度得到较好的保持，并非常连贯地由跨转入到快速跑进。过栏动作就像跑 3 步后接连跑一个大步一样，跑与跨结合紧密，使得栏间跑的步子与"跨栏步"相对接近达到较均匀化，而栏间 3 步的距离也由小、大、中向均匀化方向发展。

4. 全程跑技术连贯，节奏感强

全程跑的任务是把跨栏跑各部分技术合理地连接起来（见图 2-1-10），使运动员的技术和体能都能得到最大限度发挥，以取得最好的运动成绩。全程跑运动员要跨越 10 个栏架，尤其是起跑到第一栏、最后一栏至终点，运动员跑的速度不断发生变化。虽然近年来跨栏周期的最高速度没有很大的突破，但是全程高速跑的能力得到了提高，优秀运动员的过栏技术日趋完善，水平速度损失减少，使得全程跨栏技术更自然、流畅，这对改善全程跑栏的节奏和提高跨栏成绩都起到十分重要的作用。

图 2-1-10　跨栏全程跑示意图

【任务实施】

跨栏跑练习说明见表 2-1-6。

表 2-1-6 跨栏跑练习说明表

跨栏跑练习	练习方法	分值
建立正确的跨栏跑技术概念	①简要讲述跨栏跑的技术、比赛项目、栏高栏距、比赛规则,结合图片、幻灯、录像等直观方式,学习跨栏跑技术 ②老师示范蹲踞式起跑过3～4架栏 ③试跨2～3架低栏,体验跨栏技术 ④动作不求速度,应求轻松感,消除恐惧心理 ⑤试跨时要注意安全,注意起跨腿起跨和摆动腿落地时踝关节要紧张,避免受伤	25
跨栏步技术的练习	①原地攻摆练习。面对栏架直立,摆动腿屈膝高抬大腿,膝超过栏板高度时迅速前伸小腿,使脚靠近栏板下落。用前脚掌在身体重心投影点前着地,动作熟练后可加上两臂配合 ②走步或慢跑中做摆动腿过栏的攻摆练习。动作同前,但在走步或慢跑中做。动作熟练后连续跨3～4个栏,要求动作自然放松,上下肢协调配合	25
起跨腿过栏技术的练习	①原地栏侧做起跨腿过栏练习。双手扶垒木站立,在起跨腿一侧距垒木1～1.2m处放一栏架,在栏顶做起跨腿屈膝经腋下向前提拉过栏,当起跨腿的膝提举到身体正前方时,自然放下 ②走2～3步做栏侧起跨腿过栏练习。动作同前,栏前走2～3步,摆动腿落在栏架前方30～40cm处。起跨腿经栏侧提拉过栏,过栏后上体前倾,起跨腿大腿抬到身体正前方。慢跑或高抬腿跑过栏练习起跨点距栏约1m,过栏动作同前,但幅度小,腾空时间短 注意栏前栏后高重心支撑,上下肢协调配合,尽量不要向上跳,下栏后继续慢跑或高抬腿跑,准备过下一个栏	25
栏前跑和跨越第一栏技术的练习	①试跑练习。不设栏架,站立式起跑快速跑8步,以检查步长和起跨距离。要求第8步像起跨过栏一样,做出自然的"短步" ②确立步点。根据学生的不同水平,在起跨点处分别画出起跨标志,要求学生用8步反复练习,建立栏前8步长的空间定位感 ③起跑过第一栏专门性练习。站立或起跑,起跨腿或摆动腿做栏侧过栏练习 ④站立或起跑过第一栏。要求同上,过第一栏后继续跑进 ⑤蹲踞起跑过第一栏。使用起跑器,听信号练习。要求跑时步幅逐渐增大,蹬摆有力富有弹性,第6步后,抬起上体按要求起跨 注意:起跑到第一栏的技术要注意步点准确,节奏感强,积极加速	25
过栏与栏间跑相结合技术的练习	①站立式或蹲踞式起跑过前3栏适当缩短栏间距,降低栏高,使学生逐步掌握栏间跑技术和节奏。随着技术的提高,逐步过渡到标准栏 ②成组按信号站立式起跑跨3～5架栏 ③做站立或蹲踞起跑过5栏、8栏、10栏等多栏技术练习	25
全程跨栏跑技术的练习	①站立式起跑跨越缩短栏间距离的8～10架栏 ②蹲踞式起跑跨越5～7栏提高跑速,改进过栏与栏间跑相结合的技术,培养正确的节奏 ③成组听信号起跑跨越5～10架栏 ④全程(男110m,女100m)跨栏跑计时测验 注意:着重改进个人过栏与栏间跑技术,形成快节奏的栏间跑技术;下最后一栏时尽力跑过终点,做冲刺撞线动作	25
结果点评	教师点评学生运用技术的情况	

项目二
田径——跳跃训练

【案例引入】

　　田径运动中的跳跃项目，是运用人体自身的能力（或同时借助一定的器材——撑竿），通过一定的运动形式，使人体腾越尽可能高的高度或跳越尽可能远的远度。田径运动的跳跃项目属非周期性项目，各个跳跃项目，虽然运动形式和要求不同，但有其共同点，即人体的运动都是从静止状态开始向前跑进，而后转变为腾空，最后是落地。通常以抛射运动规律作为田径跳跃运动的力学基础。

学习任务一　立定跳远技术

【任务导入】

　　立定跳远是发展下肢爆发力与弹跳力的运动项目。它要求下肢与髋部肌肉协调快速用力，并与上肢的摆动相配合，所以它也需要一定的灵巧性。立定跳远具有简便易行的特点，有平地就能进行练习。

　　2014年，《国家学生体质健康标准》中规定立定跳远是初中、高中、大学每年体质测试的必测项目。红外线非接触自动测量立定跳远的距离，反映人体下肢爆发力水平。按照教育部的规划，立定跳远等所有测试项目应全面普及智能化仪器，并配备数据管理软件，提供运动处方。

【知识准备】

　　立定跳远是指不用助跑从立定姿势开始的跳远。比赛时运动员双脚站立的位置不限定。起跳时，只准离地一次，如双脚离地后不起跳，落下后再起跳，即为连续离地两次，作一次试跳失败论。立定跳远是"达标"项目之一，是体育中考、会考的必测项目或选测项目。下面为大家介绍立定跳远的动作要领。

　　（1）预摆

　　两脚左右开立，与肩同宽，两臂前后摆动，前摆时，两腿伸直；后摆时，屈膝降低重心，上体稍前倾，手尽量往后摆。要点：上下肢动作协调配合，摆动时一伸二屈降重心，上体稍前倾。

（2）起跳

两脚快速用力蹬地，同时两臂稍屈由后往前上方摆动（两肩要充分上提），向前上方跳出，并充分展体。要点：蹬地快速有力，腿蹬和手摆要协调，背部用力及时充分，强调离地前的前脚掌瞬间蹬地动作。

（3）腾空

人体充分伸展，做到"三直"即髋、膝、踝三关节伸直，两臂前举。收腹落地的时机因人而异，腰腹力量强的，可在人体达到最高点后下落时迅速收腹举腿，尽可能延长腾空时间达到可能远的落地点。而腰腹力量较弱的，在人体最高点时迅速收腹举腿，以便能够顺利完成收腹举腿动作。收腹举腿的同时两臂屈臂用力急振后摆，小腿尽可能地前伸，从而达到可能远的落地点。

（4）落地缓冲

脚跟先着地，迅速过渡到全脚掌，并屈膝使膝盖前伸落地缓冲。要点：小腿前伸的时机把握好，屈腿前伸臂后摆，落地后往前不往后。

【任务实施】

一、教学要领

蹬、摆、收、举、伸、移，蹬——两腿蹬地；摆——两腿用力向前上摆动；收——膝空中收腿；举——空中举腿；伸——落地时两小腿前伸；移——两膝弯曲重心前移。

二、技术学习方法

① 原地练习蹬伸。按起跳要领准备，不向前跳，而是向上方蹬伸髋、膝、踝三关节，体会用力的顺序。

② 摆臂练习。原地摆臂由后下方至前上方的摆臂练习，主要体会臂部带动身体的作用。

③ 落地前的抬大腿和小腿前伸练习。在练习场地的适当距离上，拉一条橡皮筋（有一定的高度）迫使练习者向上抬腿和前伸。

三、力量练习

1. 蹲跳起

这是主要发展腿部肌肉力量和踝关节力量的练习。

动作方法：双脚左右开立，脚尖平行，屈膝向下深蹲或半蹲，两臂自然后摆。然后两腿迅速蹬伸，使髋、膝、踝三个关节充分伸直，同时两臂迅速有力向前上摆，最后用脚尖蹬离地面向上跳起，落地时用前脚掌着地屈膝缓冲，接着再跳起。每次练习15～20次，重复3～4组。

2. 单脚交换跳

这是发展小腿、脚掌和踝关节力量的练习。

动作方法：上体正直，膝部伸直，两脚交替向上跳起。跳时主要是用踝关节的力量，用前脚掌快速蹬地跳起，离地时脚面绷直，脚尖向下。原地跳时，可规定跳的时间（30s～1min）或跳的次数（30～60次）。行进间跳时，可规定跳的距离（20～30m）。以上练习重复2～3组。

3. 纵跳摸高

这是发展腿部肌肉和踝关节力量而经常采用的一种练习方法。

动作方法：两脚自然开立成半蹲预备姿势，一臂或两臂向上伸直，接着两腿用力蹬伸向上跳起，用单手或双手摸高。每次练习 10 次左右，重复 3~4 组。

4. 蛙跳

蛙跳是发展大腿肌肉和髋关节力量的练习。

动作方法：两脚分开成半蹲，上体稍前倾，两臂在体后成预备姿势。两腿用力蹬伸，充分伸直髋、膝、踝三个关节，同时两臂迅速前摆，身体向前上方跳起，然后用全脚掌落地屈膝缓冲，两臂摆成预备姿势。连续进行 5~7 次，重复 3~4 组。

5. 障碍跳

障碍跳主要发展腿部肌肉和踝关节爆发力。

动作方法：地上放小海绵垫 6~10 块，每块距离 1m 左右。练习者站在垫后，两脚左右开立，脚尖平行，屈膝向下，两臂自然后摆，用脚掌力量向前上方跳过障碍，两臂配合向前上方摆动，落地时屈膝缓冲，落地后迅速做下次跳跃。重复 5~6 组。

6. 跳台阶

跳台阶主要发展腿部力量和踝关节力量。

动作方法：两手背在身后，两脚平行开立，屈膝半蹲，用前脚掌力量做连续跳台阶动作。一次可跳 20~30 个台阶，重复 3~4 组。

四、立定跳远常见错误及纠正方法

立定跳远易出现的常见错误及纠正方法如下。

（1）蹬伸和摆臂不协调，有"后摆"现象

产生原因：协调性差。

纠正方法：掌握动作要领，"蹬伸"与"摆臂"是同时的。多做预摆动作和进行一些其他能提高协调性的运动，也可以设计多种发展身体协调性的练习来培养这种上下肢动作协调能力。

（2）屈膝，重心下降不准确，双臂后摆不到位

产生原因：动作概念不清，预备姿势不准确。

纠正方法：掌握概念和要求，多练习预备姿势，注意屈膝程度，不能过高或过低，重心适度下降，拉开工作肌肉初长度，为蹬地做好充分准备。

（3）起跳前的小跳步动作和垫一步动作

产生原因：起跳技术的错误，动作概念不清。

纠正方法：进一步学习相关讲解示范，建立正确的技术概念。掌握在起跳时，不能有"投机"思想，以为"小跳一步或垫一步助动"会跳更远。其实这是立定跳远的违例动作，算一次跳远失败，不计成绩。多练习双脚同时用力向上起跳动作，也可从跳近距离开始实行立定跳或小步的连续蛙跳；或双脚夹沙包跳，从而逐步掌握正确的双脚起双脚落地技术动作。

（4）起跳方向不够正确

产生原因：没有正确理解"前上方"的概念。

纠正方法：掌握"前上方"概念的具体操作。一般"前上方"指 45°方向，但在立定跳远中，人没有水平初速度，只有我们脚的蹬力，这个力在 45°时，水平和垂直速度相等，要使这个蹬力让我们跳得远，势必不能太高和太低，应有一个合适的角度，实际练习中，建议在 18°~24°，也就是说，在这样一个范围的"前上方"。如果起跳角度过大，属"高跳型"，蹬力的水平速度过小，不利于我们跳得更远。如果起跳角度过小，属"平跳型"，蹬力的水

平速度是变大了,但其腾空高度没有,会造成我们来不及做动作,甚至出现脚下"打滑"现象和身体前扑摔倒现象以及"分腿跳"现象。

（5）蹬伸不充分,摆臂无力,身体不舒展

产生原因："蹬伸"概念不清楚,急于起跳,对摆臂作用没有正确认识。

纠正方法：进一步学习"蹬伸"的技术要求,体现"充分"蹬伸,要做到"快速蹬伸"。明确起跳时的爆发性用力,充分、快速地蹬伸髋、膝、踝三关节尤其是踝关节的充分蹬伸,对快速起跳有重要影响。同时也要加强"蹬摆配合"练习,良好的摆臂动作对起跳有着积极的作用。

（6）收腹举腿不积极,产生"坐"着跳的现象

产生原因：收腹举腿力量差。

纠正方法：进一步学习示范收腹举腿的动作,建立正确的技术概念,正确理解和认识立定跳远动作的要领和方法,多做各种模仿练习、分解动作,强调放松、自然积极发展腿后部肌肉的力量和柔韧性。注意蹬伸后的身体"一直线"效果,增加腾空时间,强调落地前收腹举腿的速度和时机,体会动作的"展"和"收"的协调配合。可以多做仰卧起坐,悬垂举腿、原地收腹跳、踏板（跳箱）起跳等练习方法来培养空中收腹举腿的能力,掌握立定跳远的空中动作,以提高运动成绩。多做"蹬摆配合"动作的模仿练习,提高上下肢配合的协调性。

（7）上体前磕,甚至前扑摔倒

产生原因：急于做落地动作,脚前掌落地。

纠正方法：进一步学习讲解示范,明确下落时须伸小腿,脚跟先着地的科学性,多做双腿并脚跳起越过橡皮筋练习,体会在收腹举腿时前摆下伸小腿动作。

（8）上体后倒

产生原因：小腿前伸过猛,或者没有正确处理力的惯性。

纠正方法：适当提高起跳角度,或稍伸一下小腿,还有要注意落地缓冲过程和力的惯性作用,注意及时屈膝,从脚跟过渡到脚前掌。

（9）落地动作不准确

产生原因：没有积极收腹举腿伸小腿的屈膝产生前脚掌着地和全脚掌着地,易导致"扑出去"摔倒现象和"无缓冲动作"而受运动伤害。

纠正方法：学习讲解示范,明确在积极收腹举腿的前提下伸小腿,脚跟先着地的科学性和健身价值。

（10）身体偏转,空中姿势不平衡

产生原因：左右脚力量不均,观看目标不明确,态度不端正,起跳动作随意。

纠正方法：锻炼双脚的爆发性用力。明确目标,起跳动作认真、不马虎、同学间不开玩笑。

（11）看脚跟向后走

产生原因：过分注重是否跳过已定目标,想自己确定一下而使身体后倾无法维持平衡导致后倾或向后退,影响真实成绩。

纠正方法：明确落地后向前走,不要在跳的过程中看成绩,应学会跳后向前走再返回看成绩的好习惯,可以在跳之前,先在目标处把原有痕迹擦掉,返回后再来看自己的足迹。

（12）落地不稳,双腿落地区域有较大的差异

产生原因：双脚用力不匀或怕摔倒。

纠正方法：多做近距离的起跳落地动作，手臂的摆动要协调配合。地面设置标志物，双脚主动有意识地踩踏标志。

练习注意事项：

① 尽量选平坦又不过于坚硬的地面进行练习，如土地、地板地、沙坑等。过滑的地面不宜练习。

② 提高爆发力的练习，重复次数一般不超过 10 次。提高力量耐力的练习，重复次数必须在 10 次以上，并尽可能增加重复次数。总之，在立定跳远时，有些人往往把注意力集中在"远"上，容易忽视起跳动作的正确性和完整性而出现一些错误动作。我们要纠正这种现象，并根据实际情况，从技术上一步一步地纠正。不管自己的运动能力是否能达到规定成绩，都应当强调动作的规范性。只有练习动作正确、规范，才能提高练习效果，取得最佳的运动成绩。

学习任务二　跳高技术

【任务导入】

跳高，田径运动跳跃项目之一，又称急行跳高。由有节奏的助跑、单脚起跳、腾空过杆与落地等动作组成，以最后成功地越过横杆上缘的高度计算成绩并以此判定名次。

【知识准备】

跳高运动最初起源于英国，是从体操项目中派生出来的。1864 年，英国首先将跳高列入田赛比赛项目，英国人柯奈用跨越式（最原始、最简单的跳高姿势）跳过了 1.70m 的高度。跳高运动在 19 世纪 60 年代在欧美地区开始普及，男子跳高于 1896 年首届奥运会上被列为正式比赛项目。女子跳高于 1928 年开始正式列入奥运会项目。剪式跳高起源于美国。

跳高是越过垂直障碍的项目。跳高的姿势按过竿的形式，可分为跨越式、剪式、滚式、俯卧式、背式等几种，它们的完整技术都是由助跑、踏跳、过竿和落地四部分组成。下面就以背越式为例加以介绍（图 2-2-1）。

图 2-2-1　背越式跳高全过程

一、助跑

背越式跳高助跑的前段是直线，最后 3～5 步助跑转入弧线。背越式跳高的助跑距离一般采用 8～12 步，直线段的助跑技术与普通加速跑基本相同，身体重心高而平稳，后蹬充分且有弹性，速度逐渐加快。弧线段跑的技术基本与短跑的弯道跑技术相似。弧线段的助跑步数多采用3～5步，随着助跑节奏的加快和弧线曲率的变大，身体的内倾程度逐渐加大。在助跑的倒数第二步时，摆动腿积极下压扒地，使身体重心迅速前移，此时身体内倾达到最大限度。

为了使助跑的步点准确，运动员应学会和掌握助跑步点的丈量法。背越式跳高助跑步点的丈量法很多，下面介绍一种比较简单易行的丈量方法——自然走步丈量法。首先确定起跳点，起跳点一般离近侧跳高架立柱约1m，距横杆的投影面约50～80cm。然后由起跳点沿横杆的水平方向向前走4～5步，再转体沿横杆的垂直方向自然走5～6步。以此点与起跳点相连画一弧线，即为最后3～4步助跑弧线。直线段的丈量法中，自然走步数与所要跑的步数的关系为：自然走步数＝所要跑的步数×2－2。例如：需要跑7步，则从弧线处背对横杆向前走7×2－2＝12步，然后再反复检查、调整。

二、起跳

最后一步助跑时，摆动腿积极有力地后蹬，使身体重心快速前移，起跳腿迅速迈向起跳点。此时，起跳腿一侧的髋超越摆动腿同侧髋，整个髋部应略超越于上体，形成肩轴和髋轴的反向扭紧状态。起跳脚着地时，首先以脚跟外侧触及地面，然后迅速滚动到前脚掌，脚尖朝向弧线的切线方向。由于人体的惯性，迫使起跳腿进行屈膝缓冲，同时身体由内倾开始转为垂直。此时，摆动腿继续上摆，带动同侧髋关节和骨盆扭转，双臂向上摆动，使整个身体向上伸展。同时，起跳腿快速有力地蹬伸，使髋、膝、踝各关节充分蹬直，整个身体在起跳结束时几乎与地面垂直（图2-2-1）。在起跳过程中，要注意腿和臂的摆动以及与起跳蹬伸的协调配合。背越式跳高的摆腿多采用屈腿摆动方式。当摆动腿完成最后一步蹬地时，以髋发力，带动大腿加速前摆。同时小腿随惯性向后上方自然弯曲，与大腿折叠，积极加速上摆。这种屈腿摆动的摆动半径小，因此摆动速度较快，这与背越式跳高的快速起跳技术要求一致，对跳高起跳效果有重要作用。

摆臂的方法有多种，大多数优秀运动员采用双臂交叉摆动或双臂平行摆动两种方法。双臂交叉摆动的方法是：起跳腿前伸时，同侧臂屈肘后摆，异侧臂前摆，形成双臂前后交叉的姿势。当起跳腿同侧臂屈肘前摆时，异侧臂同时协调配合向前上方摆动。摆动腿同侧臂的摆动幅度大，且高于另一臂，带动躯干伸展。

双臂平行摆动的方法是：起跳腿前伸时，双臂屈肘后摆，然后两臂平行经体侧向前上方摆动。

三、过杆和落地

当起跳腿蹬离地面结束起跳时，身体应保持伸展的姿势向上腾起。由于起跳时摆动腿带动同侧髋关节向前运动，使身体在向上腾跃时转为背对横杆。当肩部超越横杆后，应及时地仰头、倒肩、展体，身体处于杆上时，要充分展髋，两大腿稍外展，两小腿稍后屈，使身体形成较大的背弓姿势。当身体重心越过横杆的垂直面后，髋部应继续保持伸展的动作，极力避免臀部下落碰杆。当膝关节位于横杆的上方时，运动员应及时地低头、含胸、屈髋，并伸直膝关节，使整个身体顺利地越过横杆。

过杆动作要快速、自然、连贯。身体各部位，即头、肩、躯干、髋、大腿、小腿等自上而下依次过杆。身体过杆后，双臂自然置于体侧，以适宜的屈髋姿势下落，背部首先落在海绵包上。

【任务实施】

一、学习方法

1. 学习和掌握起跳技术

① 原地摆腿和摆臂练习。

② 原地和行进间起跳练习。

③ 上一步和三步助跑起跳练习。

④ 沿圆圈或弧线做上一步和三步助跑起跳练习。

注意：做摆腿练习时，摆动腿有明显的折叠摆动动作；加速上摆时，要注意带动髋部向上。

2. 学习和掌握助跑与起跳结合技术

① 3～5 步弧线助跑起跳练习。

② 3～5 步助跑起跳，跳上海绵台。

③ 对着高横杆做 3～5 步助跑起跳练习。

④ 3～5 步助跑起跳，用头、手、摆动腿做膝"触高"练习。

⑤ 短程助跑起跳，坐上高架或海绵垫练习。

注意：助跑与起跳相结合练习，尽量避免减速和停顿现象；助跑距离由短到长，助跑速度由慢到快；重点解决倒数第二步摆动腿落地后的支撑过渡技术。

3. 学习和掌握过杆技术

① 仰卧垫上，两肩和两脚撑地，向上抬臀挺髋。

② 背向垫子站立，然后向后倒体，同时向上挺髋，以肩着垫子成"桥"。

③ 背向垫子，原地向后上方跳起，同时倒体挺髋，展体成背弓姿势，然后以肩背落于垫。

④ 3～5 步助跑起跳，展体成背弓姿势，然后以肩背落在海绵台（用力架）上练习。

⑤ 3～5 步助跑，借助于助跳板或低跳箱起跳做过杆练习。

⑥ 3～5 步助跑过杆练习。

注意：起跳后进行的各种过杆练习，都要求利用身体重心向上的趋势，顺势、依次、连贯地完成过杆动作。

4. 学习和掌握背越式跳高完整技术

① 全程节奏跑练习。

② 全程助跑起跳，跳上海绵台练习。

③ 全程助跑过杆练习。

④ 中等或中上等强度的完整技术练习。

注意：掌握全程助跑丈量步点的方法，并掌握全程节奏。

二、常见错误动作与纠正方法

1. 起跳前减速和制动

纠正方法：反复连续进行单足（摆动腿）跳和上步起跳练习，发展摆动腿的支撑力量和增强摆动腿的蹬摆意识。通过全程节奏跑和全程助跑起跳练习，使自己逐渐习惯于在不断地加速中过渡到起跳，从而使助跑和起跳紧密地衔接起来。

2. 起跳后过早倒体

纠正方法：消除怕过不了杆的心理障碍。由于助跑最后一步与横杆约成30°角，水平方向的运动已经提供了人体总重心超越横杆的可能性，因此，起跳时应把所有的注意力集中于向上的起跳。反复进行全程助跑、全程助跑起跳和过杆练习。开始时用实线或虚线画出助跑路线，熟练后，只设少数标志，强调依靠自身的本体感觉控制身体逐步加大内倾，保证助跑曲线合理和准确。

3. 挺髋不充分，"坐着"过杆

纠正方法：在过杆练习时，可先用橡皮筋或橡皮带代替横杆，并注意设置的位置靠海绵台近一些，以确保练习时的安全。

重复做原地倒肩挺锻炼和原地跳起过杆练习，进一步体会过杆的动作顺序和用力部位。

借助于助跳板或低跳箱，做助跑起跳上高海绵台或万能架练习，以便在较大的腾空高度和较充裕的腾空时间下，体会倒肩展体与收腿挺髋的协调配合，直至做出良好的背弓姿势。

学习任务三　跳远技术

【案例引入】

跳远是最古老的竞技项目之一，在古希腊奥林匹克的"五项运动"中就有跳远。

据史料记载，首次正式的跳远比赛是在公元前708年举行的，距今已有2700多年的历史。当时跳远的设施非常简单，只是把地面的土刨松，然后在前面放一条门槛代替起跳板。为避免落地时造成伤害事故，之后用沙坑代替了松土。

18世纪末，法国教育家古特木斯和雅安把跳远列为锻炼身体的重要项目之一，并在他们的著作里详细介绍了跳远运动的设备和训练方法，高度肯定了跳远在人体运动中的重要作用。

现代跳远运动始于英国，1827年9月26日，在英国圣罗兰·博德尔俱乐部举行了跳远比赛，其冠军的8.90m世界纪录一直保持了20多年，才被美国选手鲍威尔以8.95m的远度超越。

跳远的腾空动作有蹲距式、挺身式和走步式。20世纪70年代出现前空翻跳远，因危险性大，被国际田联禁用。最初运动员是在地面起跳，1886年开始采用起跳板。起跳板为白色，埋入地下，与地面齐平，长1.22m，宽20cm，距沙坑近端不少于1m。起跳板前有起跳线，起跳线前有用于判断运动员起跳是否犯规的橡皮泥显示板或沙台。运动员必须在起跳线后起跳。比赛时，如运动员不足8人，每人可试跳6次，超过8人，则先试跳3次，8名成绩最好的运动员再试跳3次。以运动员6次试跳的最好成绩排列名次。男、女跳远分别于1896年和1948年被列为奥运会比赛项目。

【任务导入】

了解跳远的发展，掌握跳远技术。

【知识准备】

跳远的完整技术，由助跑、起跳、腾空和落地四个部分组成，它们是一个整体。

一、助跑

跳远的助跑，是为了获得较高的水平速度，并为踏板和起跳做好准备。

为了做到准确踏板，必须要有一个相对稳定的助跑距离。对已经确定了的助跑距离，要反复多次地进行全程助跑检查、调整。要总结出外界条件变化（跑道质量、风向、气温、比赛时间等）和自身不同身体状态时，助跑距离变化的规律，这样才能做到心中有数，比赛时才能对助跑充满信心。要有一个固定的起跑姿势和起动加速方式，保证助跑开始几步的稳定性和准确性。

二、起跳

1. 起跳脚的着板

起跳脚着板时，上体正直或保持 $3°\sim5°$ 的后仰，起跳脚要主动积极向起跳板下落。起跳脚下落瞬间上体应向上抬起，以减轻起跳脚在着地时的负担。优秀运动员着板瞬间形成的落地角约为 $65°$。

2. 缓冲

从起跳脚着板到膝关节最大弯曲的这一阶段，叫缓冲。缓冲的作用主要有两个方面：一是减缓起跳的制动性，减少助跑速度的损失；二是积极移动身体，为爆发式的蹬伸创造条件。

3. 蹬伸

起跳腿膝关节角度由最大弯曲时开始到起跳脚蹬离地面为止，叫蹬伸阶段。蹬伸阶段要充分利用肌肉的弹性，创造最大的起跳爆发功率。蹬伸动作的速度和方向，直接影响腾起初速度的大小和方向。蹬伸动作越快越充分，腾起初速度和腾起角度则越大，跳远成绩就越好。

三、腾空

1. 蹲踞式

这是一种简单而又自然的跳远姿势，与日常生活中跨越障碍的方式比较接近，适合初学者。起跳成腾空步后，头部微抬，上体保持正直，摆动腿向前上方摆出，起跳腿一侧的髋部要充分伸展，两臂向前摆动。在接近最高点时，起跳腿开始向胸部提举，逐渐与摆动腿靠拢，形成空中蹲踞式，两臂由前向下、向后摆动，随后完成落地动作。

2. 挺身式

起跳后，保持腾空步的时间比蹲踞式短。腾空开始后，摆动腿的大腿积极下放，小腿向后上方摆。这时，留在身后的起跳腿与向后摆的摆动腿靠拢，在腾空最高点时，身体充分伸展，形成挺胸展髋、两臂上举挺身的跳远姿势，随后完成落地动作。挺身式跳远的优点是：能较充分地拉长体前肌群，有利于完成收腹举腿和落地伸腿动作。挺身式的主要缺点是：空中动作的形成和用力特点与助跑起跳的动作不大一致。因此，初学者较难做到助跑起跳和空中动作之间的衔接。

3. 走步式

走步式跳远空中动作有两步半和三步半两种。起跳腿腾空步后，摆动腿下落，向后摆动，同时起跳腿屈膝前摆，在空中完成一个自然的换步动作。换步以后，身体成第二次腾空步姿势。这一腾空步时起跳腿在前，摆动腿在后。空中换步时，要保持类似跑的动作，下肢以大腿带动小腿，摆动动作幅度要大。空中完成一个换步动作，接着做落地动作的叫两步半走步式；空中完成两次换步动作的叫三步半走步式。

四、落地

落地前，双腿屈膝高抬，成团身姿势。膝部主动地向胸部靠拢而不是上体前倾，腾空过程中，上体前倾会影响腿的前伸，必然要失去一定的距离。落地前，上体的姿势直接影响大腿举起的高度、双脚伸出的远度和身体能否移过支撑点。着地后要及时屈膝缓冲，髋前移，两臂前摆，使身体迅速移过落点，避免后坐。

【任务实施】

一、学习方法

1. 学习和掌握快速助跑与正确起跳相结合技术

① 原地模仿起跳，体会蹬与摆及上下肢协调配合。

② 20～30m距离行走中连续完成起跳技术模仿练习。

③ 40～50m距离内连续三步助跑跳起成腾空步练习。

④ 短、中距离助跑成腾空步练习。

注意：练习速度由慢到快，动作幅度由小到大；向前上方起跳，上体保持正直；加大摆动幅度；加大腾空步的高度与远度。

2. 学习和掌握空中动作和落地动作

① 行进间挺身式空中动作模仿练习。

② 从高处跳下，完成走步式的空中"换步"动作。

③ 短距离助跑起跳的走步式"换步"练习。

二、常见错误动作与纠正方法

1. 助跑步点不准

纠正方法：采用固定的起动姿势，调整助跑标志物。在快跑中固定步长和加速的方式。稳定情绪，提高在不同气候和场地的情况下迅速应变的能力。

2. 助跑最后几步减速

纠正方法：特别注意调整助跑最后6～8步的第二助跑标志物的设置。强调助跑的最后阶段积极加强后蹬，加大两臂摆动，上体保持正直，提起身体重心，加速身体前移。助跑起跳要果断，如果体力不佳，可缩短助跑距离或平稳加速，保证加速上板的能力。

3. "制动式"起跳

纠正方法：强调提高身体重心助跑，加速身体前移，用扒地式踏板起跳。强调快速跑上板进行起跳。在斜坡跑道上做下坡跑起跳。

4. 起跳腿蹬伸不充分

纠正方法：强调助跑最后几步提高身体重心的起跳练习。强调起跳着地瞬间顶头、提肩、拔腰。反复做1～3步的起跳练习。做各种跳跃练习，改进动作的协调性和发展腿部力量。

学习任务四　三级跳远技术

【任务导入】

了解三级跳远的起源、发展，理解并掌握三级跳远技术。

【知识准备】

三级跳远是运动员经过助跑，按规定动作形式沿直线进行三次跳跃的一项运动。它对运动员的身体素质要求较高。三级跳远起源于 18 世纪中叶的苏格兰和爱尔兰，两者跳法不同。苏格兰采用单足跳、跨步跳、跳跃，而爱尔兰用的是单足跳、单足跳、跳跃。现规定必须使用苏格兰跳法。最早的正式比赛可以追溯到 1826 年 3 月 17 日首次举行的苏格兰地区运动会，比蒂（Andre Beattie）创造了 12.95m 的第一个纪录。比赛时，运动员助跑后应连续作 3 次不同形式的跳跃，第一跳为单足跳，用起跳腿落地；第二跳为跨步跳，用摆动腿落地；第三跳为跳跃，必须用双脚落入沙坑。男子三级跳远于 1896 年被列为首届奥运会比赛项目，女子三级跳远于 20 世纪 80 年代初逐渐开展，1992 年被列为奥运会比赛项目。

三级跳远是由单脚跳、跨步跳和跳跃组成的，从事三级跳远的练习，具有和跳远同样的锻炼价值。

一、助跑

三级跳远的助跑距离一般为 30～40m。它与跳远助跑的各因素基本相同。助跑的最后几步，要求运动员的身体重心要高，上体正直，尽量不改变跑的动作结构。助跑的最后一步，起跳腿不像前几步那样高抬，摆动腿和两臂的摆动方向更加向前。

二、起跳

1. 第一跳（单足跳）

单足跳的整个过程包括起跳腿着地，身体重心移过垂直支撑点和蹬离起跳板。助跑最后一步时，摆动腿积极有力地蹬地，起跳腿以积极、自然的动作踏向起跳板，落地前大腿抬得比平时跑稍低些，下落要快速积极，但着地要柔和。脚以扒地动作落地，着地后及时屈膝、屈踝，此时，上体保持垂直式适度前倾。随着身体的快速前移，起跳腿要及时开始爆发性的蹬伸动作，髋、膝、踝三关节充分伸直；同时摆动腿和手臂快速向前方做大幅度摆动，使身体迅速向上伸展。第一跳的起跳角约为 60°～65°，身体重心腾起角为 16°～18°。起跳结束后，运动员进入腾空阶段。在保持一段腾空步后，摆动腿自然向下、向后摆动，起跳腿屈膝前抬，大、小腿收紧，足跟靠近臀部。随着摆动腿后摆，起跳腿向前高抬，小腿自然下垂，完成换步动作。换步动作应当做到适时连贯，过早或过晚都会影响下一跳的远度。

在腾空阶段中，两臂配合下肢的换步动作，经由体侧拉向身体的侧后方。

2. 第二跳（跨步跳）

继换步的跨步姿势后，起跳腿继续高抬，摆动腿继续后摆，以加大两腿间的夹角。同时双臂拉到身体侧后方，接着，积极下压起跳腿的大腿，前伸小腿，以向后扒地动作着地。着地时身体重心要保持较高的位置。起跳脚着地后，应及时屈膝、屈踝，进行"退让"，身体重心迅速前移，摆动腿和双臂积极回摆靠近身体。在身体前移过程中，腰背肌肉要紧张用力，使肩关节处于较高位置并位于髋关节上方，此时身体处于最大的退让状态。当身体重心接近支撑点的上方时，起跳腿迅速蹬地，摆动腿和双臂有力地向前上方摆动，身体迅速伸展，蹬地阶段的动作速度和动作幅度直接影响第二跳的效果。

3. 第三跳（跳跃）

经过前两跳之后，水平速度已经明显下降，因此，第三跳要尽可能提高垂直速度，以获得一个较高、较远的腾空轨迹，取得第三跳的最大远度。第三跳的着地角稍小于前两跳，约为 65°，这有利于运动员获得较大的垂直速度。第三跳起跳时注意伸髋、伸背，保持上体正直。起跳结束瞬间，起跳腿髋、膝、踝三关节充分伸直，并与上体成一直线，摆动腿和两臂高摆，以增加身体重心向上移动的距离。

三级跳远的摆臂动作有单臂、双臂和单双臂结合等方式。三种方式各有优点，采用何种方式，主要取决于运动员的技术特点和个人习惯。

【任务实施】

一、学习方法

1. 学习短程助跑的各跳练习

① 2～3 步助跑三级跨步跳。

② 2～3 步助跑单足三级跳。

③ 2～3 步助跑完成正规三跳动作。

2. 学习助跑与第一跳起跳的正确衔接与单足跳的技术

① 单足多级跳。

② 2～4～6 步助跑起跳，起跳脚着地。

③ 短程助跑做单足跳，跳入沙坑。

④ 短程助跑起跳腾空换步后高举大腿，然后大腿下压，积极扒地完成跨步跳的起跳动作；摆动腿高举大腿，跨上适当高度的垫子。

注意：在腾空阶段停留 1/3 路程后，开始平稳地换步，然后做前摆和扒地动作；换步时上体成直立姿势。

3. 学习第二跳和第三跳结合的技术

① 2～4 步助跑做单足跳接连续两次跨步跳的动作。

② 短程助跑完成第二跳接第三跳的练习。

③ 4～6 步助跑，起跳跨进沙坑。

④ 短距离助跑三级跳远。

注意：第二跳的起跳必须做到快速有力、积极扒地才能保持良好的三跳节奏和三跳距离的合理比例；两跳动作要紧密衔接，在运动过程中两眼平视，上体不前倾，保持高度的平衡。

4. 掌握和提高完整的三级跳远技术

① 按标志练习三级跳远。

② 10～12 步助跑完成三级跳远练习，增强感觉和提高支撑能力。

③ 全程助跑完整技术的三级跳远练习。

注意：在各类练习中都要强调助跑最后几步的节奏，培养自己向起跳板"进攻"的意识；每次练习都要控制第一跳的高度；练习时要随时注意助跑道是否平整，有否异物。

二、常见的错误动作与纠正方法

1. 助跑步点不准

纠正方法：在不同场地、不同气候条件下进行练习，丰富调整助跑步点的经验；加强助跑结合第一跳起跳的练习。应在第一标志线向前 4 步处加设第二标志，每次练习都必须踏上第二标志，多次重复，直至调整到准确为止。

2. 第一跳起跳不充分

纠正方法：反复进行助跑练习，形成合理的节奏，逐渐使之定型；在快速助跑中连续做第一跳起跳练习，强调扒地、抬体、送髋；快跑中每隔 3～5 步做一次起跳。动作过程中保持上体与髋部的适度紧张，增强对支撑反作用力直接推动人体重心的感觉。

3. 第一跳腾空过高

纠正方法：按三跳合理比例进行练习。理解支撑腿着地负荷过大的后果，负荷过大会使第二跳难以积极完成；加强助跑与起跳结合的练习，重点要求起跳前的节奏要快；重心高，"上板"放脚动作要快并有积极扒地动作。

4. 助跑及三跳节奏不好

纠正方法：多进行跑的练习。放松自然跑，提高身体重心按标志助跑，强调上板前最后几步要快；全程助跑要体现逐渐加速。重视起跳腿着地后及时缓冲与前送骨盆的动作；重复助跑与起跳的结合练习，注重快节奏跑与积极有力起跳的衔接，强调起跳时的扒地动作。控制第一跳的高度，保持向前性的用力；加强第二跳的向前上方用力，争取第二跳合适的距离。加强弱腿力量练习，经常做灵敏、协调性较强的活动。

5. 空中不平衡

纠正方法：短程助跑改进助跑最后几步与起跳放脚的正确动作；短程助跑或立定多级跳练习，改进蹬地、摆腿送髋，使身体重心在腾起前瞬间处于支撑点上方的合理位置；短程助跑的轻跳练习，注意上下肢的协调配合。

项目三 投掷项目

【案例引入】

田径运动中的投掷,是人体通过一定的运动形式,抛掷手持的规定器械,并尽可能获得远度的项目。它主要的技术阶段可以分为准备(握持器械和预备姿势)、预加速(助跑、滑步、旋转)、最后用力和结束(出手后的身体平衡)。正规的比赛项目有铅球、标枪、铁球、链球四项。它们的投掷面积各不相同,其中标枪的投掷区最大为跑道,长30~36.5m,宽4m;铁饼次之,投掷圈半径为2.5m;铅球和链球的最小投掷圈半径为2.135m。这些面积的设计相对于原地投掷,能够让绝大部分动能转移至器械,将器械投掷得更远。而这些动能取决于投掷者的肌肉收缩,肌肉力量对于动能的产生起着至关重要的作用。

学习任务一 初识铅球项目

【任务导入】

了解铅球项目的起源和发展、动作要领以及基本技术等。

【知识准备】

铅球是世界田径赛场上的传统项目。在远古时期,面对严酷的自然环境和水平原始低下的生产力,人类要在地球上生存延续下去,不仅要跑得快,能迅速跳越障碍去追捕各种动物或逃避猛兽的伤害,还要学会利用工具把石头、梭镖、鱼叉等投得又远又准,以便击中猎物而获得食物。奴隶制时期,随着人类的进化、社会的进步,掷重石已成为重要的作战方法。为了提高各自的战斗力,掷重石就被当作重要的训练手段。古希腊时期,曾一度流传着投掷石块的比赛,并将此作为选拔大力士的重要标准。

相传,在公元1150年左右,希腊雅典举行过一次规模宏大的掷重圆石比赛。根据规定,大力士们把圆石高高举起投向远方,以投掷距离的远近来决定优劣胜负。这可说是铅球运动的前身。大约在公元1340年,希腊开始出现了火炮,炮弹是用圆形铅制成的。为了使炮手作战时装填炮弹熟练、迅速、敏捷,提高军队的战斗能力,希腊人就在日常训练中让士兵用同炮弹重量大小相当的石头练习,并进行比赛。后来又用废弃的铅制炮弹代替石头进行模拟训练,这才是现代铅球的直接起源。

再之后,这一训练从部队流入民间,慢慢地变成了投掷铅球的游戏,并很快得以传播,成为广受群众欢迎的体育竞赛项目。1896 年，铅球成为第 1 届现代奥运会上投掷比赛正式项目。从它诞生之日起，它就一直是大力士的宠儿，它使得各国大力士能一展自己的雄风。

学习任务二　推铅球动作要领

【任务导入】

熟练掌握推铅球的正确动作和练习方法，了解并掌握推铅球的动作技术要领，能够达到动作的基本要求。

【知识准备】

1. 持球

动作要领：正对投掷方向，两脚成立正姿势，身体直立，将球放在右手中指指根处，其余四指自然分开，头向右倾斜，用颈部与右手将球固定住，此时右手掌是横立，面向正前方，如图 2-3-1 所示。

图 2-3-1　持球动作示意图

2. 引球

动作要领：左脚不离地，右脚后撤 1m 左右，右腿弯曲，上体向右后转，背对投掷方向，重心完全落在右脚上，球的投影点在右脚前脚掌上，右脚脚尖点地，脚尖稍朝向左侧，如图 2-3-2 所示。

图 2-3-2　引球动作示意图

3. 推球

动作要领：右脚尖用力蹬地内旋，转髋前送，转体前移，重心逐渐由右脚转向左脚，左腿用力支撑，抬头挺胸，左臂后撤，右臂用力伸展，最后用力拨腕，如图 2-3-3 所示。

4. 制动

动作要领：左脚主动蹬离地面后撤，右脚被动前伸落在左脚脚印上，制止身体继续前倾，防止出界，如图 2-3-4 所示。

图 2-3-3 推球动作示意图

图 2-3-4 制动动作示意图

【任务实施】

① 观看教学片。
② 推铅球动作分组表演。
③ 学生自己评判各组练习情况。

学习任务三　训练投掷铁饼技术

【任务导入】

了解投掷铁饼项目的起源和发展、动作要领以及基本技术等。

【知识准备】

投掷铁饼的常用技术为背向旋转技术。整个掷饼动作从开始预摆到铁饼出手是一个完整的、连贯的加速过程。开始阶段（站位、预摆、进入旋转）是旋转掷饼的一部分。投掷者背对投掷方向，两脚左右开立，稍宽于肩，两膝微屈，右臂（持饼臂）自然下垂，然后摆动，当饼摆至身后时，以左脚掌为轴向左转动左肩、左膝。随着左臂和左肩前引，右腿抬起，绕左腿向投掷方向作弧形摆动，形成腾空前的单腿支撑。旋转阶段（左脚离地、旋转、右脚着地）是投掷的过渡阶段，目的是为最后用力获得预先速度，创造最有利的姿势。在右腿围绕左腿向投掷方向加速摆动时，左脚迅速蹬离地面（主要蹬伸脚腕），与此同时，右腿内转下压，落地点在圆心附近。右脚落地后，身体成背对投掷方向的姿势。这时躯干处于最大限度的扭紧状态，铁饼远远留在后方，左臂自然屈于胸前，体重落在弯曲的右腿上，左腿微屈，靠近右腿，做好迅速落地的准备。最后用力阶段（左脚着地、投饼）是掷铁饼的最主要阶段，铁饼飞行的远度主要取决于这个阶段动作完成的质量。最后用力是在右脚落地后，左脚下落时开始的。用力的顺序是，右腿继续沿着逆时针方向积极转动，左臂及时向前上方牵

75

引；在此基础上积极送髋、挺胸，挥臂掷饼。铁饼离开食指后，按顺时针方向旋转飞行。为了避免运动员身体出圈犯规，投掷者在铁饼出手后，交换两腿、顺着惯性向左转体，或抬起左腿以缓和向前的冲力，保持身体平衡。要想使铁饼飞行得远，就必须增加最后用力的幅度，缩短用力的时间，为了最大限度地利用空气的上升力，还应控好铁饼出手的角度大约为30°～35°。

【任务实施】

1. 练习手握铁饼

握饼训练：手与铁饼的接触点是关键。五指自然分开，拇指和手掌平靠于铁饼平面上，其余四指用第一关节扣住铁饼边沿，手指微屈，使饼的上沿靠在前臂上，饼的重心在中指和食指之间，持饼臂自然下垂于体侧。

2. 练习背向旋转投掷铁饼技术

在预摆中，铁饼摆至身体右后方，上体扭转拉紧姿势开始旋转，此时，两腿弯曲，右膝外展，左脚以前掌为轴，向投掷方向转动，当左侧转向投掷方向时，右脚蹬离地面。

3. 专门投掷方法练习

专门投掷练习在肌肉用力方向、时机、程度上，都应与投掷铁饼的技术动作相类似。通常采用的练习方法包括：负重模仿、掷轻饼、掷重饼、原地掷标准饼等。

学习任务四 训练抛实心球技术

【任务导入】

了解抛实心球项目的起源和发展、动作要领以及基本技术等。

【知识准备】

影响实心球成绩的三个要素如下。

1. 实心球出手初速度

实心球出手初速度主要是由最后用力投掷球的距离和时间决定，用力距离越大，时间越短，则实心球的出手初速度就越大，出手初速度的能力主要取决于学生的身体素质发展水平及正确投掷实心球技术的掌握。

2. 实心球的出手角度

实心球的出手角度对投掷成绩也有较大的影响，最佳出手角度不是不变的，在一定范围内它随着出手速度的增大而增大，出手角度因不同身体素质的学生而变化，男生可以大一点而女生应小一点。

3. 实心球的出手高度

实心球的出手高度对每位学生来说是相对稳定的，它取决于学生的身高、臂长及对该项目技术动作的掌握程度。如个别学生蹬地送髋不够，或最后用力出现屈肘动作，都会影响其自身的出手高度。

【任务实施】

1. 握球和持球

握球的方法：两手十指自然分开把球放在两手中间，两手的食指、中指、无名指和小指放在球的两侧将球夹持（男生两食指接触，女生两食指中间距离为1～2cm），两大拇指紧扣在球的后上方成"八"字，以保持球的稳定。握球后，两手下垂自然置于身体前下方，这样可以节省力量，在预摆时增大摆动幅度。握球和持球时应注意：
① 球应握稳，两臂肌肉放松。
② 在动作过程中能控制好球并有利于充分发挥两臂、手指和手腕的力量。

2. 预备姿势

两脚前后开立，前脚掌离起掷线约 20~30cm，前后脚距离约一脚掌，左右脚间距离半脚掌，后脚脚跟稍微离地，两手持球自然，身体肌肉放松，重心落在两脚中间偏前，眼睛看前上方。然后再抛出去。

3. 预摆

预摆是为最后用力提高实心球的初速度创造良好条件，预摆次数因人而定，一般是一至二次，当最后一次预摆时，此时球依次是从前下方经过胸前至头后上方，加速球的摆速，此时上体后仰，身体形成反弓形，同时吸气。

4. 最后用力

最后用力是投掷实心球的主要环节，动作是否正确直接影响球的初速度及抛球角度。最后用力动作是当预摆结束时两手握球用力积极从后上方向前上方前摆，此时的动作特点是蹬腿、送髋、腰腹急震用力，两臂用力前摆并向前拨指和腕，旨在提高手臂的鞭打速度。

学习任务五　训练掷标枪技术

【任务导入】

了解投掷标枪项目的起源和发展、动作要领以及基本技术等。

【知识准备】

握法：握枪方法是将标枪斜放在掌心上，大拇指和中指握在标枪把手末端第一圈上沿，食指自然弯曲斜握在标枪上，无名指和小指握在把手上。也可将拇指和食指握在标枪把手末端第一圈上沿，其余手指按顺序握在把手上。

持枪：持枪的方法是屈臂举枪于肩上，大小臂夹角约为 90°，稍高于头，枪尖稍低于枪尾。

助跑：助跑的距离应根据投掷者发挥速度的快慢而定，一般在 25~35m 之间，助跑分为两个阶段。

预跑阶段：预跑阶段主要是加速，在跑进中，上体稍前倾，用前脚掌着地，大腿抬得较高，后蹬力量强，动作轻快而富有弹性，持枪臂随着跑的节奏与左臂配合，自然前后摆动，并与下肢动作协调一致，在加速中进入投掷步。

【任务实施】

1. 练习原地侧向掷标枪技术

侧对投掷方向，两脚左右分开比肩稍宽，右脚与投掷方向成 45°角，左脚成 30°角。右手持枪后引，枪尖在鼻、眼之间，体重落在弯曲的右腿上，左臂自然屈于体前，目视投掷方向。然后，右腿髋部发力积极蹬地、转髋、送髋、挺胸，身体转为正对投掷方向，投掷臂翻肘于肩的后上方，枪尖高于枪头，形成"满弓"姿势，最后以胸带臂将枪掷出后，维持身体平衡。

2. 上后两步掷标枪技术

侧对投掷方向，引好枪。右腿蹬离地面向投掷方向 45°摆动，当摆至支撑腿附近时，支撑腿快速蹬地，两腿形成交叉，右腿落地后，左腿接着落地，形成原地侧向掷标枪技术的预备姿势。正对投掷方向，左腿在前，上右脚的同时向后主动撤右肩，继续上步，两步完成引枪动作，身体侧对投掷方向。然后，上后两步。

学习任务六　训练掷链球技术

【任务导入】

了解投掷链球项目的起源和发展、动作要领以及基本技术等。

【知识准备】

链球由三部分组成：球体、链子和把手。

球体一般为铁制。球体外形应为完整的球形。链子应以直而有弹性并不易折断的单根钢丝制成。把手为单环或双环结构，但必须质地坚硬，没有任何种类的铰链连接。

运动员持链球在投掷圈内，以旋转前进的动作形式，使链球逐渐加速，最后将球投向远方。球的飞行远度，取决于链球出手初速度和出手角度。要获得最大的出手初速度，需要最大限度地加大旋转半径，适当增加旋转圈数。投掷链球超过 80m 的运动员，出手初速度达到 27～30m/s，出手的适宜角度为 40°～44°。链球运动员一般采用旋转 3～4 圈的方法。

投掷链球的完整技术是由持握器械、预备姿势、预摆、旋转和最后用力五部分组成。

【任务实施】

① 双手持实心球等辅助器械做预摆练习。练习的目的是体会正确的预摆技术及骨盆向链球运行反方向移动。

② 双手持较轻链球或标准链球做预摆蹲起练习。练习的目的是体会预摆技术，以及预摆中要协调地逐渐站起，动作自然、放松。

③ 持实心球等做预摆接第一圈旋转练习。练习的目的是让学生体会"人-链球体系"，体会预摆后由双支撑进入单支撑的技术动作和技术要求。

④ 持较轻链球或标准链球做预摆接第一圈旋转练习。练习的目的同③。

⑤ 双手持较轻链球或标准链球做预摆 2 次旋转 2 圈、预摆 1 次旋转 2 圈练习。练习的目的是体会 2 圈旋转的动作要领、旋转节奏及链球高低点的位置和第 1 圈和第 2 圈的衔接技术。

⑥ 双手持较轻链球或标准链球做预摆 2 次旋转 3～5 圈的练习。练习的目的是体会旋转中各圈之间的衔接技术和整体动作的圆滑性，逐步提高学生对旋转的控制能力及速度感。

⑦ 持链球或哑铃等辅助器械预摆 1～2 次后接最后用力的练习。练习的目的是体会最后用力的技术、用力顺序以及最后用力时学生肌肉用力的感觉和全身协调用力的感觉。

⑧ 双手持实心球等辅助器械旋转 1～4 圈接最后用力练习。练习的目的是体会完整技术的动作要领和节奏感、速度感及正确的用力顺序。

⑨ 持轻链球或标准链球在装有安全护笼的投掷圈内做 3 圈旋转接最后用力的完整技术练习。练习的目的同⑧。

项目四 足 球

【案例引入】

　　足球是以脚为主支配球的一项集体性、对抗性、技能性较强的球类运动。它是世界上开展最广泛，国际交往最频繁，影响力最大的体育项目。被誉为"世界第一运动"。由于足球运动所具有的特殊魅力，一场精彩的比赛往往能吸引一二十万现场观众和数以亿计的电视观众，甚至还有人不惜花费重金，远涉重洋前往比赛现场观赏。有些国家在本国球队参加国际大赛胜利时像欢庆民族节日，举国倾城狂欢庆祝。总之，足球运动在人们生活中所占据的地位和具有的意义，已远远超出体育运动的范畴。

学习任务一　初识足球

【任务导入】

　　了解足球运动的起源、特点、作用以及基本技术等。

【知识准备】

一、足球运动的起源

　　足球起源于古代的足球游戏。中国古代把用脚踢球的游戏叫"蹴鞠"，我国是世界上开展足球活动最早的国家。现代足球始于英国，1863年10月26日，在伦敦成立了世界上第一个足球运动组织——英格兰足球协会，并统一了足球规则。

　　国际足联（FIFA）是国际权威性的足球机构，1904年5月21日在巴黎成立，总部设在瑞士的苏黎世。国际足联主办的世界足球大赛有6项：世界杯足球赛、奥运会足球赛、世界青年足球锦标赛、世界少年足球锦标赛、世界女子足球锦标赛、世界室内足球锦标赛。从1930年开始，4年1届的世界杯足球赛，是全世界规模最大、水平最高、场面最壮观的足球比赛和体育盛事。

二、足球运动的主要特点

1. 比赛场地大，人数多，时间长，运动量大

　　正式足球比赛两队各有11名队员奔跑在约7000m^2的场地上，进行90min紧张而激烈的进攻与防守的争夺。特别是一场高水平的足球比赛，一个优秀运动员在整场比赛中跑动的距离长达 8000~10000m 以上。当规定比赛时间内成平局，尚需决定胜负时，则还需要进行 30min 的加时比赛，甚至还要互射"点球"以决定胜负。因此，运动员的体力消耗是很大的。根据测定，一个运动员在一场比赛中的能量消耗约为 8400J，体重下降 3~4kg。

2. 技术动作多、战术复杂、难度大

足球比赛规则规定，在足球比赛中除了守门员外，其他任何队员都不准用手摸球。因此，锋卫队员除了手臂以外，身体的其他部位都可以用来支配球，但多数动作是用脚来完成。由于用脚支配球，那么身体的平衡也只能依靠单脚来维持。而守门员则由于其任务和允许用手的规则决定了他的多数技术动作是用手来实现，同时其身体多数是在非正常的状态下完成动作。因此不论是锋卫队员还是守门员在运用技术动作时，又经常要因对手的干扰和阻挠而受到限制。

足球战术有许多种，而任何一支球队在比赛之前，教练员都要根据主客观的情况，布置本场比赛应使用的战术。但是，预想不到的情况在比赛中仍会不断出现。因此，比赛能否取得胜利，除了与战术、身体训练水平及意志品质有关外，在很大程度上取决于运动员能否根据比赛中随时变化着的情况而采取符合比赛规律和要求的战术。由于参加比赛的人数多，因而协调统一行动也很不容易。所以足球运动又是一项难度大的运动项目。

3. 对抗激烈、拼抢凶猛

足球比赛是以射门进球多少判定胜负的。因此，比赛的双方都竭力把球踢进对方球门，又不让球进入本方球门。围绕着争夺控球权而进行激烈凶猛的拼抢和冲撞，尤其是在罚球区附近的拼争尤为凶猛。高强度的对抗性已成为现代足球运动战斗性的重要标志和特点。

三、足球运动的主要作用

1. 增进健康和提高身体素质

经常参加足球运动能增强人体的肌肉、骨骼和有效提高血液循环系统、呼吸系统、内脏器官和神经系统的功能，从而增进人体的健康和提高力量、速度、柔韧、灵敏和耐力等身体素质。

2. 振奋精神，鼓舞斗志

开展足球运动能丰富人们的业余文化生活，促进人们工作、学习的积极性，能进一步提高劳动效率。尤其是球队参加国际性重大比赛取得的胜利，能有效地激励人们的爱国热忱，振奋精神，鼓舞斗志。

3. 是国家间交流的工具

大量的事实证明，通过国际性足球比赛能增进国家间的了解和友谊，并且它的影响能渗透到国家的各个领域。因此，现代足球运动已被广泛用于国际交往。它已成为国家间交往的一种工具。所以，从一定意义上讲现代足球运动所具有的价值已远远超出体育运动的范畴。

四、足球的基本技术与练习方法

足球技术是指运动员在足球比赛中所采用的合理动作的总称。足球运动是一项技术动作相当复杂的运动项目，从足球比赛队员在场上的分工可分为锋卫队员技术、守门员技术；从足球比赛队员在场上的技术特点可分为有球技术和无球技术。

1. 无球技术

无球技术是指比赛中运动员在不控球的情况下所采用的合理动作的总称，主要包括起动、跑动、急停、转身、跳跃、移位和假动作。

2. 有球技术

有球技术是指运动员在比赛中，为达到进攻和防守目的所采用的各种支配球的技术，包括踢球、停球、头顶球、运球、抢截球、掷界外球、守门员技术。

3. 练习方法

（1）帽子舞

两脚交替踩球。

（2）半转身帽子舞

同样还是两脚交替踩球，不同之处在于每次踩球之后身体都要进行一定的转动。

（3）转身帽子舞

两脚交替踩球，不同之处是双脚连续四次球之后进行一个半转身，然后背对着球连续四次之后再转回来。

（4）脚内侧拨球

双脚内侧左右来回拨球。

（5）脚底拉球脚内侧拨球（左侧）

左脚脚底将球拉回右脚内侧，再用右脚内侧将球拉回之前的位置。

（6）脚底拉球脚内侧拨球（右侧）

右脚脚底将球拉回到左脚内侧，再用左脚内侧将球拉回之前的位置。

（7）横向帽子舞

双脚交替用脚底将球横向拉向另一只脚。

（8）单脚拉拨球（左脚）

用左脚脚底和脚内侧持续保持对球的接触，前后拉拨球，同时右脚连续原地跳动以保持平衡。

（9）单脚拉拨球（右脚）

用右脚脚底和脚内侧持续保持对球的接触，前后拉拨球，同时左脚连续原地跳动以保持平衡。

（10）单脚正脚背拉拨球（左脚）

用左脚脚底和正脚背持续保持对球的接触，前后拉拨球，同时用右脚连续原地跳动以保持平衡。

（11）单脚正脚背拉拨球（右脚）

用右脚脚底和正脚背持续保持对球的接触，前后拉拨球，同时左脚连续原地跳动以保持平衡。

（12）双脚正脚背拉拨球

用双脚脚底和正脚背交替完成拉拨球，在任何一只脚脚底和正脚背拉球时，要持续保持对球的接触，前后拉拨球，同时支撑脚要原地做一个小跳步以保持平衡。

（13）正脚背拉球（左脚）

用右脚脚底将球向后拉，之后再用左脚正脚背将球向前拨。

（14）正脚背拉球（右脚）

用左脚脚底将球向后拉，之后用右脚背将球向前拨。

（15）大幅度单脚正脚背拉拨球（左脚）

用左脚脚底和正脚背持续保持对球的接触，前后拉拨球。拉球时幅度要加大，将球拉到自己身后的位置，同时右脚连续前后跳动以保持平衡，左脚向后拉球时右脚向前跳动，左脚向前拨球时右脚向后跳动。

（16）大幅度单脚正脚背拉拨球（右脚）

用右脚脚底和正脚背持续保持对球的接触，前后拉拨球。拉球时幅度要加大，将球拉到自己身后的位置，同时左脚连续前后跳动以保持平衡，右脚向后拉球时左脚向前跳动，右脚向前拨球时左脚向后跳动。

（17）双脚脚外侧拉拨球

交替使用双脚脚底和脚外侧持续保持对球的接触，横向左右拉拨球。

（18）脚内侧 V 字拉球

先用左脚脚底将球向身体内侧拉，用左脚内侧将球向外侧推出去，再用右脚脚底将球向身体内侧拉，最后用右脚内侧将球向外侧推出去，双脚之间如此往复循环。作为初学者，这个动作开始时尽量幅度小一些，增加对球的控制，熟悉之后再加大幅度。

（19）脚外侧 V 字拉球

先用左脚脚底将球向身体内侧拉，用左脚外侧推出去，再用右脚脚底将球向身体内侧拉，最后用右脚外侧将球向外推出去。

（20）前后拉球

在一个小范围内交替使用双脚完成脚后拉球，注意在完成脚向后拉之后，用脚内侧从支撑脚向另一侧拨球前，支撑脚要有一个向前的小跳步，这样可以轻松地让球从支撑脚后拨过。

（21）原地单车

足球放在地上不去碰它，只是使用双脚交替由内向外在足球周围做单车运动。

这 21 种球感练习方法，可以说各个经典。也是想要成为一个优秀足球选手人人必需的球感练习，基本包含了所有比较常见的球感练习，从最基础的踩球、拉球到最后的复杂组合动作。如果大家能够把这些动作全部熟练、化为己有，一定可以成为球队的灵魂人物。

学习任务二　踢球

【任务导入】

熟练掌握踢球的正确动作和练习方法，了解并掌握各种踢球动作技术要领，能够达到踢球动作的基本要求。

【知识准备】

踢球就是指用脚的不同部位将球击向预定的目标，可以用脚内侧、脚背内侧、脚背正面、脚背外侧、足尖、足跟、足底等。踢球是足球运动的主要特征，也是足球技术中最重要的技术，在比赛中运用最多，用于传球和射门。另外踢球还用于抢球、截（断）球或"破坏球"等。

踢球脚法很多，一般均由助跑、支撑脚站位、踢球腿摆动、脚触球和踢球后的随前动作 5 个环节所组成。

1. 脚内侧踢球

脚内侧踢球是用脚内侧的跖趾关节、舟骨和跟骨所构成的三角部位接触球的一种踢球方法，如图 2-4-1 所示。

脚内侧踢球在脚与球接触过程中有两种方法：一种是推送的踢法。这种踢法脚触球时，踢球腿要继续前摆，这样踢球脚与球接触的时间较长，出球易平稳。另一种是敲击踢法。踢球时，踢球腿的大腿摆动不大，只是小腿快速前摆击球，击球后，小腿突然停止前摆，该动作接触时间短促，动作有力。

用脚的内侧踢地滚球时应直线助跑，支撑脚踏在球的侧方15cm左右，膝关节微屈，在支撑脚着地的同时踢球腿以膝关节为轴由后向前摆，在前摆过程中屈膝外展，踢球脚的脚内侧正对出球方向，小腿急速前摆，脚尖翘起，脚底与地面平行，击球的后中部，踢球脚随球前摆落地，如图2-4-2所示。脚内侧可以踢定位球，直接踢由各个方向来的地滚球、反弹球、空中球。用脚内侧踢空中球时原地或跑上前迎球，踢球脚屈膝提起，大腿外转，小腿摆动使脚内侧正对来球，然后击球后中部。

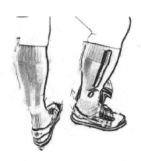

图 2-4-1　脚内侧踢球

图 2-4-2　用脚内侧踢地滚球

2. 脚背正面踢球

图 2-4-3　脚背正面踢球

脚背正面踢球是用脚背正面的楔骨和跖骨的末端构成部位触球的一种踢球方法，如图2-4-3所示。特点：踢球腿的摆幅大，摆速快，踢球的力量大，出球的性能变化小，出球方向也比较单一。

脚背正面踢定位球，是初学者必须严格掌握的基本技术动作。脚背正面可以踢定位球、空中球、反弹球、倒钩球等。脚背正面踢地滚球时直线助跑，最后一步稍大并要积极着地，支撑脚站在球的侧方约10cm，脚尖正对出球方向，膝关节微屈；摆动腿要在准备做支撑的脚前跨和助跑的最后一步蹬离地面时，顺势向后摆起，小腿屈曲。在支撑脚着地的同时，以髋关节为轴，大腿带动小腿由后向前摆，如图2-4-4所示，当膝关节摆至接近球的正上方的刹那，小腿做爆发式前摆，以髋关节为轴，大腿带动小腿由后向前摆，脚背绷直，脚趾扣紧，以脚背正面击球的后中部，踢球腿提膝随球继续前摆，如图2-4-4所示。脚背正面踢反弹球时应准确判断球的落点；当球将要落地时，快速前摆小腿；在球刚反弹离地时，以脚背正面击球的后中部。

图 2-4-4　脚背正面踢地滚球

3. 脚背内侧踢球

脚背内侧踢球是用脚背内侧的几个楔骨、趾骨末端部位接触球的一种踢球方法，如图 2-4-5 所示。特点：踢球腿的摆幅大，摆速快，踢球的力量大，由于助跑方向、支撑脚选位灵活性较大，出球的方向变化幅度较大。因此，可踢出平直球、远距离弧线球等，也便于转身踢球。同样，脚背内侧踢定位球是初学者必须掌握的基本动作。

脚背内侧可以踢定位球、地滚球、过顶球、弧线球和转身踢球。脚背内侧踢地滚球时，斜线助跑（助跑方向与出球方向约成 45°角），支撑脚以脚掌外沿积极着地，踏在球的侧后方 20～25cm 左右处，膝关节微屈，脚尖指向出球方向，身体稍向支撑脚倾斜。在支撑脚着地的同时踢球腿以髋关节为轴，大腿带动小腿由后向前摆。当身体转向出球方向，膝盖摆至接近球的内侧上方时，小腿做爆发式前摆，脚尖稍外转，脚背绷直，脚趾扣紧，脚尖指向斜下方，以脚背内侧踢球的后中部，踢球腿提膝随球继续前摆，如图 2-4-6 所示。

图 2-4-5 脚背内侧踢球

图 2-4-6 脚背内侧踢地滚球

4. 脚背外侧踢球

脚背外侧踢球是用脚背外测部位接触球的踢球方法，如图 2-4-7 所示。特点是除具备脚正面踢球的特点外，由于踢球时脚腕灵活性较大和摆腿方向变化较多等优点，是踢各种距离弧线球和弹拨、削球的主要方法。脚背外侧踢定位球也是初学者必须掌握的基本动作，但在比赛中，还常用脚背外侧踢直线球、弧线球、弹拨球和蹭球。

脚背外侧踢直线球时，助跑、支撑脚的站位和踢球腿的摆动，基本上与脚背正面踢球相同，但是踢球腿的膝盖摆至接近球的正上方的刹那，小腿做爆发式前摆；膝盖、脚尖内转，脚趾扣紧，以脚背外侧踢球的后中部，踢球腿提膝随球继续前摆，如图 2-4-8 所示。

图 2-4-7 脚背外侧踢球

图 2-4-8 脚背外侧踢直线球

【任务实施】

1. 踢球练习

踢球练习说明见表 2-4-1。

表 2-4-1 踢球练习说明表

练习方法	动作要领	分值
各种踢球技术动作的模仿练习	在地面设想有一目标(足球),跨步上前做踢球动作,然后过渡到几步慢速助跑的踢球模仿动作练习,最后可做快速助跑踢球的模仿动作练习。练习中应注意要有设想球,尤其注意设想触球一瞬间踢球脚踝关节的固定和脚背绷紧	25
一人用脚底挡球,另一人踢球	此方法应注意踢球腿摆动与触球部位的正确与否,同时还要检查其支撑阶段的状况	25
距足球墙 5m 左右进行踢球技术练习	练习一段时间后,可将距离加到 25m 左右,再进行中等力量的练习。当踢静止球有一定基础后对逐步增加踢个人控制的活动球及球墙所碰回来的活动球。利用足球墙进行各种踢球技术练习时,一般都应从静止到活动,从注意技术环节的正确与否到要求踢向预定的目标	25
利用足球墙和标杆做踢旋转球的练习	可将标杆插在踢球者与墙之间,标杆与人及墙的距离视需要而定,开始可大些,当技术掌握后再逐步缩小。各种旋转球的练习都可以利用足球墙进行,尤其对初学者,使用足球墙既可充分利用练习时间增加练习次数,又能使练习者较好地集中注意力掌握技术规格。对于要求提高技术的练习者,足球墙同样也是一个有力的帮手	25
各种脚法的两人练习	不论是传球还是射门练习,都可两人进行,若两人练习踢定位球,则辅以接球练习;若进行踢活动球练习,则可相隔一定的距离进行不停顿的连续传球练习。两人进行射门练习时,可采取一人传球一人射门。而传球,可根据需要传出各种性能和各种类型的球供射门练习。两人一组的练习还可以进行有对抗的传射练习	25

在踢球练习中,还应注意以下易犯错误。

(1) 踢定位球

支撑脚位置偏后,踢球时身体后仰或臀部后坐,脚触在球的后下部,踢出球偏高。踢球腿的后摆较小或没有后摆,仅是将球踢出以至前摆过分,造成踢球无力或出球较高。在前摆过程中小腿爆发式的摆动过早,使得脚出球时并非是小腿摆速最大之时,因而出球无力(对出球方向也有影响)。踢球腿摆动方向不正,以致踢球施力方向没通过球的重心,出球旋转。脚趾屈得不够,以致不能用脚的正确部位触球,出球力量和方向均受到影响,且损伤脚趾。踢球脚与球接触时未能按要求接触球的合理部位,影响了出球的准确性,对出球力量及性质也相应产生影响。

(2) 踢地滚球

支撑脚站位不当,没有根据来球的方向、速度、性能等选择支撑脚的位置,也没有对自己踢球腿的摆动速度加以控制,没有根据来球的方向和速度合理选择助跑路线和脚法。

(3) 踢空中球

支撑脚位置或摆腿击球时间不当,出现踢空现象。踢球的部位不准,出球偏离预定目标。

(4) 踢旋转球

削球太"薄"。出球乏力。削球太"厚",球的转速差,弧度小。踢球时不会做沿球面弧形摆动,影响球的旋转效果。

2. 脚内侧踢球游戏比赛

脚内侧踢球游戏比赛说明见表 2-4-2。

表 2-4-2　脚内侧踢球游戏比赛说明表

名称	蚂蚁搬家
游戏方法	四人一组,面朝上,四肢撑地,球放腹部上。从起跑线爬行出发,到达终点后将球放下,转身将球用脚内侧传球将球踢给下一位同学的接力游戏,以相同人数完成比赛速度快慢判定胜负
游戏规则	①听哨声出发,不抢跑 ②爬行过程中球掉了,应捡回掉球点继续进行比赛 ③到达终点后用脚内侧传球方式将球传给下一位同学
要求	认真听老师讲解游戏方法与规则,并在游戏中遵守游戏规则,发扬团结互助的精神,互相鼓励
结果点评	教师宣布比赛结果并点评学生在游戏中运用技术的情况

学习任务三　停球

【任务导入】

熟练掌握停球的正确动作和练习方法,了解并掌握各种停球动作技术要领,能够达到停球动作的基本要求。

【知识准备】

停球是指运动员有目的地用身体的合理部位,把运行中的球停挡在处于自己控制之下的接球或截断球等最常用的技术动作,不含把来球直接处理出去的运、传、射等接球或截(断)球等技术动作。停球方式有脚内侧、脚底、脚背正面、脚背外侧、胸部和大腿停球等。

足球比赛中停球不是目的,而是因为在争夺激烈、快速多变的比赛中,不是所有的来球都能直接踢、顶出去,也不是一切来球都应立即踢、顶出去。当遇到难以应付的球或需要等待同伴跑到有利位置及需要自己运球等情况时,都需要把来球控制下来,这些都需要停球。

随着足球运动的发展和技术水平的提高,比赛中直接出球次数增多,因而停球技术的应用相对减少,但对每次停球效果的可靠性要求却越来越高。因此,每一个运动员都必须熟练地掌握停球技术。

1. 脚内侧停球

脚内侧停地滚球时,根据来球路线选择停球位置并及时移动到位。支撑脚正对来球,膝关节微屈。停球腿屈膝外展并前迎,脚尖翘起,当脚与球接触前的刹那开始后撤,在后撤过程中用脚内侧触球,把球控制在衔接下一个动作需要的位置上,如图 2-4-9 所示。脚内侧停反弹球时,支撑脚踏在球的落点的侧前方,膝关节微屈,上体稍前倾并向前停球方向微转,同时停球脚提起,踝关节放松,脚内侧对准球的反弹路线,当球落地反弹时,用脚内侧挡压球的后中部。

图 2-4-9　脚内侧停球

2. 脚底停球

该部位可停地滚球和反弹球。停地滚球时面向来球，支撑脚踏在球的侧后方，膝关节微屈，脚尖正对来球，同时停球脚提起，膝关节自然弯曲，脚尖翘起高于脚跟（脚跟离地稍低于球）。踝关节放松，用脚前掌挡压球的中上部。脚底停反弹球时，支撑脚站在球的落点的侧后方。停球腿屈膝抬起，当球落地的刹那，脚尖上翘，小腿稍前倾，用脚掌覆盖在球的反弹路线上，触压球的后上部，如图 2-4-10 所示。

图 2-4-10　脚底停球

3. 胸部停球

图 2-4-11　胸部停球

分为挺胸和收胸两种，挺胸法准备停球时，稍收下颌。当球运行到与胸部接触前的刹那，两脚蹬地上挺同时屈膝，上体后仰，用胸大肌触球，如图 2-4-11 所示。采用收胸法准备停球时，两脚前后开立，身体重心前移，挺胸迎球。当球运行到与胸部接触的刹那，重心迅速后移的同时收胸、收腹挡压。

4. 大腿停球

大腿停高球时，停球腿屈膝抬起，以大腿中部对准落下的球，肌肉适当放松。当大腿与球接触的刹那，快速后撤，将球挡落在衔接下一个动作需要的位置上，如图 2-4-12 所示。大腿停低平球时，停球腿以大腿中部对准来球，屈膝前迎，肌肉适当放松。当大腿与球接触的刹那，快速后撤，将球挡落在衔接下一个动作需要的位置上。

5. 脚背正面停球

停球脚提起迎球，以脚背正面对准下落的球。在脚背与球接触前的刹那开始下撤，在下撤过程中用脚背正面触球的底部，使球落在体前适当的位置上，如图 2-4-13 所示。

图 2-4-12　大腿停高球

图 2-4-13　脚背正面停球

【任务实施】

1. 停球练习

① 两人一组，一人手抛或轻踢地滚球，一人做脚内侧停地滚球，主要体会停球部位。

② 逐渐增加踢球力量，主要掌握好停球脚回撤或下切的时机。

③ 两人一组，迎面向前跑动，然后用脚内侧向内、向外或向后转身接球。如表 2-4-3 所示。

2. 停球游戏比赛

具体游戏说明见表 2-4-4。

表 2-4-3　停球练习说明表

练习方法	动作要领	易犯错误	分值
脚内侧停反弹球练习	要把球停到左侧时，支撑脚应踏在球落点的左侧方，脚尖指向左方，同时上体也向左侧前倾	对球落地的时间判断不准，使球漏过，或用力下压而停不稳球	25
脚内侧停地滚球的动作方法	把球停到自己的侧后方，在停球脚撤到支撑脚的侧方时，再继续以转体、展髋和停球脚外展的动作将球停向侧后方，同时以支撑脚为轴使身体转为出球方向 还可以用压推法和挡压法。当球运行到支撑脚的侧方或前方时，停球脚以脚内侧挡压球的后上部；当需要把球停到支撑脚外侧时，停球脚的脚尖稍向前，脚内侧挡压球的侧后上部，同时脚尖里转，支撑脚以前脚掌为轴身体转向出球方向	脚离地过高，使球漏过	25
脚内侧停空中球的动作方法	将停球脚举到稍高于选择的停球点，在脚与球接触前的刹那开始下切，在下切过程中用脚内侧切于球的侧上部，将球切向地面。用下切动作停下来的球落地后一般都继续跳动	停球脚的踝关节没有充分放松，使球触脚弹离过远，而失去控制	25
脚底停地滚球的动作方法	根据球的运行路线和选择的停球位置，及时移动到位，面向来球，支撑脚踏在球的侧后方，膝关节微屈，脚尖正对来球，同时停球脚提起，膝关节自然弯曲，用脚前掌挡压球的中上部，并根据下一个动作需要，用脚掌推球或拉球	停球脚抬起过高，使球漏过；停球脚用力踩球，使球停不稳	25
脚底停反弹球的动作方法	根据球的运行速度和落点，及时移动到位，面对来球，支撑脚踏在球落点的侧后方。停球腿屈膝抬起，当球落地的刹那，脚尖上翘，小腿稍前伸，用脚掌覆盖在球的反弹路线上，触压球的后上部	对球的落点和落地时间判断不准确，使球漏过	25
脚背外侧停球	脚背外侧停球常与假动作结合起来使用，因此具有一定的隐蔽性。但由于其重心移动较大，比较难掌握	停球脚抬起过高，使球漏过	25

表 2-4-4　停球游戏比赛说明表

名称	哨声停球
游戏说明	①场地面积为 15m×15m ②10 人 1 组，每人 1 球 ③在区域内随意控球（教练员指定动作） ④听到哨声用不同的部位进行停球动作 ⑤动作失误和动作缓慢者被淘汰，最后剩下的球员为胜利者
要求	认真听老师讲解游戏方法与规则，并在游戏中遵守游戏规则，发扬团结互助的精神，互相鼓励
结果点评	教师宣布比赛结果并点评学生在游戏中运用技术的情况

学习任务四　头顶球

【任务导入】

熟练掌握头顶球的正确动作和练习方法，了解并掌握各种头顶球动作技术要领，能够达到抢截球动作的基本要求。

【知识准备】

头顶球是运动员有目的地用头的前额骨把球击向预定目标的动作。

足球比赛中球经常在空中运行。运动员为了获取和利用空中球，就经常用头去顶球。因为头是人体的最高部位，额骨宽大平坦且坚硬。因此，运动员只要掌握了头顶球技术，顶出去的球就准确而有力,这就决定了头顶球在争夺空中优势的作用。

掌握了头顶球技术,在进攻时就可以利用头顶球进行传球,以加快进攻速度,最后完成射门任务;在防守时可以利用头顶球抢断或破坏对方的传球、抢救险球,解除门前危机,阻止对方射门等,转守为攻。所以头顶球是足球技术中不可缺少的重要技术之一。头顶球分为前额正面顶球和前额侧面顶球,这两个部位都可以做原地、跳起和鱼跃顶球。

1. 原地前额正面头顶球

身体正对来球,两脚前后或左右开立,膝关节微屈,上体稍后仰,重心放在后腿上,两臂微屈自然张开,眼睛注视来球。当球运行至身体垂直面前的刹那,后脚用力蹬地,身体重心由后脚移前脚的同时,迅速向前摆体收下颌,颈部紧张,快速甩头,用前额正面顶球的后中部,如图2-4-14所示。

图 2-4-14　原地前额正面头顶球

2. 原地跳起前额正面头顶球

准备起跳时,两腿屈膝,重心下降,然后两脚同时蹬地,两臂屈肘上摆向上跳起。在跳起上升过程中挺胸展腹,两臂自然张开,眼睛注视来球。在跳起到达最高点准备顶球时,身体成背弓。当球运行到身体的垂直面前的刹那,快速收胸折体前屈并甩头,用前额正面将球顶出。顶球后两腿同时屈膝、缓冲落地,如图2-4-15所示。

图 2-4-15　原地跳起前额正面头顶球

【任务实施】

1. 头顶球练习

以原地前额正面头顶球为例,具体方法如表2-4-5所示。

表 2-4-5　头顶球练习说明表

练习方法	动作要领	分值
原地前额正面头顶球练习	①复习头顶颠球,体会头触球部位 ②原地模仿头顶球动作,体会腰部的摆动,同时两臂自然张开,协助身体向前摆动 ③一人持球至适当高度,另一人用前额正面击球,体会顶球部位及摆体动作 ④两人一组,相距5m左右,互抛高球,练习头顶球 ⑤两人顶球熟练后,可连续头顶球,要求顶准,尽量不让球落地	50
原地跳起前额正面头顶球练习	①徒手模仿顶球动作练习 ②两人一球,一人抛球,一人头顶,或一人一球,自抛自顶,或用吊球进行练习,体会顶球部位和动作要领 ③两人一球,相距5m,自抛自顶给对方,或一人一球对墙练习 ④两人一球,一抛一顶,连续对顶或一进一退中顶 ⑤三人一球,作三角顶球练习比赛,在规定时间内,以连续顶球次数多者为胜 练习提示: ①对初学者首先要克服紧张心理,绝不可闭眼、缩颈做顶球动作,要主动迎击球 ②跳起顶球首先要准确判断球的落点和起跳时间,起跳过早或过晚,则顶球无力或顶不到球 ③不论用哪种顶球方法,都必须使所有参加运动的关节肌肉都协调一致用力	50

2. 头顶球游戏比赛

具体游戏说明见表 2-4-6。

表 2-4-6　头顶球游戏说明表

名称	足篮一体游戏
方法与规则	将学生分为四组，每两组为一比赛小组，游戏在篮球场上进行。规则与篮球规则一样，但最后的攻门要用头来完成。攻门越过底线，进攻方得一分。游戏结束后，得分多的队伍取胜
要求	①学生积极参与游戏，认真对待比赛 ②学生做到学以致用，合理运用头顶球技术 ③学生互相鼓励，发扬团结、顽强的拼搏精神
结果点评	教师宣布比赛结果并点评学生在游戏中运用技术的情况

学习任务五　运球

【任务导入】

熟练掌握运球的正确动作和练习方法，了解并掌握各种运球动作技术要领，能够达到运球动作的基本要求。

【知识准备】

运球是运动员在跑动中用脚连续推拨球，使球处于自己控制范围内的触球动作。

利用运球可以变换进攻的速度，调节比赛的节奏。在对手紧逼和密集防守的情况下，利用运球和过人可以摆脱对方的阻截和围抢，还可诱使对手离开防守位置而暴露空当，扰乱对方防守阵型，造成以多打少的主动局势，为传球或射门创造有利时机。所以熟练地掌握运球技术对提高个人作战能力和完成全队配合具有十分重要的意义。

1. 脚背外侧运球

跑动时，身体自然放松，上体稍前倾，两臂自然摆动，步幅不要过大；运球脚提起时，膝关节弯曲，脚跟提起，踝关节内旋，脚尖向内斜下指，用脚背外侧部位推拨球前进，如图 2-4-16 所示。在比赛中，大多在快速推进或为超越对手，在前方纵深距离较大或者改变方向时使用。

图 2-4-16　脚背外侧运球

2. 脚内侧运球

运球时，支撑腿向前跨出一步，落在球的侧前方，膝关节微屈，重心落在支撑脚上，上体向带球方向前倾，用运球脚内侧推拨球后中部前进，如图 2-4-17 所示。在比赛中，主要适用于以身体掩护球的情况。

3. 正脚背运球

运球时，上体前倾，步幅放大，运球脚提起时，膝关节弯曲，脚尖向下，以脚背正面推拨球前进，如图 2-4-18 所示。在比赛中，主要适用于突破对手后做较长距离的快速运球的情况。

4. 运球过人

运球时要逼近防守者，距对方 2m 左右。身体要保护球并远离防守者的脚控制球。过人时重心要低于并落于两脚之间，有利于假动作使对方失去重心，运用拨、拉、扣、挑等技术动作，突然快速地摆脱越过对手，如图 2-4-19 所示。

图 2-4-17 脚内侧运球

图 2-4-18 正脚背运球

图 2-4-19 运球过人

【任务实施】

1. 运球练习

运球练习说明见表 2-4-7。

表 2-4-7 运球练习说明表

练习方法	任务实施	分值
各种脚法的往返直线运球	每人一球,每组 6~8 人,在相距 30~40m 的两根标志物之间进行,练习依次进行,前后两人相距 5m 左右	25
直线穿梭运球练习	5~6 人一组,一组一球,每组分为两队,相距 15~20m。如单数组时,在人多的一队开始运球,一人运球至另一队同伴前 3~4m 左右,将球轻传给同伴,自己留在这一端等待下一次练习	25
蛇形推进运球练习	每人一球,每组 6~8 人,在相距 30~40m 的两根标志物之间进行	25
侧身左右脚交替往返变向运球练习	每人一球,每组 6~8 人,在相距 30~40m 的两根标志物之间进行	25
30m 曲线运球绕杆(10 根杆)	每隔 3m 插一根标志物,起点与终点以标志物代替或画一直线。练习者一人一球,依次进行。此外,曲线运球方法多种多样,如利用场地进行的沿中线蛇形进行的运球和三角形路线运球等	25
两人一组练习	在积极或消极的防守下,做一对一的运球过人练习	25

2. 脚内侧运球游戏

脚内侧运球游戏说明见表 2-4-8。

表 2-4-8 脚内侧运球游戏说明表

名称	运球游戏
方法与规则	将学生分为 4 组,组与组两两纵向相对站立,开始时由其中一组的队首同学持球,用外脚背匀速将球带至第二组的队首,然后站至第二组的队尾,第二组的队首同学持球后重复第一组队第一个同学的动作,如此反复
要求	遵守规则,互相鼓励
结果点评	教师宣布比赛结果并点评学生在游戏中运用技术的情况

学习任务六　抢截球

【任务导入】

熟练掌握抢截球的正确动作和练习方法，了解并掌握各种抢截球动作技术要领，能够达到抢截球动作的基本要求。

【知识准备】

抢截球是指运动员运用合理的动作把对手控制的球、传出的球夺过来或破坏掉所采用的各种动作。

在足球比赛的防守中并不是每次抢截球都能够得到球。然而，运动员只要去抢球或截球，首先他就占据了恰当的位置，这就有可能封堵住球的去路或阻挠对手自由地动作，那么自然就增加对手控制球的困难，同时也给对手造成心理上的压力使其紧张并出现失误，并且由于积极地争夺或阻截，使对方传球空当随之缩小，接应活动受到限制。从而为同伴和本队组织"稳固"防线创造了条件。因此，每一个运动员都应掌握抢截球技术。

抢截球是防守的主动行动，是转守为攻的积极手段，抢截球包括抢球和截球两个内容。抢球指用规则所允许的条件和动作，把对手控制的或将要控制的球夺过来、踢出去或破坏掉。截球是指用规则所允许的动作，把对方队员间的传球或射出的球堵截住或破坏掉。

1. 正面跨步抢球

抢球者面对对手两脚前后开立，两膝微屈，在对手运球脚触球后即将着地或刚着地时，支撑脚立即用力后蹬，抢球脚以脚内侧对着球跨出，膝关节弯曲，上体前倾，身体重心移至抢球脚上，另一脚立即前跨，如图2-4-20所示；如果双方脚同时触球，抢球者则要顺势向上提拉，使球从对方脚背滚过，同时身体重心要迅速跟上，把球控制好，如离球稍远可用脚尖。

2. 侧面冲撞抢球

当与对方平行跑动争球时，身体重心要降低，两臂紧贴身体，当对方侧脚着地时，可用肩和上臂做合理冲撞动作，使对方失去平衡，从而截获球，如图2-4-21所示。侧面冲撞抢截用于抢截者和运球者平行跑动时。

图2-4-20　正面跨步抢球

图2-4-21　侧面冲撞抢球

3. 侧后铲球

防守人追到距运球人侧后1m左右，可用脚掌或脚背外侧进行铲球。当运球人将球拨动时，防守者先蹬腿，随后抢球腿跨出，以脚掌或脚掌外侧在地面滑行而将球踢出。小腿、大腿、臀部上方依次着地，如图 2-4-22 所示。侧后铲球适用于对手运球刚越过防守者时。

图 2-4-22 侧后铲球

【任务实施】

1. 抢截球练习

抢截球练习说明见表 2-4-9。

表 2-4-9　抢截球练习说明表

练习方法	动作要领	分值
两人一球练习	将球放在队员甲脚前，队员乙与其相距 2m，队员乙上步做正面脚内侧堵抢练习，当队员乙触球瞬间队员甲也用脚内侧触球。让抢球队员乙体会上步动作及触球部位，两人可轮换做抢球	25
	甲、乙两队员相对站立，队员甲运球跑向乙（慢速），队员乙选择好时机实施正面脚内侧堵抢技术	25
	当甲、乙两队员在练习中同时触球时，抢球队员乙立即提拉球，将球拉过队员甲的脚面并控制住球。经过一段练习后，可在触球瞬间两人同时提拉，体会掌握提拉的时机	25
两人同方向慢跑	在跑的过程中两人可做适当合理冲撞，体会冲撞的时机和冲撞的部位以及冲撞时如何用力等	25
在两队员前 5m 处放一球，听哨声后两人同时向球跑去	要求两人同时跑动（互相配合）选择适当的位置和时机合理冲撞将球控制。经过一段练习后，可将静止球变为活动球，即教练员持球站立，两队员站立在其两侧，当球沿地面抛出后，两队员同时起动追赶球，利用合理冲撞将球控制住。也可采用此方法练习在冲撞的瞬间做身体超前和迟后的突然躲闪后控制球。练习时，事先应明确练习不一定用冲撞后控球的方法，让练习者在追抢过程中自由选择抢球方法，达到控球的目的	25
一人直线运球前进，另一队员随后赶至适当位置抓住时机进行铲球练习	请运球者给予适当的配合，使铲球者能在对手运球过程中体会实施铲球动作	25
铲球练习	一人一球，将球放在前面某一位置，练习者选择适当位置站立，原地蹬出做铲球动作练习。当基本掌握铲球动作后，练习者可将球沿地面缓慢抛出，自己追球将球铲掉，以体会如何对滚动的球实施铲球动作。待较熟练地掌握铲球动作后，再用以上方法进行铲控、铲传的练习	25

2. 抢截球游戏比赛

抢截球游戏比赛说明见表 2-4-10。

表 2-4-10　抢截球游戏比赛说明表

名称	护球游戏
方法与规则	学生一人一球，在中圈运球，运球过程中力争在控制好自己的球的情况下将其他人的球踢出圈外。球被踢出圈的就淘汰，看谁留到最后
要求	①运球时人球兼顾，用身体或大腿护球，抢球时不许犯规 ②教师先演示游戏，讲清楚游戏的规则，然后开始游戏
结果点评	教师宣布比赛结果并点评学生在游戏中运用技术的情况

学习任务七　掷界外球

【任务导入】

熟练掌握掷界外球的正确动作和练习方法，了解并掌握各种掷界外球动作技术要领，能够达到掷界外球动作的基本要求。

【知识准备】

掷界外球是运动员将比赛中越出边线的球，按照规则的规定用双手掷入场内预定目标的动作。

足球比赛中不论参加比赛队的水平高低，都会有一定数量的球出界。并且，足球比赛规则中规定直接接到界外球时没有越位限制。从而给进攻队员以充分活动的自由。因此，把比赛中越出边线的球掷入场内是一次很好地组织进攻的机会，尤其是如能直接掷到球门区内就会直接威胁球门。

比赛规则对掷界外球动作要求比较严格，而掷界外球时常会由于掷球的动作不符合规则规定而失掉一次很好的进攻机会。因此，进行掷界外球练习时必须十分注意按足球比赛规则要求的动作来练习。

一、动作要领

① 掷界外球的动作（图 2-4-23）是一个下端固定的爆发式的平摆运动，需要稳固的支撑。
② 根据身高和臂长掌握合理的掷出角（不超过 45°），它是影响远度的重要因素，一般球出手早，掷出角大，反之则小。
③ 球出手速度快，则掷得远，这需要力量基础和协调用力能力。
④ 充分利用助跑的初速度有助于将球掷远。

图 2-4-23　掷界外球动作示意图

二、界外球具体规则

① 比赛进行中，当球的整体从地面或空中越过边线时即为球出界。此后，应由出界前最后触球队员的对方队员在球出界处（边线外）1m 范围内，将球掷向场内任何方向。
② 掷球时，两脚可以平行站立或前后站立，任何一只脚的部分可以踏在边线上或边线外。但是只要有一只脚越过边线踏在场内，或者踏在线上的脚提起脚跟，致使脚尖踏在场内均属犯规行为。
③ 掷球前，可以附加助跑。掷球时，允许脚在地上滑动，但任何一只脚不得全部离地。
④ 掷界外球的方法是：双手持球置于头的后方，面向场内，两手平均用力，从头后经头上用一个完整的连贯动作将球掷入场内。
⑤ 掷界外球时，常见的犯规有以下几种：
　ⅰ. 未在球出界处掷球。
　ⅱ. 单脚或双脚越过边线踏在场内。
　ⅲ. 单脚或双脚在球掷出前离开地面。

ⅳ. 球未从头后经头上掷入场内。

ⅴ. 掷球时,有明显的停顿。

ⅵ. 掷球时双手用力明显不均,一手扶球,另一手发力掷球。

凡是未按规定的方法将球掷入场内,均应由对方队员在原出界处掷界外球。

⑥ 掷界外球时,队员以合规的动作故意掷击处于场内的对方队员,属犯规行为,应由对方在犯规接触点罚直接任意球。若以不合规的动作故意掷击场内的对方队员,亦属犯规行为,应由对方在原出界处掷界外球。凡故意用球掷击对方,应按有关规定对犯规队员予以警告或罚令出场。

⑦ 掷界外球时,队员不慎致使球脱手落于场外,可以重掷。队员以合法的动作将球掷入场内(包括球落于边线上),比赛即为恢复。若球先触场外又弹入场内或未入场内,均应重掷。若球从空中进入场内又直接被大风吹出场外,或球进场后因场地不平而直接弹出场外,均应由对方在球出界处掷界外球。

⑧ 队员掷球入场,比赛恢复后未经其他队员触及而再次触球,为连踢犯规。若系故意用手触球,则应判罚手球犯规。

⑨ 掷界外球不能直接进球得分。如直接掷入对方球门,由对方踢球门球;如直接掷入本方球门,由对方踢角球。在球掷出,比赛恢复后,经其他队员触及而进入球门,只要当时没有犯规行为,应判进球有效。

【任务实施】

1. 掷界外球练习

掷界外球练习说明见表2-4-11。

表2-4-11 掷界外球练习说明表

练习方法	动作要领	分值
动作模仿练习	持球做原地和助跑掷界外球的模仿动作	25
准确性练习	原地或助跑掷球练习,距离由近及远,并在准确性上提出一定要求	25

2. 掷界外球游戏比赛

掷界外球游戏比赛说明见表2-4-12。

表2-4-12 掷界外球游戏比赛说明表

名称	瞒山过海
游戏方法	一侧同学听到信号后,将球掷给对面的同学,对面同学接住球后进行S形运球绕到对面,把球还给掷球同学并站在掷球同学的后面,对面的同学最早过完的小组获胜
游戏规则	教师为裁判,动作必须规范,犯规一次扣一分
要求	认真听老师讲解游戏方法与规则,并在游戏中遵守游戏规则,发扬团结互助的精神,互相鼓励
结果点评	教师宣布比赛结果并点评学生在游戏中运用技术的情况

学习任务八 守门员技术

【任务导入】

熟练掌握守门员技术的正确动作和练习方法,了解并掌握各种守门员动作技术要领,能够达到守门动作的基本要求。

【知识准备】

守门员是全队的最后一道防线，他的主要任务是守住球门。因此，守门员应力争扩大自己在罚球区的防守范围，以便尽早截获各种来球，并要及时地把球传到有利于进攻的位置上，组织发动进攻。所以，守门员要善于观察全局，分析比赛的发展变化。从而达到协助指挥全队的防守和进攻的效果。

足球比赛的矛盾焦点是射门和阻止射门。所以，双方在罚球区内外的争夺最为激烈。为此，守门员要有沉着冷静的心理素质、勇敢顽强的战斗意志、快速敏捷的反应、良好的身体素质及机智灵活的战术意识。

守门员技术分为无球技术和有球技术两大类。守门员的无球技术主要有准备姿势和移动动作。有球技术主要有接球、扑接球、拳击球、托球、掷球和踢自抛球等。守门员技术的高低、反应的敏捷程度和竞争意识直接影响全队的士气与最后一道门户的牢固。

1. 接球

接地滚球分直立和单膝跪立接球两种。

图 2-4-24　直立接球

直立接球时，两脚要自然并拢不留空隙，脚尖对准来球，上体前屈，两臂自然下垂近地，手指自然张开，手心向前，两手接球底部，接球后两臂同时弯曲，并互相靠拢，将球提至胸前紧抱，如图 2-4-24 所示；单膝跪立接球时，两腿向侧前方开立，前腿弯曲，后腿跪立，膝关节接触地面，并靠近前脚跟，不留中空，上体前倾，两臂下垂，掌心对准来球方向，两手接球底部，接球后将球抱至胸前，如图 2-4-25 所示。接高球：两手自然张开，拇指相对，食指与拇指成桃形，当手触球时，手腕和手指适当用力将球接住，同时屈肘、回缩并下引，顺势翻掌将球抱于胸前。要求判断球路与落点要准，跑动、起跳要准。接平球：接球前两臂屈肘置于胸前两侧，在球接触胸前的一瞬间，两臂夹紧，收缩两手抱住球的侧上部，迅速置于胸前。

图 2-4-25　单膝跪立接球

2. 扑接球

侧地扑接低球时，先向来球一侧跨一步，接着身体从一侧小腿、大腿、臀部、上体和小臂依次着地，同时两臂向前伸出，同时手掌对准来球，另一侧手掌在球的上方对准来球，触球后手指、手腕用力，屈肘把球收回胸前，然后起立。

3. 拳击球

拳击球可分为单拳击球和双拳击球。单拳击球时，屈肘、握拳于胸前，跳起快速冲拳，以拳面将球击出；双拳击球时，双臂屈肘握拳于胸前，两拳靠拢，当跳起到最高点时，双拳同时快速冲击，以拳面将球击出，如图 2-4-26 所示。

图 2-4-26　拳击球

4. 掷球和抛踢球

掷球有单手、低手和肩上掷球，抛踢球有自抛踢下落球和踢反弹球。

5. 托球

起跳后身体成背弓，单臂快速上伸，手掌前部和手指用力将球向后上托出。

【任务实施】

1. 守门练习

守门练习说明表见表 2-4-13。

表 2-4-13　守门练习说明表

练习方法	任务实施	分值
准备姿势练习	准备姿势与移动模仿练习	25
手型练习	手型模仿动作和手型变换练习	25
接球练习	接手抛或脚踢的球，距离由远到近，力量由小到大，角度由小到大	25
倒地接球练习	倒地接球模仿练习	25
坐地、跪地、半蹲扑接球练习	坐地、跪地、半蹲扑接手抛的球	25
沙坑接球练习	在沙坑里或在垫子上扑接手抛或脚踢的球	25
球门中央接球练习	在球门中央进行扑接球练习	25
实战练习	结合实战进行扑接球练习	25

2. 守门员游戏比赛

守门员游戏比赛说明表见表 2-4-14。

表 2-4-14　守门员游戏比赛说明表

名称	攻城拔寨
游戏说明	①队员在固定区域内用手传球，尽可能压对方半场端线 ②举手示意，每压一次得 1 分 ③统计双方的得分，得分多者获胜
注意事项	①游戏过程中培养跑位、接应能力 ②注意观察防守队员的位置，选择进攻方向
结果点评	教师宣布比赛结果并点评学生在游戏中运用技术的情况

学习任务九　足球竞赛规则

【任务导入】

了解足球比赛的基本战术，熟练掌握足球竞赛常用规则，能够达到完成一场完整的激烈的足球比赛的基本要求，并选出优秀队员、裁判员给予鼓励。增强班级凝聚力，培养团结协作精神。

【知识准备】

足球的基本战术

足球战术分为进攻战术和防守战术。进攻战术包括个人战术（传球、跑位、运球突破、射门等）、局部战术（交叉掩护配合、传切配合、二过一配合等）、整体战术（边路进攻、中路进攻、定位球战术等）；防守战术包括个人防守（选位、盯人等）、局部防守（保护、补位等）、整体防守（人盯人防守、区域防守、综合防守和定位球防守等）。战术的动作要结合本队特点、各人的特长和比赛实际情况而加以运用。

一、攻守战术原则

（一）一般原则

① 攻守兼备。也就是力求攻中寓守，守中寓攻，合理地掌握好攻守节奏，才能赢得比赛的胜利。

② 创造优势。主要指人数的优势，在局部地区造成以多胜少的优势。

③ 机动灵活。一个球队须有独特打法，但也必须能依临场实际情况机动灵活地变换战术。

④ 以快制胜。快速掌握好攻防节奏，快速防守，严阵以待，抓好时机，快速反击，以期控制局面。

⑤ 安全与冒险相结合。比赛中，在后场不轻易冒险，紧逼有球队员，要相互补位和保护；在前场，要抓住时机，敢于冒险性传球或突破射门。

（二）个人战术原则

一是每个队员（包括守门员）得球后，应发动进攻；二是失球后立即防守；三是传球后跟上接应，射门后跟进补射；四是迎上接球，不能等球；五是运球的目的要明确，控制好快慢，不丢球；六是在对手和本方球门之间防守，控球时要使自己处于对方与球之间；七是在球刚触地时处理空中球；八是决不能漏掉能截住的球；九是面向球，观察情况；十是技术动作规范。

二、比赛阵形

比赛阵形是指比赛时队员的位置排列、攻守力量搭配和职责分工的形式。阵形的人数排列一般是从后卫排向前锋，根据队员的层次分成后卫线、前卫线和前锋线。守门员的职责固定，一般不予计算。

图 2-4-27 "四三三"式阵形示意图

1. "四三三"式阵形

如图 2-4-27 所示，该阵形中有四个后卫，在防守时可以形成多种形式的战术配合。三个前锋担任进攻任务，中场的三个前卫能密切地与前锋和后卫协同配合，进行交叉换位，因而这种阵形隐蔽着极大的进攻突然性。有时前卫会突然出现在前锋的位置上，出其不意地打击对方防守。

2. "四四二"式阵形

"四四二"式阵形是由"四三三"式阵形变化来的，它是将一名前锋回撤到中场，以两名前锋突前而形成的，如图 2-4-28 所示。主要特点是牢固地控制了中场的主动权，全队的防守更加巩固，有利于快速反击，场上队员更加机动，中、后场队员可以随时插上进攻。

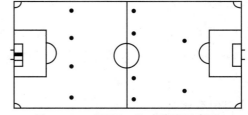

图 2-4-28 "四四二"式阵形示意图

三、个人战术

（一）个人进攻战术

个人进攻战术包括传球、跑位、运球过人、射门。

1. 传球

传球是比赛中有目的地把球踢给同伴或踢向预定的方位。比赛中，选择目标、掌握时机、控制力量与落点的传球是衡量战术意识和传球技能的标志。

2. 跑位

跑位指队员有意识地跑动，创造空档。可分为摆脱或接应跑位；摆脱切入，插上；有意识地扯动牵制或制造空档。

3. 运球过人

运球过人是进攻战术中一种极为重要的个人战术，是运球调动、扰乱对方防线，造成以多打少，觅得传球空档，突破密集防守，获得射门机会的有效手段。

4. 射门

射门技术是指用踢球、头顶球、铲球等技术将球射向对方球门，是进攻的最终目的，也是比赛胜负的关键。射门方法很多，包括对射地滚球、空中球、反弹球、直线球、弧线球，可直接射、带射、接射。射门时要求冷静、机智、果断、有信心，动作快速、准确、有力，并能随机应变。

（二）个人防守战术

1. 选位

失球后，朝向本方球门退却收缩，选位封锁对方向本球门路线。侧翼队员沿一条向近侧门柱延伸线回收，中央队员沿向罚球点延伸线回收。

2. 盯人

限制对手活动的时间、空间，可分为紧逼盯人和松动盯人，盯人的位置处于对手与球门之间，紧逼盯人要贴近，松动盯人保持2m左右。

3. 抢截

在保证整体防守稳固前提下动用抢截技术，原则是不因个人盲动，给对方以多打少的局面。要沉着，并不断调整位置，窥测对手的运球意图，决定抢球时机。不受对手晃动的影响，在其做第一个与第二个动作未衔接的刹那使用假动作抢球。选位要恰当，判断要准，掌握好时机，在对手未接球前把球断掉。

4. 守门员防守

守门员要对攻方射门意图、脚形、方向、角度和球性迅速作出判断，并选择位置，立即移动扑、接球。技术动作要合理，把握好接、扑、击、传球的时间，准确判断来球的方向、落点。要沉着稳妥，有条不紊。

四、局部进攻战术

1. 传切配合

传切配合是指接球者向对手身后传球，同伴切入得球的配合，如图2-4-29所示。其形式有：局部的一传一切、长传切入、长传转移切入。

2. 掩护配合

掩护配合是指在局部地区两队员迎面运球交叉掩护过人的配合，如图2-4-30所示。其要求是速度迅速、紧凑、连贯；互换运球要贴近；以远离对手的脚运球，接球的人对准运球脚跑动，并以同侧脚接球；掩护人做假动作运球吸引对方；避免阻挡犯规。

3. 二过一配合

二过一配合是指在局部区域两个进攻队员过一个对手的配合，如图2-4-31所示。按其传球方向可分为：斜传直插二过一，直传斜插二过一，踢墙式二过一，横、回反切二过一。

图 2-4-29 传切配合战术

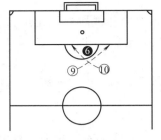
图 2-4-30 交叉掩护配合战术

图 2-4-31 二过一配合战术

五、足球竞赛常用规则

（一）球场

球场必须是长方形，如图 2-4-32 所示，在长 90～120m、宽 45～90m 范围内均可。国际比赛的长度范围为长 100～110m、宽 64～75m。基层比赛场地可因地制宜，但边线必须长于端线，场内各区域尺寸不应变。国际足联曾规定世界杯决赛阶段比赛场地为长 105m、宽 68m，比赛不能在人造草皮上进行。场地各线宽度不超过 20cm（球门线的宽度必须与球门柱宽度相等），边线与球门线应包括在场地面积之内，其他各线宽度也应包括在该区域面积之内。

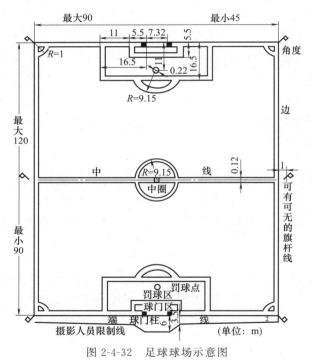
图 2-4-32 足球球场示意图

（二）球

足球是用皮革或其他适当的材料制成。国际足联和国际联合会主办的比赛中，所使用的球必须有下列三种标志之一：正式的"国际足联批准"标志，正式的"国际足联监制"标志或经证明的"国际比赛标准球"。球的周长在 68～70cm 之间；球的重量不少于 410g，不多于 450g；压力在 0.6～1.1atm（世界杯赛一般采用 0.9atm，1atm＝101325Pa）。

（三）队员人数

每队参赛人员不得多于 11 人，其中 1 人必须为守门员。正式比赛提名替补队员为 7 人，但最多可以替换 3 人，位置不限。被替换下场的队员不可以在本场比赛中重新上场。

（四）队员装备

队员不得使用或佩戴任何可能危及自己及其他队员的装备或物件。运动员必需的装备是运动上衣、短裤、护袜、护腿板和足球鞋。上衣号码与短裤号码必须一致，队员之间不得重号。守门员服装颜色应区别于其他队员和裁判员、助理裁判员，队长必须佩戴袖标。

（五）比赛时间

正式比赛时间为 90min，上、下半场各 45min，除经裁判员同意外，中场休息不得超过 15min。如规程规定有加时赛，则再进行 30min 的加时赛，每半场 15min，中间立即交换场地不再休息。如果采用"金球制胜"法,则在30min内,先进球者为胜,比赛立即结束。若决胜局双方依旧平局,以踢点球方式决胜负。

(六) 越位

1. 处于越位位置的条件

① 在对方半场内。

② 球更接近于对方球门线。

③ 在该队员与对方球门线之间,对方队员不足两人。

上述三个条件中,若缺少任何一条,队员均不属处于越位位置。

2. 判断

判断是否处于越位位置的时间是同队队员踢或触球的一瞬间,而不是该队员得球的一瞬间。

3. 越位犯规

处于越位位置的队员,在同队队员踢或触及球的一瞬间,裁判员认为其有下列情况时才被视为越位犯规。

① 干扰比赛。

② 干扰对方。

③ 用越位位置获得利益。

位置是前提,触球瞬间是判断的时机,行为和效果是构成越位犯规的依据。

(七) 任意球

1. 直接任意球

直接任意球是指可以直接射入对方球门得分的球(直接射入本方球门,不算进球,应由对方踢角球)。足球比赛对抗性强,又允许身体接触与碰撞,裁判员要准确掌握规则。如果队员违反下列十条中的任何一条,将判给对方踢直接任意球。

① 踢或企图踢对方队员。

② 绊摔或企图绊摔对方队员。

③ 跳向对方队员。

④ 冲撞对方队员。

⑤ 打或企图打对方队员。

⑥ 推对方队员。

⑦ 为了得到球控制权而抢截对方队员时,在触球前先触及对方队员。

⑧ 拉扯对方队员。

⑨ 向对方队员吐口水。

⑩ 故意手球(不包括守门员在本方罚球区)。

2. 间接任意球

不能直接射门得分,必须经场上其他队员触及后进入球门内才算进一球(直接射入对方球门,由对方踢球门球)。如果守门员在本方罚球区违反下列五种犯规中的任何一种,都将判对方踢间接任意球。

① 当控制球时,在发出球之前持球超过6s。

② 在发出球之后未经其他队员触及,再次用手触球。

③ 用手触及同队队员故意踢给的球。

④ 用手触及同队队员直接掷入的界外球。

⑤ 裁判员认为,队员有下列任何一种具有危险性的动作:阻挡对方队员;阻挡对方守

门员从其手中发球。

另外,如果队员在比赛中被判开球、球门球、角球、界外球、任意球、越位犯规,也将在犯规地点以间接任意球恢复比赛。罚任意球时除守方在本方球门线上外,对方队员必须至少距球 9.15m(主罚队不要求对方退 9.15m 时,裁判员可不必维持要求)。球一经踢动,即恢复比赛。

(八)界外球

比赛进行中,当球的整体从地面或空中越过边线时即为球出界。此后,应由出界前最后触球队员的对方队员在球出界外边线外 1m 范围内,站立将球掷向场内任何方向。球一进场,比赛即为开始。

(九)球门球

队员将球的整体从空中或地面踢出对方球门线(不属于进球得分)时,由对方在球门区内任何一点踢球门球。踢球门球时,对方队员退出罚球区。

(十)角球

比赛中,队员将球的整体由地面或空中踢出本方球门线(不属于进球得分)时,由对方在出界一边的角球弧内踢角球。角球可以直接射入对方球门得分。

【任务实施】

① 策划并组织足球比赛。
② 制订足球赛活动方案。
比赛方式:7 人制足球,各队抽签分组,淘汰制。
比赛时间:根据具体情况安排。
比赛计分:标准计分,以裁判判罚为主。
比赛规则:标准 7 人制赛事规则,具体判罚以裁判为主。
比赛场地:本校足球场。
裁判构成:客观选 5 名裁判。
③ 开始比赛。

注意:队服、器材由学校提供,负责的学生裁判不得判罚与自班有关的比赛;如遇下雨,比赛将顺期延缓,具体安排将以广播的形式通知;不得做出铲球及其他危险动作,不得有任何不文明的举动,不得顶撞裁判,情节严重者,将被替换下场。赛后,可填写如表 2-4-15 所示的比赛评估表。

表 2-4-15 比赛评估表

个人评估	
小组评估	
教师评估	

项目五 篮球

【案例引入】

篮球是公共体育教学部为全校学生开设的一门选项课程。

教学整体按照基础理论→基本技术→基本战术→组织裁判的顺序进行教学。这样做，既符合篮球运动的特点和基本教学常规，又符合运动技能从简单到复杂的培养过程，更重要的是有利于学生理解和掌握篮球运动的规律，自觉地形成篮球运动技能。

学习任务一 认识篮球

【任务导入】

① 掌握篮球的基础理论、基本技术和运动技能。

② 培养学生的思维能力、学生语言的表达能力、学生的组织教学能力，培养学生组织竞赛与裁判能力、自我锻炼能力、自我评价能力、体育鉴赏能力等。

③ 培养学生终身体育意识，为终身体育打下良好的基础。

【知识准备】

1. 篮球运动的起源与发展

篮球运动是由美国马萨诸塞州斯普林菲尔德市（春田市）基督教青年会干部训练学校、在加拿大出生的体育教师詹姆斯·奈史密斯于1891年冬发明的。他受启发于当地儿童摘桃扔入桃筐的活动，在此基础上，组织成一种在一定地面范围的场地两端设置两个竹制桃筐，展开投篮游戏。由于美国马萨诸塞州冬季较为寒冷，难以在室外开展受学生喜爱的体育活动，于是奈史密斯便将这一最初在室外试行的篮球游戏移至室内，并将摆置在地面上的类似于桃筐的筐子，悬挂在室内两侧离地面高约 10ft（合 3.05m，这便成为现用篮圈高度的来源）的墙壁上，将球向篮筐中投掷，展开攻守对抗的游戏。投球入篮得分，得分多少决定胜负。这个游戏的开始使用桃篮和球，故取名为"篮球"。

1892年，为限制粗暴抢球的犯规动作，制订了13条简单的规则。1894年，增加条款，限制了每队上场人数为15人，投球中篮为一分，将经常发生的推、拉、撞、绊、打等现象判为犯规，犯规三次算负一分。1910年，将参赛人数改为9人，后来又减为7人，并规定不许持球跑。1920年以后改为每队出场5人。

　　1932年，阿根廷、希腊、意大利等八国篮球协会的代表在瑞士日内瓦召开了第一次国际篮球会议，成立了国际业余篮球联合会。1936年，国际奥委会决定将男子篮球正式列为奥运会比赛项目；1976年，女子篮球被列为奥运会比赛项目。1948年，国际业余篮球联合会决定四年举办一届世界男篮锦标赛（1950年开始）；1952年，又决定四年举办一届世界女篮锦标赛（1953年开始）。各大洲也先后成立了业余篮球联合会，开展各种性质的比赛活动。

　　近代篮球运动是在1896年前后传入我国的，先在天津、北京、上海、广州等地的基督教青年会学校中传开，后来逐渐扩大到支教会学校和一般学校。

2. 篮球运动的特点

　　篮球运动是将球投入对方球篮，以得分多少决定胜负的集体球类运动项目。它集跑、跳、投等运动于一身，具有较强的集体性、竞争性、对抗性；能促进人体的速度、灵敏度、力量、耐力、柔韧等身体素质的发展，能提高内脏器官、感觉器官和神经中枢的功能，能培养勇敢、机智、集体主义和组织纪律性等品质。它不受年龄、性别的限制，受场地因素影响较小，因此具有广泛性，深受广大群众的喜爱。

　　（1）参与范围广泛

　　根据篮球运动的特点，无论男女老少，都可以参加，打球的时间可长可短，打球的球场可大可小，有条件的可到标准球场打球。

　　（2）提高生命活力

　　篮球活动涵盖了跑、跳、投等多种身体运动形式，因此，它能全面、有效、综合地促进身体素质和人的生命力，为人的一切活动打下坚实的身体（物质）基础，从而提高生活的质量。

　　（3）满足多种需求

　　与其他运动项目相比，篮球活动的形式多样，具有更强的参与性、趣味性、应变性、娱乐性和竞技性等，能满足不同人群的多种需要。篮球活动的形式可因人而异，运动量可随意调解，因此适宜于各类人群的广泛参与。各类不同的参与者都能在活动场上找到展示自己的方式，满足自己的不同层次的需求。

3. 篮球运动的锻炼价值

　　篮球运动是以投篮为中心的、对抗性的竞赛活动，是人体全面发展的球类运动之一。它能使人享受到身体运动带来的乐趣，有助于身心健康，体验竞技运动所特有的魅力。篮球运动不仅能强体健身，还可以促使人的个性、潜能和创造力得到充分发展。在现代社会，篮球运动在娱乐休闲、社会交往以及商业经济方面的作用日益明显，对社会的发展与进步也有着积极意义。

4. 大学生篮球运动简介

　　CUBA是中国大学生篮球协会（Chinese University Basketball Association）的简称，它成立于1990年7月，前身是中国大学生篮球联合会。由于CUBA主办大学生篮球联赛，所以人们又习惯把CUBA称作是中国大学生篮球联赛的简称。

　　在我国教育界和体育界积极推动改革的同时，在政策的倡导与形势的驱使以及在美国大学生联赛（NCAA）和美国职业篮球联赛（NBA）人才培养模式的启示下，中国大学生体育协会篮球分会与恒华（国际）集团有限公司于 1997 年 11 月 28 日，联合推出了 CUBA 中国大学生篮球联赛。1998 年夏季，CUBA 推出第 1 届比赛，以后每年举行一届比赛，延续至今。

学习任务二　篮球基本技术及练习方法

【任务导入】

了解篮球基本技术以及篮球技术的分类。

【知识准备】

篮球技术是篮球比赛中为了一定目的的专门动作方法的总称，也是篮球运动进攻和防守动作体系的总和，它们是篮球比赛的基础。

篮球技术动作分类图如图 2-5-1 所示。

1. 移动

移动是篮球比赛中队员为了改变位置、方向、速度和争取高度等所采用的各种脚步动作方法的通称。移动的动作要领：移动的动作结构主要由以踝、膝、髋关节为轴

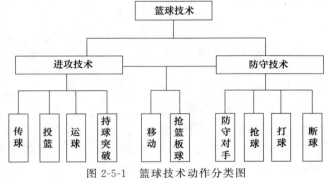

图 2-5-1　篮球技术动作分类图

的多个运动动作合理组成。移动有以下两个主要环节。

① 准备姿势。队员在场上需要有一个既稳定又机动的准备姿势，用来保持身体平衡和较大的应变性，以利迅速、协调地进行移动，去完成各种行动。

② 身体协调用力。脚步动作是通过脚前掌的蹬地、碾地或脚跟先着地的制动抵地等动作使力作用于地面来实现的。

2. 传球

传球是篮球比赛中进攻队员之间有目的转移球的方法，是进攻队员在场上相互联系和组织进攻的纽带，是实现战术配合的具体手段。传球技术的好坏，直接影响战术质量和比赛的胜负。准确巧妙的传球，能够打乱对方的防守部署，创造更多、更好的投篮机会。

（1）持球手法

持球手法分单手持球方法和双手持球方法两种。

① 双手持球方法：两手手指自然分开，拇指相对成"八"字形，用指根以上部位握球的两侧后下方，手心空出，两臂屈肘，肘关节下垂，置球于胸前。

② 单手持球方法：手指自然分开，用手掌外沿和指根以上部位托球，手心空出。

③ 传球动作方法：传球动作是由下肢蹬地，全身协调用力，最后通过伸臂、屈腕和手指拨球的力量将球传出。

（2）接球

接球是篮球运动中的主要技术之一，是获得球的动作，是抢篮板球和断球的基础，在激

烈对抗的比赛中,能否采用正确的动作牢稳地接球,对减少传球失误,弥补传球不足以及截获对方的球等都是非常重要的。

接球有双手接球和单手接球两种,不论是哪种,接球时眼睛要注视球,肩、臂都要放松,手臂要迎球伸出,手指自然分开。当手指触球时,屈肘,臂后引,缓冲来球的力量,两手握球,保持身体平衡,以便做下一个动作。

(3) 传、接球的练习方法

① 原地传、接球练习：原地两人对面传接球练习,如图 2-5-2（a）所示,两人一组,对面站立,相距 3~7m,做各种传、接球练习。

图 2-5-2　传、接球练习示意图

要求：传递球速度要由慢到快,距离要由近到远,球飞行路线要有直线、弧线和折线的变化。单手传、接球时,左、右手要交替练习。

② 原地接不同方向的球和向不同方向传球的练习,如图 2-5-2（b）所示,A、B 各持一球,A 先传给 D,D 接球后迅速传给 C,C 再传给 A,当 D 刚把球传给 C 时,B 立即传球给 D,D 传给 F,F 再传给 B。如此反复练习,传、接球一定时间或次数后,队员转换位置。

要求：用眼睛的余光观察传、接球者的情况,传球动作由慢到快。

(4) 易犯错误及纠正方法

常见易犯错误有以下几种。

① 双手胸前传接球时,全手掌触球,手心没有空出,两拇指距离过大或过小,持球动作不正确。

② 双手胸前传接球时两肘外展过大,两臂用力不一,形成挤球,出手后两手上下交叉。

③ 单手肩上传接球时,没有摆臂、拨指、抖腕动作。

④ 双手胸前传接球时,两手指朝前,两手没有形成半圆,伸臂迎球时臂、腕、指紧张,引球动作不及时。

⑤ 接地滚球时伸腿跨步不及时,重心过高。

可使用的纠正方法有以下几种。

① 两人一组面对站立,一人握球,一人做双手胸前传球的正确模仿练习。

② 两人一组,一人对墙传球,另一人纠正动作。

③ 重复讲解双手接球的动作要点。

④ 多做自抛自接的练习,养成张手伸臂迎球和及时屈肘引臂的习惯。

3. 投篮

投篮是进攻队员为将球从篮圈上投入篮筐而采用的各种专门动作方法的总称。

投篮是篮球运动的主要进攻技术,是得分的唯一手段。一切技术、战术运用的目的,都是为了创造更多更好的投篮机会,为争投中得分。投篮得分的多少是决定比赛胜负的关键,为此,掌握和运用好投篮技术,不断地提高投篮命中率,具有十分重要的意义。

(1) 投篮技术的分类

投篮技术的分类示意图如图 2-5-3 所示。

① 双手胸前投篮：是双手投篮中最基本的动作方法,它的优点是投篮的力量大,距离远,而且便于和传球、运球突破相结合。缺点是投篮时持球和出手点较低,防守容易干扰。

比赛中女运动员运用较多。

动作方法：双手持球于胸前，肘关节自然下垂，两脚前后左右开立，两膝微屈，重心落在两脚上，眼睛注视瞄准点。投篮时，下肢蹬地发力，两臂内旋拇指下压，手腕前屈，食、中指用力拨球，通过指端将球投出。球出手时身体随投篮出手方向自然伸展，脚跟微提起。

② 双手头上投篮：这种投篮方法持球部位高，防守队员不易干扰，便于与头上传球相结合。由于置球点高，不便于与运球突破结合。

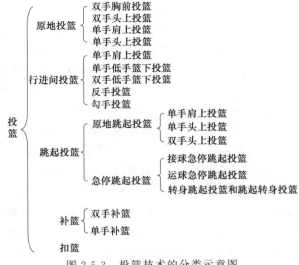

图 2-5-3　投篮技术的分类示意图

动作方法：双手持球于头上，肘关节自然弯曲，两腿前后或左右开立，两膝微屈，重心落在两腿之间。投篮时，下肢蹬地发力，两臂向前上方伸直，前臂内旋，拇指下压，手腕前屈，食、中指用力拨球；通过指端将球投出。球出手时身体随着投篮方向自然伸展，两脚跟微提起。

③ 单手肩上投篮：是比赛中运用比较广泛的一种投篮方法，是行进间单手投篮、跳起单手肩上投篮的基础。它具有出手点高、便于结合其他技术动作、能在不同距离和位置上运用的特点。

动作方法：以右手投篮为例。右手持球于肩上，左手扶球的左侧，右臂屈肘，前臂与地面接近垂直。两脚左右开立或前后开立，两膝微屈，重心落在两脚上。投篮时，下肢蹬地发力，右臂向前上方伸直，手腕前屈，食、中指用力拨球通过指端将球投出。球出手时，身体随投篮方向向上伸展，脚跟微提起。

④ 单手头上投篮：这种方法由于持球部位高，对方不易防守。一般在近距离和罚球时运用较多。

动作方法：基本上与单手肩上投篮相同，只是持球部位在头上，球出手时，用手指和手腕的力量较多。

（2）练习方法

① 原地投篮练习，目的是掌握投篮手法、瞄准点、球的飞行弧线，提高动作的连贯性与协调性。

正面投篮：队员每人一球在罚球线上排成单行，自投自抢，依次反复进行。

② 各种距离、角度的投篮。队员面对球篮，每人一球，离篮 5~7m 左右站成一个弧形，开始时，篮下有一人传球，投中都继续投直到投不中为止。队员轮流投进后，按顺时针方向移动位置。

③ 三分篮加罚球。一组两人一球，三分线前后站好。开始时前面队员投三分篮后迅速冲抢篮板球并跑到罚球线上罚球一次，罚球后，抢篮板球，传给另一人如前做，然后回到其后面。练习一定时间后，比谁得分多。

4. 运球

运球是持球队员在原地或移动中，用手连续拍按由地面反弹起来的球的动作。运球是篮球比赛中个人进攻的重要技术，它不仅是个人摆脱防守进攻的有效手段，还是而后组织全队进攻战术配合的重要桥梁。

(1) 运球技术动作方法

运球技术动作方法较多，分类方法也不尽相同，现将常用技术动作归纳如图 2-5-4 所示。

运球 { 高运球 / 低运球 / 运球急停疾起 / 体前变向换手运球 / 背后运球 / 运球转身 / 胯下运球

图 2-5-4 运球技术方法归纳图

① 高运球：运球时，两腿微屈，目平视，手用力向前下方推按球，球的落点在身体侧前方，使球反弹的高度在胸腹之间，手脚协调配合，使球有节奏地向前运行。这种运球，身体重心高，速度快，便于观察场上情况。

② 低运球：当受到对方紧逼时，常用这种运球摆脱防守。运球遇到防守时，两腿应迅速弯屈，重心下降，上体前倾，用上体和腿保护球。同时，用手短促地拍按球，使球从地面向上反弹的高度在膝部以下，以便更好地控制球和摆脱防守，继续前进。

③ 运球急停疾起：在对方防守较紧的情况下，运球向前推进时，可利用急停疾起的变化来摆脱对方。在快速运球中，突然急停时，手拍按球的前上方。运球疾起时，要迅速起动，拍按球的后上方，要注重用身体和腿保护球。在运球急停疾起时，要停得稳，起动快。人和球的速度要一致，手、脚和上体要协调配合，这样才能有效地达到摆脱防守的目的。

还有一种类似急停疾起的变速运球摆脱紧逼防守的方法，它是在进行间高运球中，当接近防守时，立即改为低运球，减慢运球速度，然后再改为高运球，加速前进，以摆脱防守。

(2) 练习方法

① 原地高运球和低运球，体会基本动作。

② 左、右手交替做横运球，体会换手时拍按球的部位和拉球、推球的动作。

③ 做体侧前拉后推运球，体会向前、向后运球的触球部位。

④ 原地双手运两个球，提高控制球能力。

⑤ 原地"8"字运球，即在两腿的外侧和中间交错运球，提高控制球能力。

⑥ 行进间直线运球：底线站成纵路，每组一个球，鸣笛后，各组第一人运球至端线，返回时换手运球，然后交给下一个队员，轮流进行练习。运球时的手部动作和脚步动作要协调配合，球的落点和用力大小要适当。

⑦ 换手变向运球：队员围绕三个圆圈练习变向运球。运至两圆圈之间时换手，在圆圈的外侧运球时必须用外侧手。

⑧ 不换手变向运球：将障碍物纵向放置在场地中央，运球到障碍物时做横运球，随后做变向运球超越障碍物。变向运球时注意拍按球的部位，要降低重心，保护好球。摆脱障碍物时，变向超越的动作要快，要加速。

(3) 易犯错误及纠正方法

常见易犯错误有以下几种。

① 运球时低头，不能观察场上情况。

② 运球时掌心触球或单靠手指拨球。

③ 手、脚、身体配合不协调。

④ 运球时用手打球，不是用手腕、手指接拍运球，球停留在手上的时间过长。

可使用的纠正方法有以下几种。

① 看教师手势运球，反复模仿正确技术。

② 进行运球的熟悉性练习。

③ 听信号做各种形式的运球。
④ 设置障碍架进行变向运球练习。

5. 持球突破

持球突破是持球队员运用脚步动作和运球技术快速超越对手的一项进攻性很强的技术。

掌握良好的突破技术和突破时机，既能直接切入篮下得分，又能打乱对方的防守部署，创造更多的攻击机会，增加对手的犯规，从而获得更多罚球次数给对方造成很大的威胁。突破与中投、分球结合运用，进攻就更加机动灵活，效果更显著。

（1）在无防守的情况下持球突破动作练习方法

① 原地持球突破练习，掌握交叉步突破和顺步突破的动作方法。

② 原地持球用前转身和后转身突破动作练习。

③ 原地持球转身后与交叉步和顺步突破结合运用练习。一般情况下，前转身多与交叉步结合，后转身多与顺步结合。

④ 向前侧方抛球，然后跳步接球急停突破练习。

⑤ 熟练掌握突破技术后，结合突破前运用假动作的练习，提高运用动作的变化和动作的转换速度。

（2）在有防守的情况下持球突破练习

以下练习与运用假动作结合进行。

练习一：如图 2-5-5（a）所示，两人一组，一攻一守，A 持球突破 D 后，两人均做后转身，A 继续做突破 D 的练习。完成规定的次数后，攻防相互交换练习。B 和 C 按 A 组的方法进行。

练习二：如图 2-5-5（b）所示，突破与加速运球结合练习，三个人一组，A 持球突破 B 后，加速运球至 C 身前，A 把球传给 C 后，接着防守 C 的突破。C 持球突破后，运球至 B 身前，把球传给 B 后，并防守 B 的突破。

练习三：如图 2-5-5（c）所示，突破与加速运球投篮结合练习，练习时，固定防守者 E，连续防守若干次后交换，A 突破投篮后，自己立即抢篮板球，然后排在 D 的后面，依次进行。

练习四：如图 2-5-5（d）所示，突破与传球结合练习，F 为固定防守者，A 突破 F 后，遇到 G 时，A 立即把球传给 E 投篮。E 投篮后，立即前去抢篮板球，然后排在 D 的后面 G 到 E 的位置，A 到 G 的位置进行防守。依次进行。

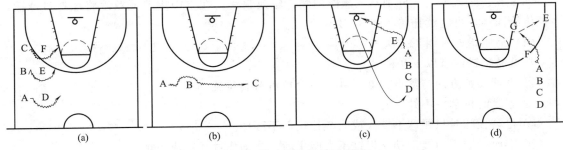

图 2-5-5　持球突破练习示意图

（3）易犯错误及纠正方法

常见易犯错误有以下几种。

① 交叉步持球突破时，由于跨步脚尖方向不对，造成转体过大。

② 突破时侧身，探肩不够，身体重心高，后蹬无力，加速不快。

③ 运球突破时球的落点靠后，没有放在脚的侧前方。

④ 中枢脚离地过早或中枢脚不以前脚掌作轴，突破瞬间造成走步违例。

可使用的纠正方法有以下几种。

① 反复观看示范正确动作，理解动作关键，明确中枢脚概念，剖析造成原因，建立正确动作的表象。

② 先多做徒手模仿练习，体会正确的要领，再在慢速中做持球突破练习，逐步提高突破速度。

③ 借助障碍架（或有人用两手侧平举站立代替）进行练习。并重视转身，探肩和降低重心，着重加快蹬地力量。

6. 抢篮板球

比赛中双方队员争抢投篮未中，从篮板或篮圈反弹出的球，统称为抢篮板球。进攻队争抢本队投篮未中的球称为抢进攻篮板球，防守队争抢对方未投中的球称为抢防守篮板球。

（1）抢进攻篮板球

当本方队员投篮时，既要及时判断球的反弹方向，又要运用快速的移动步法，配合身体动作，摆脱对手，冲抢篮板球或补篮。

（2）抢防守篮板球

防守队员首先应明确对方抢到篮板球会给本方构成极大的威胁，所以必须增强拼抢防守篮板球意识。防守队员一定要充分利用自己靠近篮圈的有利条件，养成"先挡人再抢球"的习惯。一旦抢到篮板球，要迅速反击。

（3）练习方法

起跳和空中抢球练习：此练习强调抢篮板球的起跳准备姿势、踏跳、空中抢球及落地的动作要领。注意要求掌握好起跳时间，在空中保持好身体平衡，身体充分伸展，跳到最高点时用单、双手抢球和整个动作的协调性。

练习一：原地连续双脚起跳，单或双手触篮板球或篮圈 10～20 次。

练习二：前后转身跨步连续起跳，单或双手触篮板或空中标记 10～20 次。

练习三：自抛自抢，跳到最高点时用单或双手抢球 15～30 次。

练习四：两人一组，一人向篮板或篮圈抛球，另一队员开始面向持球人，然后转身跨步（上步）起跳用单或双手抢球，数次后交换练习。

练习五：两人一组，分别站在篮圈两侧，轮换起跳，在空中用单或双手将球托过球篮，碰板传给同伴，可连续托传 15～30 次。

（4）易犯错误及纠正方法

常见易犯错误有以下几种。

① 对球反弹方向与落点判断不准，不会抢占有利位置。

② 起跳时机掌握不好。

③ 抢篮板球时只顾球不挡人或只顾抢位而不顾球。

④ 空向抢球不伸展，动作迟钝不大胆果断，或动作过猛造成犯规。

⑤ 抢到球后保护意识差，易被人打掉或抢走。

可使用的纠正方法有以下几种。

① 可做投篮后向球的方向快速移动到位接球的练习，提高学生的预判能力和快速移动的能力。还可以改变形式采用二人练习一攻一守，做抢位和选位练习。

② 多做自抛自抢的空中练习，体会起跳时机，提高判断的准确性。练习时教练可用语言提示来帮助学生体会动作。

③ 理解挡人抢位与抢球是相辅相成的，缺一不可。

④ 理解正面技术的重要性。积极抢位抢球。同时加强良好的心理素质的培养。

⑤ 理解保护好球的重要性和抢篮板球的最终目的。可采用奖惩游戏来提高警惕性，也可增加一些保护球技术和能力的训练。

学习任务三　篮球基本战术

【任务导入】

了解篮球运动中的基本战术，并熟知基本战术的作用。

【知识准备】

1. 传切配合

传切配合是指进攻队员之间利用传球和切入技术组成的简单配合，它包括一传一切和空切配合。

（1）传切配合的方法

① 一传一切配合［如图 2-5-6（a）所示］，A_1 传给 A_2 后，立刻摆脱对手 B_1 向篮下切入，接同伴 A_2 的回传球投篮。

② 空切配合［如图 2-5-6（b）所示］，A_1 传球给 A_2 时，A_3 乘其对手不备之机突然横切或从底线切向篮下接 A_2 的传球投篮。

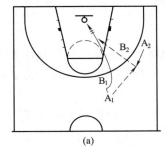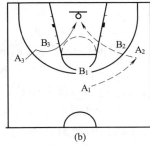

图 2-5-6　传切配合示意图

（2）实际运用提示

① 切入队员首先要掌握好切入时机，根据对方的防守情况利用假动作摆脱，及时快速切入篮下，并随时准备接球。

② 传球队员要利用假动作吸引、牵制对手，并采用合理的传球方法及时准确地将球传出。

2. 掩护配合

掩护配合是掩护队员采用合理的行为，以自己身体挡住同伴的防守者的移动路线，使同伴借以摆脱防守的一种配合方法。

掩护配合有多种形式和方法。根据掩护者掩护时站位的不同有前掩护、侧掩护和后掩护的三种形式。根据掩护者的移动路线方法和变化，有反掩护、假掩护、运球掩护、定位掩护、行进间掩护和连续掩护等。从组成掩护配合的行为来看，一是掩护者主动去给同伴做掩护，用身体挡住被掩护者的移动路线，使同伴借以摆脱防守。二是摆脱者主动利用同伴的身体和位置把对手挡住，使自己摆脱防守。因此，掩护配合能否成功，关键是在一瞬间创造出的位置差和时间差，争取空间与地面的优势而达到攻击的目的。

（1）掩护配合的方法

① 侧掩护配合就是给无球队员做侧掩护（反掩护），如图 2-5-7（a）所示，A_1 传给 A_2 后，即向相反方向跑动给 A_3 做侧掩护，当 A_1 跑到 A_2 侧掩护到位时，A_3 摆脱防守切入篮下接 A_2 的传球投篮。

② 后掩护配合就是前锋为后卫做侧掩护，如图 2-5-7（b）所示，A_1 传球给 A_3 时，A_2

跑到 B_1 身后给 A_1 做后掩护，A_1 传球后做向左切入假动作吸引 B_1 的防守，当 A_2 掩护到位时突然向左侧切入篮下接 B_3 的传球投篮。

③ 前掩护配合就是掩护者跑到同伴防守者的身前，用身体挡住防守者向前移动的路线，使同伴借机摆脱防守接球进行攻击的一种掩护方法，如图 2-5-7（c）所示，A_3 跑到 B_2 的前面给 A_2 做前掩护，A_2 利用掩护拉出，接 A_1 传来的球投篮或做其他攻击动作。

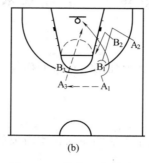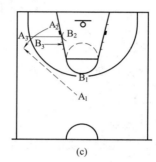

图 2-5-7 掩护配合示意图

（2）实际运用提示

① 掩护要符合规则的规定，不能用推拉顶撞等不合规的动作去阻挡对方的防守行为。

② 如果掩护建立在静立对手的视野之外，掩护队员必须允许对手向他迈出正常的一步，而自己不主动发生接触。

③ 掩护队员的动作要突然，被掩护的队员要用假动作吸引自己的防守队员，不让对方发现同伴的掩护意图。

④ 掩护时同伴之间的配合时机非常重要，过早或过迟行为都会使掩护失败。掩护配合时队员配合要默契，注意动作果断，并根据临场变化，争取第二次机会。

3. 快攻战术

（1）快攻的定义

快攻是从获得球权开始，以最快的速度，在最短的时间内超越对手，争取在人数上造成以多打少的优势或在人数相等，对方立足未稳，没有形成严密的防守阵势之前，抓住战机，果断而合理地进行攻击的一种战术组织形式。

（2）快攻的作用

快攻是篮球进攻系统一个重要战术，是最锐利的武器。

快攻成功对对方是一次沉重的打击。连连快攻反击成功，往往使对方陷入困难境地。快攻得分多也是一个队综合实力强的体现，因为有球权才可能发动快攻。快攻的球权来自后场篮板球、抢断球、跳球和掷端线界外球四个方面。

（3）快攻发动的时机

① 抢到后场篮板球时。

② 抢断球后。

③ 跳球后获球时。

④ 掷后场界外球时。

（4）快攻的战术形式和结构

快攻战术的形式有长传快攻、短传快攻和短传结合运球推进三种形式。

① 长传快攻。长传快攻是队员在后场获球后，用一次或二次传球，把球传给偷袭快攻

的同伴进行攻击的一种方法。长传快攻可以达到出其不意，攻其不备的效果。

长传快攻一般有以下几种情况：一种是抢到篮板球的队员直接长传给偷袭快攻的同伴投篮；另一种是抢到篮板球的队员迅速传给接一传队员，由接一传队员长传给偷袭快攻的同伴投篮；还有一种情况是抢断球后直接长传给快攻队员；最后一种是在掷后场界外球（包括端线界外球）时直接传给偷袭快攻的队员。不管何种情况的长传快攻，一般都采用单手肩上传球的方式。此种方式传球力量大，传得远。

② 短传快攻。短传快攻是指获得球后，以短传球的方法推进球，然后投篮。短传快攻的特点是推进速度快，也能达到出其不意的攻击效果。短传快攻一般多是两人传球推进并上篮。有时也有三人从三线传球推进上篮的。

③ 短传结合运球推进的快攻。短传结合运球推进的快攻是队员在后场获球后，利用快速的短传、运球相结合，迅速向对方篮下推进，创造有利的投篮机会。这种快攻的特点是比较灵活多变，较容易创造快攻的战机。

（5）快攻与防快攻的练习方法

掷端线界外球的快攻练习，两人一组一球。练习时，两人落在限制区附近。一人将球传给在篮下担任固定投篮的教练或队员。当对方投中篮后，一队员快速拿球到端线掷界外球，另一队员沿边路线按同伴的长传球上篮或运上篮。

做此练习一方面可以提高掷端线界外球快攻反击的意识和长传技术，提高沿边路快下和接长传球上篮的技术；另一方面也可提高快攻反击配合的默契。做此练习时要求发球快，沿边路快下快；长传准确到位，接球队员要迎上接球，投中篮。

4. 半场人盯人防守

（1）半场人盯人防守的特点

半场人盯人是由攻转守时放弃前场的防守，全队迅速退到中场，然后在中场找到自己应防守的对手后，运用领防的方法跟随对手移动到所打位置上进行防守，并根据全队防守策略和防守战术，组成集体协防的战术方法。

① 防守队员在后场，一人盯防一名进攻队员。在防守自己对手的同时，帮助同伴防守。

② 一人防守一个人，分工明确，容易理解，便于掌握。

③ 可按技术差异、身高差异、队员的个人特点，有针对性地选择防守对手，有效制约对方。

④ 针对进攻队员的具体情况和特点，可机动灵活地改变防守区域。

（2）运用半场人盯人防守战术的基本要求

① 贯彻"以球为主，人球兼顾"的防守原则。防守时，对有球者紧逼，进球区紧防、远球区协防。

② 重点防守主攻方向和攻击点。时刻观察对方的意图，控制对方的移动方向，尽快掌握对方进攻技术的打法和进攻特点。

③ 每名队员首先应盯住自己的对手，对持球队员做到防投篮、防传球、防运球、防突破。对无球队员做到"二抢一卡一协防"。要尽快了解掌握对手进攻的特点和弱点，予以制约。

④ 当进攻队员运用各种配合时，防守队员要有良好的默契，互相呼应，互相补防。

⑤ 严密控制腹地和威胁较大的地区，决不允许对方轻易进入或通过限制区。

⑥ 积极拼抢篮板球，首先要挡人，建立每投必挡，每投必抢的意识。

（3）半场人盯人防守的分类

半场人盯人防守可分为半场缩小人盯人防守和半场扩大人盯人防守战术两种。

学习任务四　篮球比赛组织、编排及规则

【任务导入】

了解篮球比赛的组织与编排、篮球竞赛的规则。

【知识准备】

一、篮球竞赛的组织与编排

1. 定义

每场篮球比赛由两个队参加，每队出场 5 名队员。目的是使球进入对方球篮得分，并阻止对方获得球或得分。可将球向任何方向传、投、拍、滚或运，但要受一定规则的限制。

2. 球场尺寸

① 球场是一个长方形的坚实平面，无障碍物。

② 对于国际篮联主要的正式比赛，球场尺寸为：长 28m，宽 15m，球场的丈量是从界线的内沿量起。

③ 对于所有其他比赛，国际篮联的适当部门，如地区委员会对地区或洲的比赛或国家联合会对所有国内的比赛，有权批准符合下列尺寸范围内的现有球场：长度减少 2m，宽度减少 1m，只要其变动互相成比例。

④ 天花板或最低障碍物的高度至少 7m。

⑤ 球场照明要均匀，光度要充足。灯光设备的安置不得妨碍队员的视觉。

⑥ 所有新建球场的尺寸，要与国际篮联的主要正式比赛所规定的要求一致：长 28m，宽 15m。所有的线应用白色画出。

3. 得分相等和决胜期

① 比赛应由 4 节组成，每节 10min。如果第四节终了时得分相等，要延长 5min 作为决胜期继续比赛，必要时要延长几个这样的 5min，直到分出胜负为止。

② 每次增加的决胜期开始时，不要交换球篮。

③ 每次决胜期前允许有 2min 的休息时间。

4. 比赛的胜负

在比赛时间内得分多的一队为胜队。

5. 比赛的开始

① 如果某队在场上准备比赛的队员不满 5 名，比赛不能开始。

② 比赛要在中圈内跳球开始。

③ 当主裁判员持球步入中圈执行跳球时，比赛正式开始。

④ 每一节比赛开始要按上述第二款和第三款的程序进行。

⑤ 所有比赛的下半时，双方队要交换球篮。

二、篮球规则

1. 跳球

① 裁判员在双方各一名队员之间将球抛起，跳球即开始。

② 球只有被一名或双方跳球队员用手拍击，跳球才合法。

2. 如何打篮球

① 篮球是用手来打球的运动项目。带球跑、踢球或用拳击球是违例的。

② 踢球就是用膝、膝以下腿的任何部位或脚去击球或拦阻球。只有故意地做这种动作时才是违例。

3. 控制球

（1）队员控制球

① 队员拿着或运着一个活球。

② 在掷界外球的情况下，当掷界外球队员可处理球时也属于队员控制球。

（2）球队控制球

① 该队的队员控制球。

② 球在同队队员之间传递。

4. 掷界外球

① 投中或最后一次罚球成功后，失分队的任一队员有权在中篮处的端线或端线后任何一点掷界外球。

② 在暂停或每次停止比赛后，裁判员将球递交给队员或置于他可处理的范围之后，该款也适用。

5. 替换

① 替补队员进场前要向记录员报告，并且必须立即做好比赛的准备。

② 替补队员要在场外等候，直到裁判员招手示意他进场。

③ 一旦出现下列机会，记录员就要发出信号通知替换要求。

ⅰ.球成死球。

ⅱ.停止比赛计时钟。

ⅲ.当裁判员正在向记录台报告一起犯规，在他报告完毕时，记录员必须在球再次进入比赛状态前向裁判员发出信号。

6. 违例

① 违例是违反规则。

② 惩罚则是发生违例的队失去球。

③ 将球判给对方队，在最靠近发生违例的地点掷界外球，直接位于篮板后面的地方除外。

7. 队员出界和球出界

① 当队员身体的任何部分与界线上、界线上方、界线外的地面或除队员以外的任何物体接触时，即是队员出界。

② 当球触及以下任一点时，即为球出界。

ⅰ.界外的队员或任何其他人员。

ⅱ.界线上、界线上方或界线外的地面或人物体。

ⅲ.篮板的支柱或背面。

③ 球出界或球触及了除队员以外的其他物体出界，最后触球或被球触到的队员是使球出界的队员。

违反本条规则即为违例。

8. 运球规则

① 当已获得球的队员将球掷、拍或滚在地面上，并在球触及另一队员之前再接触球为运球开始。

② 队员用双手同时触球，或使球在一手或两手中停留的瞬间运球即完毕。

③ 队员的手不和球接触时，运球队员的步数不受限制。
④ 下列情况不属运球范畴。
ⅰ. 连续投篮。
ⅱ. 在运球开始或结束时，队员偶然地失掉球，然后恢复控制球（漏接）。
ⅲ. 与附近的其他队员抢球中挑拍以图控制球。
ⅳ. 拍击另一队员控制的球。
ⅴ. 拦截传球并获得该球。
ⅵ. 只要不出现带球走违例，球在触及地面前在手中抛接和停留。
⑤ 队员第一次运球结束后不得再次运球，除非因为下列情况，他失去了对球的控制。
ⅰ. 投篮。
ⅱ. 球被对方队员拍击。
ⅲ. 传球或漏接，然后球触及了另一队员或被另一队员接触。
⑥ 队员不得掷球打篮板，不得在球触及另一队员之前去触及球，除非裁判员认为是投篮则除外。
违反本条规则即为违例，但队员没有控制活球就没有这条规则的违例。

9. 带球走规则
（1）定义
① 当持活球的队员用同一脚向任何方向踏出一次或数次，另一脚（称为中枢脚）不离开与地面的接触点时出现了旋转。
② 带球走或持球行进（在场地内）是持球队员一脚或双脚向任何一方向移动超出了本条规则所述的限制。
（2）确定中枢脚
① 队员双脚着地接到球，可以用任一脚作中枢脚。一脚抬起的一刹那，另一脚就成为中枢脚。
② 队员在移动或运球中接到球，他可以按下列情况停步并确定中枢脚。
ⅰ. 双脚同时着地，则任一脚都可以是中枢脚。一脚抬起的一刹那，另一脚就成为中枢脚。
ⅱ. 两脚分先后着地，则先触地的脚是中枢脚。
ⅲ. 一脚着地，队员可以跳起那只脚并双脚同时着地，则哪只脚都不是中枢脚。
（3）持球移动
确定了中枢脚后，在传球或投篮中，中枢脚可以抬起，但在球离手前不可以落回地面。运球开始时，在球离手前中枢脚不可以抬起。
停步后，当哪只脚都不是中枢脚时，在传球或投篮中，一脚或双脚都可以抬起，但在球离手前不可以落回地面。运球开始时，在球离手前哪只脚都不可以抬起。
违反本条规则即为违例，但队员没有控制活球就没有这条规则的违例。

10. "3s" 规则
① 其队控制球时，该队队员在对方的限制区内停留不得超过持续的3s。
② 限制区的各线都属于限制区的一部分，队员触及任何一线都算位于限制区内。
③ "3s" 的限制不适用于以下几种情况。
ⅰ. 当投篮的球正在空中。
ⅱ. 抢篮板球时。
ⅲ. 死球时。

11. 被严密防守的队员
被严密防守（在正常的一步之内）的持球队员要在5s内传、投、滚或运球。

违反本条规则即为违例。

12. "8s" 规则

中线至底线由边线围成的场区构成了某队的前场。球场的另一部分，中线、本方球篮以及篮板的界内部分是该队的后场。

① 当一名队员在后场控制活球时，该队必须在 8s 内使球进入前场。

② 当球触及前场或触及有部分身体接触前场的队员时，球即进入前场。

违反本条规则即为违例。

13. 球回后场

① 位于前场的控制球队的队员不得使球回后场。

② 当控制球队的队员出现了下列情况，就认为球已进入后场。

ⅰ. 在球进入后场前最后触球。

ⅱ. 在球已触及后场或如果该队员触及后场后，他的同队队员首先触及球。

③ 该限制适用于在某队前场的所有情况，包括掷界外球。

14. 犯规

① 犯规是违反规则的行为，含有与对方队员的身体接触或违反体育道德的举止。

② 对犯规队员要进行登记，随后按规则的有关条款进行处罚。

15. 接触

① 从理论上讲，篮球运动是一项"没有接触"的竞赛活动。然而 10 名队员在有限的场地上高速度地移动，显然不可能完全避免身体接触。

② 如果确实为了抢球（正常的篮球动作）而发生身体接触，而此接触没有把被接触的对方置于不利，这样的接触则可当作意外情况不必给予处罚。

③ 从背后发生接触是不正当的篮球动作。通常后面的队员对此接触负责，因为就他与球来说，对方队员是处于不利的位置。

④ 在身体接触的问题上作出决断时必须遵照下列基本原则。

ⅰ. 用任何可能的方法去避免接触是每一个队员的责任。

ⅱ. 任何队员在占位时只要不发生身体接触，都有权在规则的限定范围内到达没有被对方队员占据的正常地面位置。

ⅲ. 如果发生了接触犯规，则由造成接触的队员负责。

16. 侵人犯规

侵人犯规是在活球、球进入比赛状态或死球时涉及与对方队员接触的犯规。队员不准通过伸展臂、肩、髋、膝、脚或弯曲身体成不正常姿势以阻挡、拉、推、撞、绊等动作来阻碍对方行进，也不准使用任何粗野动作。

（1）定义

① 阻挡：是指阻止对方队员行进的身体接触。

② 撞人：是指持球或不持球的队员推动或移动到对方队员躯干上的身体接触。

③ 从背后防守：是指防守队员从对方队员的背后与其发生的身体接触。即使防守队员正在试图去抢球，与对方队员发生身体接触也是不正当的。

④ 用手拦阻：是指防守队员在防守状态中用手接触对方队员，或是阻碍其行动或是帮助防守队员来防守对手的动作。

⑤ 拉人：是指干扰对方队员移动自由而发生的身体接触。能用身体的任何部位来造成这个（拉人）接触。

⑥ 非法用手：发生在队员试图用手抢球并接触了对方队员时，如果仅仅接触了对方队员持球的手，则被认为是附带的接触。

⑦ 推人：是指用身体的任何部位强行移动或试图移动已经或没有控制球的对方队员时发生的身体接触。

⑧ 非法掩护：试图非法拖延或阻止非控制球的对手到达希望到达的场上位置。

（2）惩罚规则

在所有情况下都要登记犯规队员一次侵人犯规。此外，如果对没有做投篮动作的队员犯规则由非犯规队在距发生犯规地点最近的界外掷界外球重新开始比赛。

如果对正在做投篮动作的队员犯规则有以下判罚规则。

① 如果投中篮，要计得分并判给一次罚球。

② 如果 2 分投篮没有成功，则判给两次罚球。如果 3 分投篮没有成功，则判给 3 次罚球。

学习任务五　三人制篮球竞赛方法简介

【任务导入】

三人制篮球比赛双方要遵守竞赛规则的规定，要运用娴熟的篮球技术、战术进行配合行动，轮流交替担任攻防角色，力争完成或阻止球攻入球篮，是一种既简单易行又激烈有趣的游戏或竞技运动。

【知识准备】

一、三人制篮球竞赛简介

（一）竞赛特点

1. 普及面广

三人制篮球赛参与人数可变性大，参赛者年龄没有限制，男女可以同时混合参赛。场地设备要求和比赛规则可根据实际情况自行制定，比赛强度也易于调节，所以也便于普及以及推广为大众健身娱乐手段。

2. 集体性强

三人制篮球比赛是一项集体项目，有时间限制，要分出胜负。要取胜就要高效地完成攻防任务。所以，必须减少本方每次进攻所用的时间，还要积极主动地破坏对方的进攻。这就需要运动员具有快速进攻的体力、合理应变的能力。

3. 技巧性高

三人制篮球运动要求运动员具有良好的球感，平衡而稳定的情绪，集中的注意力，较强的分配能力和坚定的奋斗精神、拼搏毅力以及较强的事业心。篮球运动对运动员智能特征的表现要求是很高的，它要求运动员观察记忆能力强，抽象思维能力好，球场上更需要他们独立、创造性地完成各种战术任务。

（二）常用的竞赛方法

由于三人制篮球参赛队伍多，比赛用时少，竞赛制度一般采用淘汰法，如果不全力拼搏，输掉一场就会在比赛的征途中止步。所以，比赛参赛队员都会全力拼搏，从而使比赛紧张激烈、精彩纷呈。

二、三人制篮球竞赛规则与裁判方法

三人制篮球竞赛规则与裁判方法和国际篮联制定的最新篮球规则与裁判方法是紧密相关

的。鉴于目前三人制篮球赛事开展的日益壮大，为了进一步规范该项运动，并使之朝着健康良好的方向发展，国际篮联在2008年出台了关于三人制篮球竞赛规则的草案，它与五人制绝大部分规则是相通的。因此，国际篮联正式篮球规则对三人制篮球规则中未明确提及的比赛规则均有效。公平竞争和体育道德精神是国际篮联和中国篮球协会三人制篮球规则的组成部分。三人制篮球比赛的规定如下。

1. 场地

国际篮联标准篮球场地的半场，即28m×15m的半场，从界线内沿丈量。

2. 球队

每队最多由5名球员（3名上场球员和2名替补球员）、一名领队组成。

3. 裁判人员

裁判人员由1名临场裁判员和3名记录台人员（1名记分员、1名计时员和1名"14s"钟计时员）组成。第二阶段比赛可采用2名临场裁判员。

4. 比赛开始

① 两队同时进行3min热身活动。

② 比赛在罚球线以跳球开始，主队（秩序册对阵双方在前的队）面向篮筐。跳球后，获得球权的队即可尝试投篮，不必将球带出至3分线外。在随后的所需跳球情况、下节比赛开始和决胜期比赛开始都将采用球权交替的规则。

5. 比赛时间和胜队

① 比赛分为3节，每节为5min。

② 在比赛规定的时间内，先得到33分或超过33分的球队，为比赛胜队。

③ 如果最后一节比赛结束比分为平分，将继续进行2min一次或多次的决胜期比赛，直至33分或超过33分的球队胜利。

④ 每节之间和决胜期比赛间均休息1min。

⑤ 最后一节和决胜期比赛的最后1min投中须停表。在场上任何位置的双方球员接触球后，计时钟启动。

⑥ 如果在比赛规则规定的开始3min后，某队不足3人球员，则视为该队弃权（0比33比分）。

6. 球员和球队犯规处罚

球员犯规达到4次须离开比赛场地。球队每节犯规次数累计到达3次时，该队即进入犯规罚球状态。

7. "14s"规定

进攻方须在14s内尝试投篮。一般情况下还可以根据赛制的规定（队数、年龄、场地等因素）来确定进攻时间。

8. 如何打球

（1）每次投中或最后一次罚中后的行为

① 非得分队一名球员在端线外掷界外球。球传至场内，球员触球后，即视为比赛开始。在2分区内的持球者须将球传给3分线外本队球员或运至3分线外。

② 球在3分线外，须经进攻队两名球员（运球者或接球者和他的同队球员）触球后方可尝试投篮。

（2）每次投篮不中或最后一次罚球不中后的行为

① 进攻队获得篮板球，不用将球运至3分线外，可直接尝试投篮。

② 防守队获得篮板球，须经进攻队将球传或运至3分线外。

③ 球在3分线外，须经进攻队两名球员（运球者或接球者和他的同队球员）触球后方

可尝试投篮。

（3）抢断、失误等球权转换后的行为

① 如果在2分区内出现球权转换情况，须将球运或传至3分线外，并经进攻队两名球员（运球者或接球者和他的同队球员）触球后方可尝试投篮。

② 如果在3分线外出现球权转换情况，须经进攻队两名球员（抢断者和他的同队球员）触球后方可尝试投篮。

（4）进攻队球员未经两名球员触球做投篮动作时，视为违例；但是，做投篮动作的人在球未出手时被侵，视为对投篮队员犯规。

（5）第二节、第三节和决胜期比赛开始，犯规（罚球除外）、违例和出界后的所有掷界外球均在3分线顶部齐平、靠近裁判员侧的边线标记线远侧进行（标志线用5cm宽、15cm长的线画出）。裁判员须将球递交给掷界外球球员。掷界外球球员须将球传至3分线外任何位置同队球员，并经进攻队2名球员（接球者和他的同队球员）触球后方可尝试投篮。如果掷界外球球员将球传至2分区内任何位置同队球员，须将球传或运至3分线外，经进攻队2名球员（运球者或接球者和他的同队球员）触球后方可尝试投篮。

（6）扣篮

三人制篮球赛中不允许扣篮。

9. 替换

球成死球或计时钟停止时，允许替换球员。

项目六 排球

【案例引入】

排球运动是由两支人数相等的球队，根据规则规定，运用各种击打球技术，在两侧场地大小相同、中间隔网的上方，进行的集体攻防对抗，不使球在本方场区内落地的一项球类运动。

学习任务一　初识排球

【任务导入】

了解排球运动的起源、特点、分类以及基本技术等。

【知识准备】

一、排球运动的起源

据史料记载，排球运动源于美国。1895年，排球由美国马萨诸塞州霍利奥克市基督教男子青年会体育干事威廉斯·摩根发明。当时篮球和网球运动比较流行，摩根认为篮球运动比较激烈，而网球运动量又比较小，于是创造了一种比较温和的、老少皆宜的室内游戏。1896年，美国普林菲尔德市立学校的艾特哈尔斯戴特博士把摩根游戏取名为"volleyball"，并沿用至今。1896年在美国普林菲尔德体育专科学校举行了世界上最早的排球比赛。1897年，摩根制定了排球比赛规则，它有力地推动了排球运动的发展。1905年，排球传入中国；1906年，美国军官约克把排球带到了古巴；1908年，排球传到日本；1910年，排球传到菲律宾。排球传入欧洲时间较晚，于1917年传入法国，以后才传到苏联、波兰等。1913年，亚洲最早的排球比赛在菲律宾马尼拉举行。1947年，排球运动世界性组织——国际排球联合会成立。随着技术水平的不断提高，排球规则也逐步完善。1964年，排球被列为奥运会正式比赛项目。

二、排球运动的特点

1. 群众性

排球场地设备简单，比赛规则容易掌握。既可在球场上比赛和训练，亦可以在一般空地上活动，运动量可大可小，适合于不同年龄、不同性别、不同体质、不同训练程度的人。

2. 技巧性

规则规定，比赛中球不能落地，不得持球、连击。击球时间的短暂、击球空间的多变，决定了排球的高度技巧性。

3. 全面性

规则规定，每个队员都要进行位置轮转，既要到前排扣球与拦网，又要到后排防守与接应。要求每个队员必须全面地掌握各项技术，能在各个位置上比赛。

4. 对抗性

排球比赛中，双方的攻防转换始终是在激烈的对抗中进行。高水平比赛中，对抗的焦点在网上的扣拦上。在一场比赛中，夺取一分往往需要经过六七个回合的交锋。水平越高的比赛，对抗争夺也越激烈。

5. 集体性

排球比赛是集体比赛项目，除发球外，都是在集体配合中进行的。没有严密的集体配合，再好的个人技术也难以发挥，更无法发挥战术的作用。水平越高的队，集体配合就越严密。

三、排球运动的分类

1. 室内六人制排球

排球有奥运会、世锦赛、世界杯三大赛事。另外各国家都拥有自己的排球联赛，各洲际之间，也有洲际排球赛事。

2. 软式排球

软式排球是日本在 20 世纪 80 年代末推出的，软式排球的设计与开展主要是以中、老年和儿童为对象的。软式排球具有重量轻、体积大、制造材料柔软、不伤手指等特点。因此，软式排球是深受广大体育爱好者欢迎的一项体育运动。

3. 气排球

气排球运动是一项集运动、休闲、娱乐为一体的群众性体育项目，作为一项新的体育运动项目，如今已经受到越来越多老年朋友的青睐。其打法和记分方法与室内六人制排球相同。气排球由软塑料制成。比赛用球重约 120g，比普通排球轻 100～150g；圆周 74～76cm，比普通排球圆周长 15～18cm。

4. 沙滩排球

沙滩排球，简称"沙排"，是风靡全世界的一项体育运动。比赛场地包括比赛场区和无障碍区。比赛场区为 16m×8m 的长方形。场地边线外和端线外的无障碍区至少宽 5m，最多 6m，比赛场地上的无障碍空间至少高 12.5m。比赛场地的地面是水平的沙滩，沙滩必须至少 40cm 深，其中没有石块、壳类及其他可能造成运动员损伤的杂物。比赛场区上所有的界线宽为 5～8cm，界线与沙滩的颜色需有明显的区别，并且由抗拉力材料的带子构成。

四、排球运动的基本技术

排球基本技术分为：准备姿势与移动、传球、垫球、发球、扣球和拦网。

1. 准备姿势与移动

在排球比赛中，攻防的多数技术都是在准备姿势或快速移动后完成的，因此它是完成各项基本技术的基础。移动是为了迅速接球，保持合理击球位置并完成各种击球技术前的准备动作，比赛中常用的步法有侧滑步、交叉步等。

2. 传球

传球主要用于衔接防守和进攻。传球的种类很多，向前传球是传球的基础动作，传球前要求人必须及时移动到适当位置，保持好人与球的合适距离。

3. 垫球

垫球技术是在全身协调用力的基础上，通过手臂的迎击动作，使来球从垫击面上反弹出去的一项击球技术，是用于接发球、接扣球、接吊球、接拦回球和处理各种难球的主要方法，是保证本方进攻的基础。垫球时，必须有正确的准备姿势、准确的击球动作和合理的击球部位，并调整手臂与地面的适宜用力角度，才能取得良好的垫球效果。

4. 发球

发球是排球比赛的开始，是由1号位队员在发球区内自己抛球，用一只手将球击入对方场区的一种击球方法。发球是排球技术中唯一不受别人制约的技术。准确而有攻击性的发球，不仅可以得分，而且还可破坏对方的战术组成，可以起到先发制人、争取主动、摆脱被动的作用。

5. 扣球

扣球是排球最重要的基本技术之一，也是排球基本技术中最难掌握的技术。扣球是队员跳起在空中将高于球网上沿的球有力地击入对方区域内的一种击球方法。扣球在比赛中占有很重要的地位，它不仅是最积极、最有效的进攻武器，也是得分的重要手段。

6. 拦网

拦网指队员在球网上空拦阻对方击来的球。防守方通过拦网这种手段来使进攻方的来球减速、减力和变向，使得后排防守队员能够起球。能为本方创造防守反击机会的拦网就是有效拦网。拦网是防守反击的第一道防线，也是主要得分的手段，因此它是积极主动并具有攻击性的防守。拦网分为单人拦网和集体拦网两种。拦网时，应有良好的判断力，准确选择拦网地点、时间和空间。

【任务实施】

① 排球运动的分类有哪些？
② 排球运动的特点是什么？
③ 排球运动有哪些基本技术？

学习任务二　准备姿势与移动

【任务导入】

了解并掌握准备姿势与移动的练习方法和技术要领，能够达到快速地移动和好的准备姿势的基本要求。

【知识准备】

一、准备姿势

根据身体重心的高低，准备姿势可以分为稍蹲准备姿势、半蹲准备姿势和低蹲准备姿势。

1. 稍蹲准备姿势

两脚左右开立稍比肩宽，一脚在前，脚尖稍内收，脚跟微抬起。膝关节保持一定的弯曲，上体前倾，重心向前。两臂放松自然弯曲，双手置于腹前。全身肌肉放松，两眼注视来球方向，两腿保持微动如图 2-6-1（a）所示。

2. 半蹲准备姿势

半蹲准备姿势比稍蹲准备姿势重心要稍低一些，两个准备姿势技术动作完全相同，如图 2-6-1（b）所示。

3. 低蹲准备姿势

低蹲准备姿势重心比半蹲准备姿势还要更低一些，左右脚开立幅度也要更大一些，如图 2-6-1（c）所示。低蹲准备姿势主要用来接大力跳发球和速度快的扣球。

(a) 稍蹲姿势　　(b) 半蹲姿势　　(c) 低蹲姿势

图 2-6-1　准备姿势示意图

二、移动技术

移动是为了保持人和球的位置关系。移动技术可以分为并步与滑步、交叉步、跑步和跨步等技术，所有的移动技术都是由起动、移动还有制动这三个小环节组成。

1. 并步与滑步

当球距身体一步距离时，可采用并步移动，如向前移动时，则后腿蹬地，前脚向来球方向跨出一步，后腿迅速跟上做好击球准备。当球在体侧稍远，并步不能接近球时，可快速连续并步，连续的并步即是滑步。

2. 交叉步

身体向右移动时，上体稍向右转，左脚从右脚前面向右交叉迈出一步，然后右脚再向右跨出一大步，同时身体转向来球方向，保持击球之前的准备姿势。

3. 跑步

采用跑步移动时，两臂要配合摆动，根据球的方向，边跑边转身并降低重心，保持好击球准备。

4. 跨步

如需要向右移动，左腿蹬地，右脚向右侧跨出一大步，身体前倾，膝盖自然弯曲，重心移到右腿上。跨步可以向前、斜前方或侧方移动。

【任务实施】

1. 准备姿势和移动练习方法

① 两人一组，相距 2～3m，做好准备姿势，一人向前、后、左、右抛球，另一人移动后把球接住再抛回，连续进行几组后两人交换。

② 学生面向教师站立，教师将球抛到学生身前、身后或身体两侧，学生快速向前或转身改变方向去接球。

③ 学生面向教师站立，教师将球从学生胯下滚出，要求学生快速移动后在规定区域内将球抱起。

2. 排球移动小游戏——"抛球喊号"

游戏规则：学生围圈后按顺序报数并记住自己的号数，教师位于圈内纵向抛球并随机喊数，对应的学生立即冲向前抱住球，抱住球的学生可以再次随机喊数并纵向抛球。接球失误的学生（球落地），再次捡起球后在捡球的原地可以用地滚球的方式砸向任何学生。接球失误的和被砸到的学生接受游戏惩罚。

学习任务三　传球

【任务导入】

熟练掌握传球的正确动作和练习方法，了解并掌握各种传球技术动作要领，能够达到传球动作的基本要求。

【知识准备】

传球是利用手指、手腕的弹击力量将球传至一定目标的击球动作，由于手触碰面积大、传球的稳定性强、手指手腕灵活、易控制球，因而传球的准确性高、传球的击球点高。在传球瞬间可用手腕的动作来改变传球的方向、线路和落点，变化比较灵活，加快了组织进攻的节奏。传球是排球基本技术之一，有正传、背传、侧传、跳传和单手传球5种。这5种传球技术的传球手型基本相似，都是在额前上方击球。传球主要运用于二传，有顺网正面二传、调整二传、背二传、侧二传、跳二传、倒地二传、传快球、传平快球、二传吊球等。

1. 正传

面对出球方向的传球动作，称正面传球（正传）。正面传球是最基本的传球方法，是其他一切传球的基础。

正面传球一般采用稍蹲准备姿势，抬头看球，双手自然抬起，放松置于脸前，注意观察来球。当来球距身体1m左右时，开始伸膝、伸臂迎击来球，将球向前上方传出。击球点在额前上方约一球距离处。两手自然张开呈半球形，手腕稍后仰，两手的拇指和食指成倒着的"八"字形，两手间有一定距离，用拇指、食指全部，中指的二三指节触球后下部，无名指和小指在球两侧辅助控制球方向。两肘适当分开，两前臂之间约成90°角，如图2-6-2所示。传球的用力主要是用手指、手腕的弹力及伸臂伴送和伸膝蹬地等动作，全身协调用力将球传出。

图2-6-2　正面传球动作示意图

2. 背传

背对传球目标的传球动作称背传（图2-6-3）。背传具有一定的隐藏性和突然性。在比赛中采用背传可以变化传球方向和路线，迷惑对方，组成多变的进攻配合。

传球时背对出球方向，利用球网等参照物确定自己的位置和传球方向。上体保持直立或者稍后仰，身体重心在两脚之间，双手自然抬起，放松置于脸前。传球时，抬上臂、挺胸、后仰上体。击球点在额上方，比正面传球稍高、稍后。触球时，手腕后仰，掌心向上，击球的下部，手型和正面传球相同。背传用力点

图2-6-3　背传动作示意图

主要是用手指、手腕的弹力及蹬地、伸膝、展腹、伸臂等动作，全身协调用力将球向后上方传出。

3. 侧传

身体侧对传球目标，将球向体侧方向传出的传球动作称侧传，由于二传背对球网时往往运用侧传，所以对方看不清二传侧传的出球路线，难以判断传球方向，因此侧传具有一定的隐蔽性和突然性。

传球背对球网，准备姿势、迎接动作、手型与正面传球相同，但击球点应偏向出球方向一侧，传球时双臂向出球方向一侧伸展，传球方向异侧手臂的动作幅度、用力距离和动作速度要大于传球方向同侧手臂，伸展的速度也应快一些。

4. 跳传

跳传技术是现代排球的新技术之一，跳起在空中传球，称为跳传。它主要是指二传手根据来球的方向、弧度、时间以及排球比赛进攻战术的需要进行起跳，在空中来完成各种传球战术。要求有较强的时空感与应变能力，是一种难度较高的传球技术。跳传技术比原地传球具有隐蔽性强、突然性大、传球速度快的特点。同时跳传往往能与二传手的二次进攻联系在一起，使二传具有较大的迷惑性。

跳传的起跳动作，无论是助跑起跳还是原地起跳，最好都是垂直向上起跳，保持好身体的平衡，当身体上升到最高点时，靠迅速伸臂的动作，并适当加强主动屈腕屈指的动作，将球传出，跳传的正传、侧传和背传，其传球手型、击球点分别与原地的正传、背传、侧传的手型和击球点相同。由于是在空中传球，没有支撑点，传球时用不上蹬地的力量，所以主要靠手指、手臂、手腕的力量。

5. 单手传球

当球上网并高于球网，无法用双手进行传球时，可采用单手传球技术。单手传球一般是在跳起的基础上进行的，手呈勺形，并且用手指的指腹去触碰球，由于难度较大，需要用足够的力量去完成。

【任务实施】

1. 讲解示范正面传球技术

（1）准备姿势

采用稍蹲准备姿势，抬头目视来球，双肘弯曲自然抬起，双手置于脸前。

（2）手型

手触球时，两手应自然张开成半球形，使手指与球吻合，手腕稍后仰，拇指相对，小指在前；传球时用拇指、食指全部、中指的二、三指节触球，无名指和小指在球的两侧辅助控制出球方向，两肘适当分开，自然下垂。

（3）迎球

当球接近额前时开始蹬地、伸膝、伸臂，两手微张，从脸前向前上方主动迎击来球。

（4）击球

击球点应保持在额前上方约一球远，击球部位一般在球的后下方。

（5）用力

传球主要靠伸臂力量与下肢蹬地力量的协调配合，通过球压在手上使手指手腕产生的反弹力将球传出。

(6) 击球后

击球后身体重心随击球动作前移,全身放松呈准备姿势状态,准备下一个击球动作。

2. 原地徒手模仿练习

徒手做传球准备姿势,听教师的口令依次做蹬地、展体、伸臂击球动作。

3. 原地自传球练习

① 强调五指分工:拇指托球的后下方,食指与中指发力,无名指与小指把握方向,手指全触球,手心空出,持球的后下部,手张开,发力向上推出(要有拨球动作)。

② 自己抛球后,摆好手型,在击球后接住球,但不传出,加强对手指、击球部位、接触球顺序要领的印象。

③ 加强发力训练:手指、手腕做弹力练习。摆好手型接住球,推送给同伴,对方接推。将传球动作分解练习,为巩固手型,熟练移动,合理取位,加深印象。

④ 一人持一球,利用墙的反弹,做固定手型练习。人离墙约1球远,球在头上额前1球距离。"三屈二仰一稳定",即膝、髋、肘关节弯曲,手腕、头仰对来球,身体要稳定。在保证手型正确的前提下,做轻推球练习,不断增强手感和球感,传球速度由慢到快。

⑤ 两脚左右站立与肩同宽,足跟提起,一脚前一脚后稍蹲(准备姿势),持球在额前,体会手型和击球部位,按教师口令,做完整击球动作,但不出球,反复做5~6次,换人练习。

⑥ 自抛自传低球,由1个→2个→3个,高度为30~50cm,体会正确手型,手臂用力。

⑦ 一人抛球,另一人传球,两人互换练习。

⑧ 自传2低1高(低50cm左右,高1m以上),注意手型,在用力的基础上,体会蹬地、伸臂、全身协调用力的方法。

⑨ 对传近距离1~2m的球,加强对球的控制,强调迎球、引球、缓冲,后手指迅速用力传出。

⑩ 自传一次,传给同伴一次,相距2~3m。

4. 行进间自传练习

① 在原地自传的基础上开始行进传球。

② 自传2低1高(低50cm左右,高1m以上),注意手型,在用力的基础上,体会蹬地、伸臂、全身协调用力的方法。

5. 两人一组,一抛一传球练习

自传一次,传给同伴一次,相距2~3m。

6. 调整传球练习

两人一组相距6m,在网前利用调整传球动作传高弧度球练习。

学习任务四　垫球

【任务导入】

熟练掌握垫球的正确动作和练习方法,了解并掌握各种垫球技术动作要领,能够达到垫球动作的基本要求。

【知识准备】

正面双手垫球是排球比赛中最基础、应用最多的垫球方法,是双手在腹前垫击来球的一种垫球方法,适用接各种发球、扣球和拦网球,在必要时候也可以用来组织进攻。垫球按手型可以分为抱拳式垫球、叠掌式垫球、互靠式垫球。无论哪种垫球手型都要注意垫球的部位和技术动作。垫球按技术动作方法可以分为:正面垫球、背垫球、侧垫球、单手垫球、滚翻垫球和鱼跃垫球等技术。

1. 正面垫球

正面垫球是所有垫球的基础技术。采用半蹲准备姿势,移动并正面对准来球方向,抬双臂用双手腕关节以上 10cm 处垫球,垫球时双手叠握,夹臂外旋形成平面,两手臂伸直夹紧,当球飞行到胸腹前一臂距离时,两臂迅速下插至球下,夹臂、压腕、含胸、提肩、向上抬臂,同时蹬地提腰,如图 2-6-4 所示。各个动作要协调配合,上下肢协调用力配合来控制垫球的力量与方向。

2. 背垫球

由身体前方向背后的垫球叫做背垫球。进行背垫球时,要准确判断好球的落点,快速移动到球的落点处,两臂夹紧伸直,插至球下,背对出球方向。击球时击球点要高于自己的肩部,抬头展腹后仰,直臂向后上方抬送,如图 2-6-5 所示。

图 2-6-4　正面垫球动作示意图　　　　图 2-6-5　背垫球动作示意图

3. 侧垫球

击球点在身体一侧的垫球叫做侧垫球。以右侧来说,当来球向右侧飞来时,左脚前脚掌内侧蹬地,右脚向右跨出一步,右膝弯曲,身体重心移到右脚上,两臂夹紧向右伸出,垫球的后中下部,不要随球摆臂。当球向左侧飞来时,以相反方向击球。侧垫球是在正面垫球来不及时运用的一项技术,能正对来球时尽量快速移动到球的正面来完成正面击球。

4. 单手垫球

当来球比较远而且速度很快,来不及用双手垫球时,可以用单手垫球技术。单手垫球动作较快,触球面积较小,不容易控制击球的落点和方向。

5. 滚翻垫球

滚翻垫球是用于来球较远而且过低时的一项垫球技术。迎球跨出一大步,降低重心,身体前倾,蹬地使身体向前腾空猛烈跃出,以前臂或单手的手背或虎口在空中由下向上击球,双手先着地支撑,然后两肘缓屈以缓冲下落力量,同时抬头挺胸腹,身体呈反弓形,以胸、腹、腿依次着地。落地时,手的支撑点需在身体重心运动的轨迹上。通过击球手臂异侧肩部做滚翻动作并快速站起。

6. 鱼跃垫球

当来球很低而且很远,来不及移动到位的时候,可以用鱼跃垫球技术。鱼跃垫球比滚翻垫球控制范围更大,但难度很高。采用鱼跃垫球技术时,要用低蹲准备姿势,上体前倾,以前脚用力蹬地,使身体向远处腾空跃出。先用击球臂插到球下,用手臂将球垫起。落地时,两手先着地支撑,以缓冲下落力量,抬头、挺胸、挺腹、向后屈腿,身体呈反弓形。随着两臂的支撑,胸、腹、大腿依次着地,如图2-6-6所示。

图2-6-6 鱼跃垫球动作示意图

【任务实施】

1. 垫球练习

(1) 徒手练习

学生原地进行徒手垫球手型及脚下准备姿势练习,听教师哨声进行分解练习。

(2) 垫固定球练习

两人一组,一人双手持球于腹前,另一人摆好垫球姿势来垫固定球。

(3) 垫抛球练习

两人一组,相距3m,一人抛球,另一人垫球。

2. 垫球游戏

Z字形接力垫球:两排人一一对应站立,第一排编号为1、2、3,第二排编号为4、5、6,垫的顺序就是1→5→3→6→2→4→1,还可以更多的人一起来。

学习任务五 发球

【任务导入】

熟练掌握发球的正确动作和练习方法,了解并掌握各种发球技术动作要领,能够达到发球技术动作的基本要求。

【知识准备】

发球是排球运动的一项重要的基本技术。它是比赛的开始,也是排球比赛的重要进攻手段。有威力、攻击性强的发球,不但可以直接得分,起着先发制人的作用,而且还可以破坏对方组织进攻战术,减轻本方防守压力,为防守反攻提供有利条件。反之,发球失误过多,不但会失去发球权、为对方加分,而且还会给本方造成很大的心理压力和防守的困难局面。因此,发球首先要有稳定性,然后增加其攻击性和准确性。主要是采用远或近距离发平冲的重飘球和跳起发大力球,来提高发球的命中率和破攻能力。

发球按照发球的性能主要可分为发飘球和发旋转球两类。发飘球主要有正面上手发飘球、勾手发飘球和跳发飘球;发旋转球主要有正面上手发旋转球、跳发旋转球、正面下手发旋转球、侧面下手发旋转球、勾手大力发旋转球、发高吊旋转球和侧旋旋转球等。

下面介绍具体动作。

1. 正面上手发球

这种发球准确性大、容易控制落点，能充分利用转体、收腹动作，带动手臂加速摆动。运用手腕推压作用，使发出的球呈上旋，不容易出界，适于大力发球。身高、臂部力量好的队员，适合这种发球方式。正面上手发球动作要领：面对球网，两脚自然开立，左脚在前，左手托球于身前。用抬臂和手掌的平托上送，将球平稳地垂直抛向右肩的前上方，高度适中。在左手抛球同时，右臂抬起，屈肘后引与肩平，上体稍向右侧转动。在右肩前上方伸直手臂最高点，用整个手掌击球中后部。击球时，手指自然张开与球吻合，手腕迅速做出推压动作，使球呈上旋飞行过网，如图 2-6-7 所示。击球后，随着重心前移，迅速回到场内。

图 2-6-7　正面上手发球动作示意图

上手发飘球容易控制方向，准确性高。发球时两脚自然开立，左脚向前（如果左手发球则方向相反），左手托球于体右前方。用抬臂和手掌的平托上送动作，将球平缓地垂直抛向右肩上侧，高度在头上方 0.5m 以内。在左手抛球同时，右臂屈肘后引，肘高于肩，上体稍向右转，挺胸、展腹。击球时四指并拢，手腕稍后仰，并用掌根平面击球体后中下部。击球主要靠挥臂力量，击球发力突然，用力快速而短促，击球应通过球重心，使球不旋转。击球后手臂有突停动作，随球前移，迅速进场。

2. 跳发球

自然站立，单手或双手持球于腹前。助跑迈出第一步的同时将球高抛在右肩前上方，落点在助跑线上，高度和距离要符合个人特点，并以跳起最高点击球为准。抛球离手瞬间可加手指手腕动作，使球在空中产生旋转。紧接着，迈出第二步，两臂自然摆动，眼睛注视球，右脚跨出一大步，两臂在体侧划弧摆动，并使左脚迅速跟上，屈膝蹬地跳起，使身体腾空。腾空后，加大挺身屈腹，使身体呈反弓状。右臂屈肘上举，手掌自然张开。当身体在最高点时，以猛烈收腹和提肩带动手臂向前方挥动，在手臂伸直的最高点，用全掌击中球的后中下部，击球点不宜靠前，如图 2-6-8 所示。击球后，双脚落地，双膝缓冲，迅速入场，落地时要注意平衡，防止受伤。跳发也可不加助跑，而用原地起跳发球过网（左撇子则相反）。

图 2-6-8　跳发球动作示意图

3. 下手发球

下手发球球速慢、威胁小，比赛中很少使用，但比较简单。下手发球分为正面下手发球和侧面下手发球。正面下手发球最为简单，一只手将球向上抛起，另一只手摆臂向上将球击出。侧面下手发球相对较复杂些，球向侧面跑出，转体击球。

正面下手发球时身体正面对网，两脚前后开立，左脚在前，两膝微屈，上体稍微前倾，重心偏后脚。左手持球在腹前，将球轻轻地抛起在体前右侧，手臂右后下方向前摆动，在腹前将球击入对方场区，如图2-6-9所示。正面下手发球比较简单，也比较适用于初学者学习和运用。

图 2-6-9　正面下手发球动作示意图

侧面下手发球是身体侧对着球网站立，左肩对网，两脚左右开立，约与肩同宽，两膝微屈上体微微向前倾斜，重心落在两脚之间。左手将球平稳抛送至体前，约距身体一臂远。抛球时，右臂摆置体侧后下方，利用右脚蹬地旋转的力量，带动右臂向前上摆动，在腹前用手掌根或者手掌等击球的中下方。

【任务实施】

① 徒手做抛球挥臂击球动作练习。
② 抛球练习体会抛球位置和高度（不击球）。
③ 模仿发球挥臂动作击固定球练习：即一人双手持球置于头上，另一人做挥臂击球练习。
④ 抛球与挥臂击球结合练习（不要把球击出）。
⑤ 两人站在两条边线上对发练习。

学习任务六　扣球

【任务导入】

熟练掌握扣球的正确动作和练习方法，了解并掌握各种扣球技术动作要领，能够达到扣球技术动作的基本要求。

【知识准备】

扣球是排球基本技术之一，也是较难掌握的一项技术。扣球按技术动作可以分为双脚起跳扣球、单脚起跳扣球、扣快球、后排扣球、轻扣球（吊球）。

1. 双脚起跳扣球

双脚起跳扣球是扣球技术中的一种基本方法。以两步助跑右手扣球者为例，助跑时左脚先向前迈出一小步，紧接着右脚快速跨出一大步，然后左脚及时并上，左脚稍在右脚之前，两脚脚尖稍向内准备起跳。在助跑的同时，两臂向后引，左脚在并上蹬地过程中，两臂向后摆动，随着起跳两臂做上摆。跳起后，挺胸收腹，右臂向后上方抬起，身体呈一个反弓形，挥臂击球时依次带动肩部、肘部、腕部关节做鞭打动作进行击球。击球时五指自然张开呈勺形，以全手掌包球，掌心击打球，同时屈腕向前推压，如图 2-6-10 所示。

图 2-6-10　双脚起跳扣球动作示意图

2. 单脚起跳扣球

单脚起跳扣球的助跑过程减少了踏跳并步这一环节，是指扣球人助跑时一只脚落地后另一只脚向上摆动的一种扣球方式。单脚起跳的前冲力大，能提高击球点，扣球有力。由于起跳时缺乏制动力，跳起后前冲力大，容易触网。同时助跑距离长，角度小，难以控制起跳时机。随着排球技战术不断提高，单脚起跳扣球技术的运用正逐渐增多。

3. 扣快球

在二传附近起跳，扣二传传出的高于球网的快速球称为扣快球。扣快球多用于快攻战术。扣快球在二传出手传球之前起跳。

4. 后排扣球

后排扣球是指后排队员在 3m 进攻线后起跳扣球。后排扣球技术动作和双脚起跳扣球动作相同。

5. 轻扣球（吊球）

轻扣球是指扣球人佯做大力扣球动作，但在击球一瞬间突然减缓手臂挥臂速度，将球轻打过或用手指以及拳头轻吊向对方场区的球。

【任务实施】

① 原地双脚起跳练习。

② 一步或两步助跑起跳练习。

③ 学生分别站在进攻线后向网前做两步助跑起跳练习、完整扣球练习。

④ 助跑起跳扣固定球练习：教师在网前高凳上，手托球，学生依次扣高出网口的球。

⑤ 扣抛球练习：在网前轮流扣教师的抛球。

⑥ 4 号位扣球练习：扣球者每人一球，先将球传给 3 号位，再由 3 号位把球顺网抛或传给 4 号位，扣球者上步助跑起跳扣球。

学习任务七　拦网

【任务导入】

熟练掌握拦网的正确动作和练习方法，了解并掌握各种拦网技术动作要领，能够达到拦网技术动作的基本要求。

【知识准备】

拦网是排球运动的基本技术之一，也是一项具有进攻性的防御技术。成功的拦网可以直接拦死、拦回对方扣球，削弱对方进攻锐气，减轻本方后排防守的压力，为组织反攻创造机会，是得分和获取发球权的重要手段之一。

从参与拦网的人数上分，拦网可分为单人拦网和集体拦网，集体拦网又分为双人拦网和三人拦网。

1. 单人拦网

单人拦网是集体拦网的基础。其动作结构分为准备姿势、移动、起跳、空中动作和落地5个互相衔接的部分。

（1）准备姿势

队员面对球网，两脚左右开立，约与肩同宽，距网 30～40cm。两膝微屈，两臂屈肘置于胸前自然屈肘。

（2）移动

常用的步法有一步、并步、交叉步、跑步等。无论采用哪种移动步法，都要做好移动动作，以保证向上起跳，避免触网和冲撞同队队员。

（3）起跳

原地起跳时，两腿屈膝，重心降低，随即用力蹬地，向上起跳，两臂以肩发力，在体侧近身处，做划弧前后摆动，帮助身体迅速跳起。其起跳动作与原地起跳一样，但要注意制动并使移动与起跳动作紧密衔接。

（4）空中动作

起跳时，两手从额前沿球网向上方伸出，两臂伸直并保持平行，两肩上提。拦网时，两臂应伸过网去接近球。两手自然张开，屈指屈腕成半球状。当手触球时，两手要突然紧张，用力屈腕，手腕下压盖在球的前上方。

（5）落地

拦球后，要做含胸动作，以保持身体平衡。手臂要先后摆或上提，从网上收回至本方上空，再屈肘向下收臂，以免触网。与此同时屈膝缓冲，双脚落地，随即转身面向后场，准备接应来球或做下一个动作准备。

2. 集体拦网

集体拦网指两人或者三人拦网。一般拦 4 号位时，由本队 2 号位队员定位，3 号位甚至 4 号位队员移动过来与 2 号位队员配合，共同组成集体拦网。同理拦 2 号位时，由本方 4 号位队员定位，3 号位甚至 2 号位移动过来与 4 号位队员配合，共同组成集体拦网。拦 3 号位时，由本方 3 号位队员定位，2 号、4 号位队员向其移动配合，共同组成集体拦网。

3. 拦网的注意事项

① 手不能碰网，否则判犯规。
② 拦网要看准出球的速度，在适当的时间跳起来拦。
③ 手上戴好适合的护具，以防手受伤。
④ 拦球时要跳得高。
⑤ 手要保持拦网动作。

【任务实施】

1. 徒手练习

① 原地做拦网的徒手动作练习。
② 网前原地起跳或以不同步法移动，做拦网练习。

③ 由3号位向2号位或者4号位移动做拦网练习。

2. 结合球练习

① 两个人一组，一人站在高台上持球，另一个人跳起拦球。

② 两人一组，在原地一扣一拦。

③ 在2号位、4号位和3号位拦对方扣球。

④ 在2号位和3号位或者3号位和4号位之间连续移动拦网。

3. 集体拦网练习

① 对方4号位扣球，本方3号位队员向2号位移动，与2号位队员共同组成集体拦网。

② 对3号位扣球，本方2号位和4号位队员向3号位移动，与3号位共同组成三人集体拦网。

学习任务八　排球运动规则

【任务导入】

了解排球比赛的基本站位及战术，熟练掌握排球竞赛常用规则，能够达到完成一场完整的排球比赛的基本要求，并且组织一场排球比赛，培养团结协作的团队精神。

【知识准备】

排球比赛中，2号、3号、4号位为前排，1号、5号、6号位为后排。每局从站1号位的队员开始发球。排球站位是轮换制，没有固定位置的队员，但同类型的队员一般站对角，比如主攻A站4号位，那么对角的1号位必然站的是主攻B；副攻A在3号位，6号位就必然是副攻B；接应如站2号位，二传则会在5号位。换位依据轮次来，首先由1号位队员发球，下轮则该队员转到6号位，由上轮在2号位的队员，转到1号位发球，依次顺时针转。如本方的球权，该轮被对方得分，本方轮次不会变，直到本方得分，换人发球，则轮次转一轮。

一、排球竞赛常用规则

1. 场地

排球场地为长方形，长18m，宽9m。两边线外无障碍区至少5m宽，两端线外至少8m，上空无障碍区至少12.5m。地面为木制或合成物，浅色，场地内外颜色有区别。球场中间挂网，网下面划有中线，把球场划为两个区。中线两侧3m处画有两条平行线，称为进攻线。进攻线把每个场区分为前、后场区。发球区在端线后，与场地同宽。场上各线宽为5cm。边、端线的宽度包括在球场面积内。

排球网长9.50m，宽1m，网孔面积为10cm^2，网为黑色。上沿缝有5cm宽的双层白色帆布。球网挂在两侧的球网柱上，与中线垂直。男子网高为2.43m，女子为2.24m。球网两侧与场地边线相垂直处挂有一条宽5cm的白色标志带。在标志带外侧各树一根、红白相间的标志杆，杆的顶端高出球网上沿80cm。

2. 球

球的圆周为65～67cm，重量为260～280g，气压为400～450Pa。

3. 比赛人员

规则规定 1 个队最多有 12 名队员，教练员、助理教练员、医生各 1 人，队员服装必须统一，上衣前后有明显号码。教练员可在暂停和局间隙时间进行指导。比赛中只有场上队长可向裁判员提出询问或要求解释规则。如果教练员或队员有非道德行为表现，裁判员将出示黄牌给予警告，如再犯将出示红牌，判罚该队失发球权或对方得 1 分。如有辱骂裁判员或对方队员等严重犯规者，将取消其该局或全场比赛资格。每局比赛前，教练员必须将上场阵容位置表交给记录员或第二裁判员，不得更改。每队上场 6 人，站成两排，从左至右，前排为 2 号、3 号、4 号位，后排为 1 号、5 号、6 号位。在发球时，双方队员都必须按规定位置站好，否则将被判失发球权或对方得 1 分。

4. 换人规定

比赛成死球时，教练员和队长可向裁判员请求暂停或换人。每次暂停不得超过 30s。一局比赛每队可要求两次暂停。每队在 1 局比赛中，换人最多不得超过 6 人次。

5. 赛制规定

前 4 局比赛采用 25 分制，每个队只有赢得至少 25 分，并同时超过对方 2 分时，才胜 1 局。正式比赛采用 5 局 3 胜制，决胜局的比赛采用 15 分制，一队先得 8 分后，两队交换场区，按原位置顺序继续比赛到结束。在决胜局（第五局）的比赛中，先获 15 分并领先对队 2 分为胜。

6. 裁判设置

正式排球比赛应有第一、第二裁判员各 1 人，记录员 1 人，司线员 2~4 人。

二、比赛阵型

有"4-2"和"5-1"两种标准阵型。5-1 是最基本的阵型，在高级别比赛中，目前最常用的是 5-1 阵型。

4-2 阵型由 4 个攻手和 2 个二传手组成，场上没有接应二传，两名二传手中一名轮转到前排后负责进攻，另一名后排二传手负责后排插上传球组织战术进攻，因此在比赛的任何时刻全队都有三名前排进攻球员。4-2 阵型对两名二传手的要求很高，不仅要传球稳定，而且一定要具备较强的进攻能力。4-2 阵型以灵活快速多变著称，虽然相比 5-1 阵型，4-2 阵型在整体结构上较为复杂，但在实际运用上却可以达到 5-1 阵型所不能达到的进攻效果。5-1 阵型更加适合拥有绝对高度和弹跳的球队，这样的球队要求简单有效，利用绝对高度克敌制胜，所以目前在国际高级别比赛中，各国国家队最常用的是 5-1 阵型。4-2 阵型适合身高相对较矮的球队，因为 4-2 阵型可以充分发挥、灵活、快速、多变的打法，利用大量的个人战术、集体配合来取得比赛中的优势。4-2 阵型很明显的特点就是每一排都有三名进攻球员，使得球队可采用的战术进攻手段很多。

5-1 阵型中只有一名球员担任二传手，不管他的位置在前排还是后排。因此当二传手在后排时，全队拥有三名前排攻击球员；而当二传手在前排时，只有两名前排攻击球员。

在 5-1 阵型中，轮转中与二传手对角站位的球员称为接应二传。一般来说，接应二传不参与一传，当对手发球时，接应二传站在队友们的后方。当二传手位于前排时，接应二传可以作为第三进攻点，这在现代排球中已经成为各队提高攻击力的常用手段。因此接应二传通常是队中扣球技术最好的球员。后排进攻通常来自后排右侧（1 号位），但在高级别的比赛中从后排中间六号位进攻的情况比较多。

5-1 阵型的一大优势是二传后排时有 3 个前排攻击点可供选择。如果二传手运用好这一点，对方的副攻手可能没有足够的时间与队友组织双人拦网，增加了本方进攻得分的机会。另一个优势是，当二传手位于前排时，可以采用二次球进攻，这样能够进一步扰乱对方拦网球员：本方二传手可能二次扣球吊球，也可能传球给进攻球员中的任何一位。一个优秀的二传手能深刻理解这一点，不仅能二次球进攻或者传快攻，还可以设法迷惑对方球员。

【任务实施】

① 策划并组织排球比赛。

② 制订排球赛活动方案。

比赛方式：12人制排球，各队抽签分组，赛制为淘汰制。

比赛时间：根据具体情况安排。

比赛计分：标准计分，以裁判判罚为主。

比赛规则：具体判罚以裁判为主。

比赛场地：本校排球场地。

裁判构成：客观选2名裁判员，2名司线员。

③ 开始比赛。

④ 赛后进行比赛评估，包括个人评估、小组评估和教师评估。

项目七
乒乓球

【案例引入】

乒乓球，中国国球，是一种世界流行的球类体育项目，包括进攻、对抗和防守。比赛分团体、单打、双打等数种。2001年9月1日前，以21分为一局，现以11分为一局；采用五局三胜，七局四胜。乒乓球为圆球状，重2.53～2.70g，白或橙色，用塑料制成。"乒乓球"一名起源自1900年，因其打击时发出"ping pong"的声音而得名，在中国以"乒乓球"作为它的官方名称。1926年，在德国柏林举行了国际乒乓球邀请赛，后被追认为第1届世界乒乓球锦标赛，同时成立了国际乒乓球联合会。

学习任务一　乒乓球发展史

【任务导入】

了解乒乓球的起源、特点、场地设施、比赛规则等。

【知识准备】

（一）乒乓球起源

乒乓球项目起源于英国。19世纪末，欧洲盛行网球运动，但由于受到场地和天气的限制，英国有些大学生便把网球移到室内，以餐桌为球台，书作球网，用羊皮纸做球拍，在餐桌上打来打去。1890年，几位驻守印度的英国海军军官偶然发觉在一张不大的台子上玩网球颇为刺激，后来他们改用实心橡胶代替弹性不大的实心球，随后改为空心的塑料球，并用木板代替了网拍，在桌子上进行这种新颖的"网球赛"，这就是table tennis得名的由来。

乒乓球出现不久，便成了一种风靡一时的热门运动。20世纪初，美国开始成套地生产乒乓球比赛用具，它是美国头号持拍运动，有超过20万美国人在打乒乓球。最初，table tennis有其他的名称，如indoor tennis，后来，一位美国制造商以乒乓球撞击时所发出的声音创造出ping-pong这个新词，作为他制造的"乒乓球"专利注册商标，ping-pong后来成了table tennis的另一个正式名称，当它传到中国后，人们又创造出"乒乓球"这个新的词语。

乒乓球的很多用词是从网球变来的。打乒乓球所用的球叫 ping-pong ball 或 table tennis ball，乒乓球台叫 ping-pong table，台面称 court，中间的球网称 net，支撑球网的架子叫 net support，乒乓球拍叫 ping-pong bat。

乒乓球单人比赛原来一般采取三局两胜或五局三胜制（每局 21 分），2001 年改为七局四胜制或五局三胜制（每局 11 分），所谓"局"，英文是 set，发球叫 serve。

在名目繁多的乒乓球比赛中，最负盛名的是世界乒乓球锦标赛，起初每年举行一次，1957 年后改为两年举行一次。

（二）乒乓球变革

20 世纪初，乒乓球运动在欧洲和亚洲蓬勃开展起来。1926 年，国际乒乓球联合会（ITTF）正式成立，并决定举行第 1 届世界乒乓球比赛。乒乓球运动的发展大约经历了三个阶段。初期，运动员使用的球拍虽形状各异，但都是木制的，球弹出后速度慢、力量小，没有什么旋转技巧，打法也很简单，就是把球在两者之间推来推去。

图 2-7-1　胶皮球拍

1903 年，英国人古德发明了胶皮球拍，如图 2-7-1 所示，有力地促进了乒乓球技术的发展。从 1926 年到 1951 年，世界各国选手大都使用表面有圆柱形颗粒的胶皮拍。击球时增加了弹性和摩擦力，可以使球产生一定的旋转，因而出现了削下旋球的防守型打法。这一打法在欧洲流行长久，不少运动员采用这种打法获得了世界冠军。这一时期乒乓球运动的优势在欧洲，其中匈牙利队成绩最突出，在 117 项世界冠军中，他们获 57 项，占欧洲队的一半。但这种球拍只能以制造下旋为主。

1959 年，容国团获得了第 25 届世界乒乓球锦标赛男子单打冠军，中国运动员开始登上了国际乒坛。逐渐形成了以"快、准、狠、变"为技术风格的直拍近台快攻打法。在 1961 年第 26 届世界锦标赛中，中国队既过了欧洲关，又战胜了远台长抽加秘密武器——"弧圈球"打法的日本选手，第一次夺得了男子团体世界冠军。此后连续获得第 27、第 28 届男子团体冠军。中国近台快攻的优点是站位近、速度快、动作灵活、正反手运用自如，比日本远台长抽打法又大大前进了一步。20 世纪 60 年代，中国乒乓球技术水平位于世界最前列，乒乓球运动的优势由日本转移到中国。这是乒乓球运动水平的第二次大提高。

在中国乒乓球运动发展的同时，欧洲运动员从失败中总结经验教训，经过近二十年的努力，终于取日本弧圈球技术和中国近台快攻打法之长，创造出适合于他们的先进打法，即以弧圈球为主结合快攻的打法。其代表人物是匈牙利的克兰帕尔和约尼尔。以快攻为主结合弧圈球的打法，以正反手快攻为主要技术，用反手快拨快攻力争主动，以正手拉弧圈球寻找机会扣杀为得分手段。其代表人物是瑞典的本格森、捷克的奥洛夫斯基等。这种打法的特点是技术较强，速度快，能拉能打，低拉高打，回旋余地较大。乒乓球运动又推进到技术和速度紧密结合的新高度。这是乒乓球运动水平的第三次大提高。

20 世纪 70 年代以来，由于国际交往和学习研究的加强，各种打法互取长短，使乒乓球技术得到了更快的发展和提高。比如，中国近台快攻、直拍快攻结合弧圈球、横拍快攻结合弧圈球等打法和技术均有所发展和创新，在国际比赛中取得了优良的成绩。

1982 年，国际奥委会通过了关于从 1988 年起把乒乓球列为奥运会正式比赛项目的决定，推动了乒乓球运动更快地发展。

20 世纪 80 年代初，在中国队囊括第 36 届世界乒乓球锦标赛 7 项冠军之后，就有人提出把乒乓球加大、把网加高等建议，但这一建议没有得到人们的重视。此后，乒乓球运动技术不断发展，球速越来越快，旋转越来越强，不少运动员对阵时回合减少，有时球飞如闪电，观众还未看清，胜负已经决出，削弱了乒乓球爱好者的兴趣。

1999年，在第45届世乒赛期间举行的国际乒联代表大会上，"大球改革"提案因未获得四分之三多数票而被搁置。2000年2月23日，国际乒联特别大会和代表大会在吉隆坡通过40mm大球改革方案，决定从2000年10月1日起，使用直径40mm、重量2.7g的大球，从而取代38mm小球。2017年6月9日，国际乒联官网宣布，乒乓球混双将成为东京奥运会正式比赛项目。

（三）乒乓球在中国

新中国成立后，毛泽东主席号召"发展体育运动，增强人民体质"，乒乓球因为对场地要求不高、简便易行，所以在全国开展得比较好。1959年乒乓球运动员容国团为中国夺得了第一个世界冠军，让世界瞩目、国人振奋。第26届世界乒乓球锦标赛上，庄则栋和邱钟惠分别获得男女单打冠军，中国队也拿下了男子团体冠军。从这个时候开始，乒乓运动也长盛不衰。至2005年，我国共获冠军143次，其中世锦赛100次，世界杯赛27次，奥运会16次。而且有三次包揽世锦赛全部7个金杯，两次包揽奥运会全部4枚金牌。

乒乓球运动开展的条件不苛刻，可参与性强。男女老少都能打，天南海北都能打，室内室外都能打。条件好的可用高级球台打，条件差的水泥球台也能打，没有球台用几张桌子拼起来也能打。天气好在露天可以打，遇上大风大雪，在一间不大的房间里就可以打。乒乓球运动是一项全身运动，健体健脑又健心。相对于足球、篮球等运动，它没有直接的身体对抗，自己可控制运动量，非常有利于普及。这项运动特别适合中国的国情，得到了国人的普遍喜爱，普及程度很高。

（四）场地设施

奥运会乒乓球比赛在体育馆内进行，馆内的具体标准有如下几条。

1. 比赛区域

正式比赛场地可容纳4张或8张（视竞赛方法而定）标准尺寸的球台，7m宽、14m长、天花板高度不得低于4m。比赛区域还应包括比赛球台旁的通道，电子显示器，运动员、教练员座席，竞赛官员区域（技术代表、裁判长、仲裁等），摄影记者区域，电视摄像区域以及颁奖区域等所需要的面积。

2. 灯光

奥运会为了保证电视转播影像清晰，要求照明度为1500～2500lx，所有球台的照明度是一样的。如果因电视转播等原因需要增加临时光源，该光源从天花板上方照下来的角度应大于75°。比赛区域其他地方的照明度不得低于比赛台面照明度的1/2，光源距离地面不得少于5m。场地四周一般应为深颜色，观众席上的照明度应明显低于比赛区域的照明度，要避免耀眼光源和未遮蔽的窗户的自然光。

3. 地面

地面应为木制或经国际乒联批准的品牌和种类的可移动塑胶地板。地板具有弹性，没有其他体育项目的标线和标识。地板的颜色不能太浅或反光强烈，可为红色或深红色；不能过量使用油或蜡，以避免打滑。

4. 温度

馆内比赛区域的空气流速控制在0.2～0.3m/s，温度为20～25℃，或低于室外温度5℃。

5. 器材规格

图 2-7-2　乒乓球台

场地规格赛区应由 0.75m 高的同一深色的挡板围起，并与相邻的赛区及观众隔开。每张球台的比赛场地面积为 8m×16m。场地内放有球台、球网、球、挡板、裁判桌、裁判椅、记分牌等。每张球台至少要使用两台电子记分牌，决赛时使用四台。电子记分牌安放在乒乓球比赛场地两侧后面或四角，牌上有运动员的姓名、所属国家或地区、时间、各局比分等，使观众在看台上可以清楚地看到显示屏上的比分。体育馆内还有一个所有观众都能看清楚的大电子显示屏，能同时显示所有球台比赛的有关信息。决赛或仅使用一张球台比赛时，裁判员使用话筒，以方便全场观众观看比赛。器材规格有如下规定。

① 球台（图 2-7-2）：高 76cm、长 2.74m、宽 1.525m，颜色为墨绿色或蓝色。
② 球网：高 15.25cm、台外突出部分长 15.25cm，颜色与球台颜色相同。
③ 球：呈白色或橙色，且无光泽，直径 40mm、重量 2.7g 的硬球。
④ 挡板：高 0.75m、宽 1.4m，颜色与球台颜色相同。

所有器材均由国际乒联特别批准和指定，在整个比赛过程中包括训练设施均必须采用相同牌号的器材。

（五）乒乓球比赛规则

1. 发球、接发球和方位的选择

① 选择发球、接发球和场地的权利应通过选择硬币的正反面来决定。选对者可以选择先发球或先接发球，或选择先在某一方。

② 当一方运动员选择了先发球或先接发球或选择了场地后，另一方运动员应有另一个选择的权利。

③ 在每发球两次之后接发球方即成为发球方，依此类推，直到该局比赛结束，或者直至双方比分都达到 10 分实行轮换发球法，这时发球和接发球次序仍然不变，而且每人只轮发一分球。

④ 一局中在某一方位比赛的一方，在该场的下一局应换到另一方位。单打决胜局中当有一方满 5 分时应交换方位。

2. 发球、接发球次序和方位错误的处理

① 裁判员一旦发现发球、接发球次序错误应立即暂停比赛，并按该场比赛开始时确立的次序，根据场上的比分由应该发球或接发球的运动员发球或接发球；在双打中，则按发现错误时那一局中首先有发球权的一方所确立的次序继续进行比赛。

② 裁判员一旦发现运动员应交换方位而未交换时，应立即暂停比赛，并按该场比赛开始时确立的次序，根据场上比分纠正运动员所站的方位后再继续比赛。在任何情况下，发现错误之前的所有得分均有效。

③ 发球者发出的球触碰到网，称为擦网，裁判应令发球者重新发球，直到没有擦网，或者其他发球失误。

3. 合法还击

对方发球或还击后，本方运动员必须击球，使球直接越过或绕过球网装置（包含触及球网装置）后，再触及对方台区。凡属上述情况，均为合法还击。

4. 重发球

不予判分的回合出现下列情况，应判重发球。

① 如果发球员发出的球，在越过或绕过球网装置时触及球网装置，此后成为合法发球或被接发球员或其同伴阻挡。

② 如果发球员或同伴未准备好时球已发出，而且接发球员或其同伴均没有企图击球。

③ 由于发生了运动员无法控制的干扰，如灯光熄灭等原因，而使运动员未能合法发球、合法还击或未能遵守规则。运动员与同伴相撞或者被挡板绊倒而未能合法回击，则不能判重发球。

④ 裁判员或副裁判员宣布的暂停比赛。例如：由于要纠正发球、接发球次序或方位错误；由于要实行轮换发球法；由于警告或处罚运动员；由于比赛环境受到干扰以致该回合结果有可能受到影响（例如外界球进入赛场或者是足以使运动员大吃一惊的突然喧闹）。

5. 判一分

回合中出现重发球以外的下列情况，应判失一分。

① 未能合法发球。

② 未能合法还击。

③ 阻挡。

④ 连续两次击球（如执拍手的拇指和球拍连续击球）。

⑤ 除发球外，球触及本方台区后再次触及本方比赛台面。

⑥ 用不符合规定的拍面击球。

⑦ 双打中，除发球或接发球外运动员未能按正确的次序击球。

⑧ 裁判员判罚分。

⑨ 其他已列举的违规现象。

6. 一局比赛

在一局比赛中，先得 11 分的一方为胜方；比分出现 10 平后，先多得 2 分的一方为胜方。

7. 一场比赛

① 一场比赛应采用七局四胜制或五局三胜制。

② 一场比赛应连续进行，但在局与局之间，任何一名运动员都有权要求不超过 2min 的休息时间。

8. 轮换发球法

① 如果一局比赛进行到 15min 仍未结束（双方都已获得至少 9 分除外），或者在此之前的任何时间，应双方运动员要求，应实行轮换发球法。计时员应在每一局比赛的第一个球进入比赛状态时开表，在比赛暂停时停表，恢复比赛时重新开表。比赛暂停包括：球飞出赛区至重新回到赛区、擦汗、决胜局交换方位及更换损坏的比赛器材。一局比赛进行到 15min 尚未结束，计时员应报"时间到"。

② 当时间到时，球仍处于比赛状态，裁判员应立即宣布暂停比赛，由被暂停回合的发球员发球继续比赛。当时间到时，球未处于比赛状态，应由前一回合的接发球员发球，继续比赛。

③ 出现上述情况时，计数员应在接发球方每一次击球后报出击球数，在使用轮换发球法时，计数员报数应用英语或用双方运动员及裁判员均能接受的任何其他语言。

④ 此后，每个运动员都轮发一分球直至该局结束，如果接发球方进行了十三次合法还击，则判发球方失一分。

⑤ 轮换发球法一经实行，该场比赛的剩余部分必须继续进行，直至该场比赛结束。

【任务实施】

① 乒乓球在发展过程中的变革有哪些？
② 乒乓球运动的特点是什么？
③ 乒乓球在中国的发展历程是怎样的？

学习任务二　乒乓球基本技术

【任务导入】

熟练掌握乒乓球持拍的正确动作和方法，了解并掌握乒乓球动作技术要领，达到运用技术动作的基本要求。

【知识准备】

（一）握拍方法

1. 直拍

（1）快攻型握拍法

拍前食指第二指节和拇指第一节在拍的前面呈钳形，两指间的距离 1～2cm，拍柄贴住虎口，另外三指自然弯曲贴于球拍后的 1/3 上端，如图 2-7-3 所示。

（2）弧圈型握拍法

弧圈型握拍法与快攻型握拍法基本相同，其区别是：拇指和食指形成一个小环状，其他三指在拍背面自然重叠，由中指的第一指关节顶于拍柄的延长线上。

图 2-7-3　快攻型握拍法

图 2-7-4　横拍握拍法

2. 横拍

横拍握拍法（见图 2-7-4）如同握手一样，中指、无名指、小指自然弯曲握住拍柄，大拇指在球拍正面靠近中指，食指自然伸直，斜放于球拍背面。正手攻球时，食指稍向上移动，反手攻球时，拇指稍向上移动。

（二）直拍快攻类型与握法

快攻类型（包括左推右攻和两面攻两种打法）常见的握拍方法有以下三种。

第一种握拍方法为球拍柄右侧贴在食指的第三关节处，以食指的第二关节压住球拍的右肩，食指的第一关节自然向内弯曲，拇指的第一关节压住球拍的左肩（拇指与食指之间的距离要适中）。其他三指自然弯曲斜重叠，以中指第一指节托于球拍背面，使球拍保持平稳。

这种握拍法，手腕比较灵活。可以在发球时利用手腕动作，发出动作相似而旋转、落点不同的球。也可以很灵活地打出斜、直线球。对台内球的处理也较为有利，由反手位用反手击球后再打正手位的来球，以及由反手位用反手击球后进行侧身正手攻球时，有利于正、反手两个技术动作的协调结合。对中路追身球，手腕可以自然下垂，通过手腕来调节拍形，对来球进行合理回击。用这种握拍法进行正手攻球时，拇指与中指协调用力，食指相对放松，无名指微离中指，指尖轻托球拍背面，以保持发力时球拍的稳定。进行反手攻球或推挡球时，食指和中指协调用力，拇指相对放松。用手腕发力时（包括正、反手击球），以中指发力为主，拇指和食指保持拍形的稳定，同时作辅助用力。

第二种握拍方法与第一种基本相同，但拇指与食指之间的距离较大（钳形较大）。这种握拍法有利于上臂和前臂的集中发力。因此，中、远台攻球，正手攻球，扣杀球都比较有力。但由于拇指与食指之间的距离较大，握拍较深，对手腕的灵活性有一定的影响，对处理台内球、转球、推挡球和追身球差。

第三种握拍方法为拍柄右侧贴在食指第二、三关节之间，以拇指和食指的第一关节压住球拍的左、右两肩，两指间的距离适中（但比第一种握法要小一些），以中指的第一指节左侧将球拍背面托住，无名指和小指斜叠在中指之下，用无名指辅助中指托住球拍背面，使球拍保持平稳。

这种握拍法为部分两面攻的运动员所采用，其优点是进行反手攻球时，提起前臂后拍头朝上，有利于反手高压打球，使打出去的球快速有力。这种握拍法，由于沉手时拍形下垂，因此在进攻中路迫身球时比较协调。由于拇指与食指之间的距离较小，手腕比较灵活，因此易于处理台内球，对突击加转球也较好，其缺点是对正手离身球因拍形下垂而难以高压击球。同时因手腕比较灵活，拍形不易固定。

（三）攻球技巧

1. 身体姿势

两脚开立与肩同宽或比肩稍宽，两膝微屈，前脚掌着地（主要以脚内侧蹬地），脚趾轻微用力压地，脚跟微离地面，重心置于两脚之间。上体略前倾、收腹，持拍手臂自然弯曲。直握拍的肘部略向外张，球拍置于腹部右前方，手腕自然放松，拍头指向右斜前方。横握拍的肘部向下，前臂自然平举，手腕自然放松，拍头指向上方，非持拍手臂自然弯曲于身体左侧。两眼注视来球。

2. 站位

不同打法的人，其站位方式也不同。直拍左推右攻打法的站位，一般是左脚稍前于右脚，左脚位置基本处于球台左边线的延长线上。身体与球台端线的距离约为40cm左右。

（四）打法类型

1. 打法分类

乒乓球的打法可以分为6大类。

① 快攻打法。
② 弧圈打法。
③ 弧圈结合快攻打法。
④ 快攻结合弧圈打法。
⑤ 以削为主的削球打法。
⑥ 削球和进攻结合的削球打法。

2. 乒乓球发球方式

（1）正手发奔球

① 特点：球速急、落点长、冲力大，发至对方右大角或中左位置，对对方威胁较大。
② 要点：

ⅰ. 抛球不宜太高。
ⅱ. 应提高击球瞬间的挥拍速度。

ⅲ.第一落点要靠近本方台面的端线。
ⅳ.点与网应同高或稍低于网。

(2) 反手发急球与发急下旋球

① 特点：反手发急球的球速快、弧线低，前冲大，迫使对方后退接球，有利于抢攻，常与发急下旋球配合使用。

② 要点：

ⅰ.击球点应在身体的左前侧，与网同高或比网稍低。

ⅱ.注意手腕抖动发力。

ⅲ.第一落点在本方台区的端线附近。

(3) 发短球

① 特点：击球动作小，出手快，球落到对方台面后的第二跳不出台，使对方不易发力抢拉、冲或抢攻。

② 要点：

ⅰ.抛球不宜太高。

ⅱ.击球时，手腕的力量大于前臂的力量。

ⅲ.发球的第一落点在球台，不要离网太近。

ⅳ.发球动作尽量与发长球相似，使对方不易判断。

(4) 正手发转与不转球

① 特点：球速较慢，前冲力小，主要用相似发球动作，制造旋转变化去迷惑对方，造成对方接发球失误或为自己抢攻创造机会。

② 要点：

ⅰ.抛球不宜太高。

ⅱ.发转球时，拍面稍后抑，切球中下部。越是加转球，越应注意手臂的前送动作。

ⅲ.发不转球时，击球瞬间减小拍面后仰角度，增加前推的力量。

(5) 正手发左侧上（下）旋球

① 特点：左侧上（下）旋转力较强，对方挡球时向其右侧上（下）方反弹，一般站在中线偏左或侧身发球。

② 要点：

ⅰ.发球时要收腹，击球点不可远离身体。

ⅱ.尽量加大由右向左挥动的幅度和弧线，以增强侧旋强度。

ⅲ.发左侧上旋时，击球瞬间手腕快速内收，球拍从球的正中向左上方摩擦。

ⅳ.发左侧下旋时，拍面稍后仰，球拍从球的中下部向左下方摩擦。

(6) 反手发右侧上（下）旋球

① 特点：右侧上（下）旋球力强，对方挡住后，向其左侧上（下）反弹。发球落点以左方斜线长球配合中右近网短球为佳。

② 要点：

ⅰ.注意收腹和转腰动作。

ⅱ.充分利用手腕转动配合前臂发力。

ⅲ.发右侧上旋球时，击球瞬间球拍从球的中部向右上方摩擦，手腕有一个上勾动作。

ⅳ.发右侧下旋球时，拍面稍后仰，击球瞬间球拍从球的中下部向右侧下摩擦。

(7) 下蹲发球

① 特点：下蹲发球属于上手类发球，中国运动员早在20世纪50年代就开始使用。横

拍选手发下蹲球比直拍选手方便，直拍选手发球时需变化握拍方法，即将食指移放到球拍的背面。下蹲发球可以发出左侧旋和右侧旋，在对方不适应的情况下，威胁很大，关键时候发出高质量的球，往往能直接得分。

② 要点：

ⅰ．注意抛球和挥拍击球动作的配合，掌握好击球时间。

ⅱ．发球要有质量，发球动作要利落，以防在还未完全站起时已被对方抢攻。

ⅲ．发下蹲右侧上、下旋球时，左脚稍前，身体略向右偏转，挥拍路线为从左后方向右前方。拍触球中部向右侧上摩擦为右侧上旋，从球中下部向右侧下摩擦为右侧下旋。

ⅳ．发下蹲左侧上、下旋球时，站右中部向左上方位稍平，身体基本正对球台，挥拍路线为从右后方向左前方。拍触球中右侧偏上部摩擦为左侧上旋，从球中部向左下部摩擦为左侧下旋。

ⅴ．发左（右）侧上、下旋球时，要特别注意快速做半圆形摩擦球的动作。

(8) 正手高抛发球

① 特点：最显著的特点是抛球高，增大了球下降时对拍的正压力，发球速度快，冲力大，旋转变化多，着台后拐弯飞行。但高抛发球动作复杂，有一定的难度。

② 要点：

ⅰ．抛球勿离台及身体太远。

ⅱ．击球点与网同高或比网稍低，在近腰的中右处（15cm）为好。

ⅲ．尽量加大向内摆动的幅度和弧线。

ⅳ．发左侧上、下旋球与低抛发球相同。

ⅴ．触球后，附加一个向右前方的回收动作，可增加对方的判断难度（结合发右侧旋球，更有威力）。

学习任务三　技巧学习

【任务导入】

熟练掌握正手攻球、反手攻球的正确动作和练习方法，掌握动作技术要领，能够达到对攻的基本要求。

【知识准备】

攻球从大的动作结构来讲，可分为正手和反手攻球两大类。攻球是快速进攻最重要的一项技术，杀伤力强，是解决战斗的关键技术。

(一) 动作要点（以右手为例）

1. 正手攻球

近台中偏右站位，左脚稍前，身体斜对球台，持拍手自然放松置于腹前，拍半横状。顺来球路线略向右侧引拍，约与台面齐高，拍面与台面约成80°，前臂与台面基本平行。当球从台上弹起，持拍手由右侧向左前上方挥动，以前臂快速内收发力配合手腕内转沿球体做弧线挥动，在上升期击球的中上部，击球位置在身体右前方一前臂距离处。

2. 反手攻球

站位近台，右脚稍前，持拍手自然弯曲置于腹前偏左，重心偏于左脚。顺来球线路向后引拍。当球从台上弹起，持拍手由左后向右前上加速挥拍，前臂发力为主，手腕外转，拍面前倾，重心移至右脚，左右胸前击球上升时期的中上部。攻球的重点难点是挥拍发力和正确恰当的击球点。

（二）教学方法

徒手模仿正、反手攻球动作，体会挥臂、腰部扭转和重心转换等动作要领。练习者站位近台中偏右（左），在右（左）角端线附近自抛自攻对方右（左）边斜线。体会前臂内收发力和手腕内（外）旋及击球点，可做下列练习。

① 两人对练，一人自抛自攻，另一人用挡球回击，互换练习。
② 两人对角，一人正（反）手攻球，一人推挡回击，互换练习。
③ 两人对练，一人一点攻两点，另一个两点推挡一点，互换练习。
④ 两人正（反）手对攻斜线。
⑤ 两人对攻中路直线。

（三）易犯错误及纠正方法

① 正手攻球时不敢大胆挥拍，有停顿，弧线制造不好。
纠正方法：用徒手模仿挥拍练习把拍挥够。
② 上臂与身体夹角过小。
纠正方法：放松肩部，加大上臂与身体的距离。
③ 抬肘抬臂。
纠正方法：对做近台快攻练习，强调击球时肘肩向后下方。
④ 手腕下垂，球拍与前臂垂直。
纠正方法：强调手腕内旋拍柄向左，徒手模仿练习。
⑤ 判断球的落点不准，引拍动作不到位。
纠正方法：用先做接平击发球的练习，再做连续推挡球的练习来纠正。
⑥ 反手攻球时拍面前倾过早。
纠正方法：徒手做引拍练习使拍面稍后仰。
⑦ 拍面前倾不够。
纠正方法：作平击发球练习，体会击球时手腕外旋动作的方法。

学习任务四　主要战术

【任务导入】

熟练掌握乒乓球的推攻，两面攻，拉攻，拉、扣、吊结合，搓攻，削中反攻，发球抢攻，接发球抢攻的动作技术和练习方法，了解并掌握各种攻球动作技术要领，熟练技术动作进行比赛。

【知识准备】

（一）推攻

1. 特点

主要运用正手攻球和反手推挡的速度和力量，结合落点变化和节奏变化来压制和调动对方，以争取主动或得分。推攻战术是左推右攻打法对付攻击型打法的主要战术，有反手推挡能力的两面攻运动员、攻削结合运动员等也常使用。

2. 方法

① 左推右攻。

② 推挡侧身攻。

③ 推挡、侧身攻后扑正手。

④ 左推结合反手攻。

⑤ 左推、反手攻、侧身攻后扑正手。

3. 注意事项

① 推、攻都要有线路变化、落点变化和节奏变化，这是推攻战术争取主动和创造扣杀机会的主要方法。

② 推挡一般以压对方反手为主，然后突然变正手，以创造进攻机会。如果对方正手较差，才可以推对方正手为主。

③ 在推挡中突然加力推对方中路，使对方难以用力回击，然后用正手或侧身扣杀。

④ 遇到机会球时要果断扣杀，这是推攻战术得分的主要手段。

⑤ 推攻战术要坚持近台，又不能死守近台，要学会近台和中台的位置转换，掌握对手节奏。

⑥ 推攻战术对付弧圈类打法应坚持近台为主，用加、减力推挡控制落点，伺机采用近台反拉或中等力量扣杀弧圈球，然后进入正手连续进攻。

（二）两面攻

1. 特点

主要利用正、反手攻球技术的速度和力量压制对方，争取主动和创造扣杀机会。两面攻技术是两面攻打法对付攻击型打法的主要战术。

2. 方法

① 攻左扣右。

② 攻打两角，猛扣中路。

3. 注意事项

① 正、反手攻球都要有线路变化和落点变化，以便创造扣杀机会。

② 要以压对方反手为主，然后攻击对方正手或中路，以创造扣杀机会。

③ 遇到机会球时要大胆扣杀。

④ 两面攻战术在主动进攻情况下要坚持近台，被动情况下可适当后退，在中近台或中台进行反攻。

⑤ 两面攻战术对付弧圈球打法应坚持近台，用快攻顶住对方的弧圈球，伺机采用近台反拉或中等力量扣杀弧圈球，然后转入连续进攻。

（三）拉攻

1. 特点

连续运用正手快拉创造进攻机会，然后采用突击和扣杀来作为得分手段。拉攻战术是快攻打法对付削球类打法的主要战术。

2. 方法

① 正手拉后扣杀。

② 反手拉后扣杀。

3. 注意事项

① 拉、扣的力量要有较大的悬殊，以使对方措手不及。

② 拉球要有线路和落点变化以调动对方，争取主动和创造进攻机会。
③ 遇到机会球时要大胆扣杀或突击。
④ 采用拉攻战术要有耐心，不要急于求成，对没有把握的机会球不要过凶。

（四）拉、扣、吊结合

1. 特点

由拉攻与放短球相结合而成，是快攻型打法对付削球打法的常用战术。

2. 方法

① 在拉攻战术的扣杀或突击后放短球。
② 在拉攻战术中放短球后，结合扣杀或突击。

3. 注意事项

① 拉攻中放短球，要在对方站位较远并且来球比较近网时进行，这样，放短球的落点容易靠近球网，可增加对方向前移动的距离和难度。
② 放短球后扣杀时，如果对方靠台极近，可对准对方身体方向扣杀，这样，往往能使对方难以让位还击。

（五）搓攻

1. 特点

主要运用"转、低、快、变"的搓球控制对方，以寻找战机，然后采用低突、快点或拉攻等技术展开攻势并进入连续进攻。在搓球中遇到机会球时进行扣杀，常常带有突然性，往往可以直接得分。搓攻战术是乒乓球各种打法都不可缺少的辅助战术。

2. 方法

① 正、反手搓球结合正手快拉、快点、突击或扣杀。
② 正、反手搓球结合反手快拉、快点、突击或扣杀。

3. 注意事项

① 搓攻战术既要尽可能早起板，以争取主动，但又不能有急躁情绪，否则，起板容易失误。
② 在搓球中遇到机会球时要大胆扣杀，这是搓攻战术的主要得分手段。
③ 在搓短中摆短，可使对方不易抢先进攻，故有利于创造进攻机会，以便伺机用正、反手或侧身进攻。

（六）削中反攻

1. 特点

削中反攻由削球和攻球结合而成，常以逼角加转削球为主，伺机反攻。或以转、低、稳、变的削球，迫使对手在走动中拉攻，以从中寻找机会，予以反攻。这种战术有"逼、变、凶、攻"的特点，是攻、削结合打法的主要技术。

2. 方法

① 正、反手削球逼角，结合正手攻或侧身攻对方右侧空当。
② 正、反手削两大角长球，结合正、反手反攻。

3. 注意事项

① 正、反手削球都要注意旋转强度的变化。在削加转后用削加转球相似的手法削不转球，是使对方拉出高球，以进行反攻的有效方法。
② 削球时要尽可能压低弧线，以避免对方扣杀或突击。
③ 削球逼角时要适当配合削另一角，以使对方在走动中击球。

（七）发球抢攻

1. 特点

发球抢攻战术是以旋转、线路、落点以及速度不同的发球来增加对方回击的难度，使其出现机会球，或降低回球质量，然后抢先进攻，以争取主动或直接得分，这是乒乓球所有打法特别是进攻型打法的主要战术和得分手段。

2. 方法

① 发下旋转球与不转球抢攻。

② 发正、反手奔球抢攻。

③ 发正、反手侧上、下旋球抢攻。

3. 注意事项

① 发球要有线路和落点变化，以使对方前、后、左、右走动中接发球。

② 发球后要有抢攻准备，以不失抢攻的机会。

③ 自己发什么球，对方可能以什么技术回击，要做到发球前心中有数。这样，才能较好地做好抢攻的准备。

④ 抢攻要尽可能凶，又不能过凶，否则，会影响命中率。

（八）接发球抢攻

1. 特点

由某一单项攻球技术所形成，进攻性强，可变接发球的不利地位为主动地位，也可直接得分，是乒乓球运动各种打法特别是进攻型打法的主要战术。

2. 方法

用快点、快攻或中等力量突击进行接发球抢攻。

3. 注意事项

① 由于接发球抢攻是在对方主动发球，自己处于被动的接发球地位时所采取的进攻性打法，所以难度较大。接发球抢攻一般不可过凶，要看准来球的旋转方向、旋转强度和高度，采用适当的方法进攻。例如对方发加转下旋球，接发球抢攻时要采用提拉手法，以免下网。同时，攻球的力量不可过大。

② 接发球抢攻动作结束后，要立即作好对攻或连续攻的准备，以便继续处于主动地位。

③ 接发球抢攻、抢冲的力量越小，越应注意球的路线或落点，一般应多打在对方反手。若对方反手强而正手弱，则可多打在对方正手。

（九）其他战术

① 弧圈结合快攻：以弧圈球为主，快攻为辅，当今最流行的打法，男子中这种打法的可能占八成。一般球拍两面反胶。

② 快攻结合弧圈：以快攻为主，弧圈球为辅。一般球拍一面反胶，一面正胶、生胶或长胶（也有两面都是正胶、生胶、长胶的）。

③ 削中反攻：以被动的削球为主，伺机反攻的打法，20世纪50年代时曾垄断世界乒坛。当前使用这种打法的较少。

④ 怪球：当前基本没有这种打法，没有确凿的定义。一般是以长胶削、磕、拱、飘等技术集合封堵来球，伺机（用倒板技术）反攻。

【任务实施】

① 策划并组织乒乓球比赛。

② 制订乒乓球比赛活动方案。
　　比赛方式：各队抽签分组，淘汰制。
　　比赛时间：根据具体情况安排。
　　比赛计分：标准计分，以裁判判罚为主。
　　比赛规则：标准赛事规则，具体判罚以规则为准。
　　比赛场地：体育馆。
　　裁判构成：由教师和学生组成。
③ 开始比赛。
④ 比赛评估，包括个人评估、小组评估和教师评估。

项目八 羽毛球

【案例引入】

羽毛球是一项隔着球网，使用长柄网状球拍击打平口端扎有一圈羽毛的半球状软木的室内运动。可以分为单打与双打。相较于性质相近的网球运动，羽毛球运动对选手的体格要求并不很高，却比较讲究耐力，极适合东方人发展。

学习任务一　初识羽毛球

【任务导入】

了解羽毛球运动的起源、特点、作用以及基本技术、场地等。

【知识准备】

一、羽毛球运动的起源

早在两千多年前，一种类似羽毛球运动的游戏就在中国、印度等国出现。中国叫打手毽，印度叫浦那，西欧等国则叫做毽子板球。19世纪70年代，英国军人将在印度学到的浦那游戏带回国，作为茶余饭后和休息时的消遣娱乐活动。据传，在14世纪末，日本出现了把樱桃插上美丽的羽毛当球，两人用木板来回对打的运动。这就是羽毛球运动的原型。18世纪时，印度的浦那，出现类似今日羽毛球活动的游戏，以绒线编织成球形，上插羽毛，人手持木拍，隔网将球在空中来回对击，但这种游戏流行的时间不长。

现代羽毛球运动诞生在英国。1873年，在英国格拉斯哥郡的伯明顿镇，有一位叫鲍弗特的伯爵在他的领地开游园会，有几个从印度回来的退役军官就向大家介绍了一种隔网用拍子来回击打毽球的游戏，人们对此产生了很大的兴趣。因这项活动极富趣味性，很快就在上层社会社交场上风行开来。"伯明顿"（Badminton）即成为英文羽毛球的名字。1893年，英国14个羽毛球俱乐部组成羽毛球协会。

羽毛球运动约于1920年传入我国，新中国成立后得到迅速发展。20世纪70年代我国羽毛球队已跻身于世界强队之列。70年代，国际羽毛球坛是印度尼西亚与我国平分秋色。

80年代，优势已转向我国，说明我国羽毛球运动已达到世界先进水平。羽毛球在1992年巴塞罗那奥运会上被列为正式比赛项目，共设男女单打和男女双打及混合打共5项比赛。其他羽毛球比赛也很多，像汤姆斯杯赛、尤伯杯赛以及世界羽毛球锦标赛等。

二、羽毛球运动的主要特点

1. 是一种全身运动项目

无论是进行有规则的羽毛球比赛还是作为一般性的健身活动，都要在场地上不停地进行脚步移动、跳跃、转体、挥拍，合理地运用各种击球技术和步法将球在场上往返对击，从而增大了上肢、下肢和腰部肌肉的力量，加快了锻炼者全身血液循环，增强了心血管系统和呼吸系统的功能。据统计，大强度羽毛球运动者的心率可达到160～180次/min，中强度心率可达到140～150次/min，低强度运动心率也可达到100～130次/min。长期进行羽毛球锻炼，可使心跳强而有力，肺活量加大，耐久力提高。此外，羽毛球运动要求练习者在短时间对瞬息万变的球路作出判断，果断地进行反击，因此，它能提高人体神经系统的灵敏性和协调性。

2. 可调节运动量

羽毛球运动适合于男女老幼，运动量可根据个人年龄、体质、运动水平和场地环境的特点而定。青少年可作为促进生长发育、提高身体机能的有效手段进行锻炼，运动量宜为中强度，活动时间以40～50min为宜。适量的羽毛球运动能促进青少年增长身高，能培养青少年自信、勇敢、果断等优良的心理素质。老年人和体弱者可作为保健康复的方法进行锻炼，运动量宜较小，活动时间以20～30min为宜。

3. 简便性

（1）不受场地的限制

羽毛球活动对设备的基本要求比较简单，只需两个球拍、一个球和一条绳索即可。正规比赛场地长13.40m，宽6.1m（双打）或5.18m（单打），平时进行羽毛球活动只要有平整的空地就可以了。在风不大的情况下，可以在户外进行活动，只要把球网架起来，在一定长度和宽度的空地上画上几条线，就可以双方对练。因此它不仅可以在正规的室内运动场进行，也可以在公园、生活小区等处广泛地开展。当它作为户外运动时，还可使锻炼者吸入新鲜空气，受到阳光照射，改善人体的血液循环和新陈代谢，同时感受大自然的美丽，在运动中怡心健体。

（2）集体、个人皆宜

羽毛球运动既可单兵作战（两人对练），又可集体会战（双打练习或三人对三人对练）。单人对练时，练习者可以随心所欲地打出任何弧线、任何远度、任何力量和速度；集体会战则可以使练习者养成协调配合的习惯，培养集体主义精神。

（3）不受年龄、性别的限制

羽毛球运动游戏性较强，运动量可大可小。身强力壮的年轻人可以将球打得又刁又重，拼尽全力扑救任何来球，尽情散发自己的青春气息；年老体弱的练习者可以把球轻轻地击来打去，根据自己的要求来变换击球节奏，从而达到锻炼身体、延年益寿的功效，既活动了身体，又娱乐了心情。不同年龄、不同性别以及不同体质的人都能在羽毛球运动中找到乐趣。

三、羽毛球运动的主要作用

① 羽毛球是一种全身运动。无论是进行有规则的羽毛球比赛还是作为一般性的热身运动，都会加快全身血液循环，增强了心血管系统和呼吸系统的功能。

② 羽毛球是可调节运动。促进生长发育，适量的羽毛球运动可以增长身高，同时也达到出汗、弯弯腰、舒展关节的目的。从而增强心血管和神经系统的功能。

③ 羽毛球具有娱乐性和欣赏性。羽毛球作为一种娱乐活动，参与者在球的对击过程中通过不停地奔跑和身体变化，让打球充满了丰富的乐趣。运动员打羽毛球的力与美，让观赏者浏览一副悦目的画，令人心旷神怡、流连忘返。

④ 羽毛球具有锻炼性。羽毛球是激烈运动，且趣味性强，是一种全身性的综合运动，对运动者的协调性和体能都有很高的要求。所以也是一项考验运动综合素质的项目，有增强体质、抗病防衰、调节精神的作用。

⑤ 羽毛球培养意志。羽毛球运动因其竞争性、对抗性、大强度等诸多特质可以培养坚持奋进的精神。掌握正确的运动技术，在树立自信心的同时，可以培养团队精神、培养光明正大的作风。

⑥ 羽毛球陶冶情操，能够培养良好的心态、正确的人生观面对家庭、事业、荣辱等。双打培养与人合作能力，可以增进感情，培养默契。

四、羽毛球的技术动作及场地简介

（一）羽毛球技术动作

1. 羽毛球基本技术

① 握拍技术：正手握拍、反手握拍。

② 发球技术：正手发球（高远球、平高球、平快球、网前球）、反手发球（网前球、高远球）。

③ 接发球技术。

④ 后场高空击球技术：高远球、平高球、吊球、杀球。

⑤ 前场网前击球技术：搓球、放网前球、勾对角球、推球、扑球。

⑥ 下手击球技术：底线抽球、挑球、接杀球。

⑦ 中场平击球技术：正、反手中场平抽球、半蹲式中场平击球。

2. 羽毛球的步法

① 上网步法：跨步上网、垫步或交叉步上网、蹬跳上网。

② 后退步法：正手后退步法、头顶后退步法、反手后退步法。

③ 两侧移动步法：向左移动步法、向右移动步法。

④ 起跳腾空突击步法。

（二）场地简介

羽毛球场地长 13.40m，双打宽 6.10m，单打宽 5.18m。羽毛球网长 6.10m、宽 76cm，为优质深色的天然或人造纤维制成，网孔直径在 15～20mm 之间，网的上沿应缝有 75mm 宽的双层白布（对折而成），并用细钢丝绳或尼龙绳从夹层穿过，牢固地张挂在两网柱之间。标准球网应为黄褐色或草绿色。网柱高 1.55m，无论是单打或双打，两根网柱都应分别立在双打场地边线的中点上。正式比赛时，球网中部上沿离地面必须为 1.524m 高，球网两端高为 1.55m。球网的两端必须与网柱系紧，它们之间不应该有缺缝，如图 2-8-1 所示。

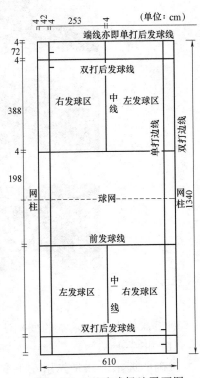

图 2-8-1 羽毛球场地平面图

学习任务二　握拍与发球技术

【任务导入】

熟练掌握握拍和发球的正确动作和练习方法，了解并掌握各种握拍和发球动作技术要领，能够运用正确动作进行练习和活动。

【知识准备】

1. 握拍法

在羽毛球各项基本技术中，握拍是最简单但又最易被初学者疏忽的一项技术。看起来，握拍很容易，谁都能抓起球拍挥舞几下，但要想提高球技，打起球来得心应手，就必须要从握拍这最简单、最基本的一环学起，掌握适合自己的握拍方法。以下是几种基本握拍方法的示意图（图2-8-2）。

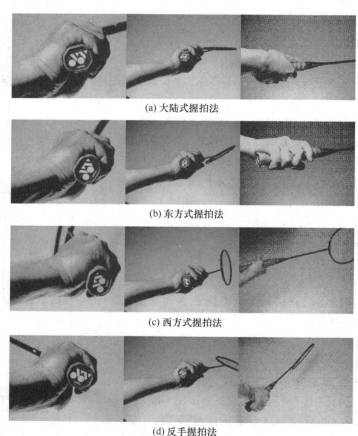

(a) 大陆式握拍法

(b) 东方式握拍法

(c) 西方式握拍法

(d) 反手握拍法

图2-8-2　握拍方法示意图

羽毛球技术中的基本的握拍法有两种，即正手握拍法和反手握拍法。

（1）正手握拍

正确的握拍方法是先用左手拿住球拍杆，使拍面和地面垂直，然后张开右手，虎口对着拍柄窄面的小棱边，拇指和食指贴在拍柄的两个宽面上，食指和中指稍微分开，中指、无名指和小指并拢握住拍柄，掌心不要紧贴，拍柄端与近腕部的小鱼际肌平。在击球之前，握拍一定要放松、自然，在击球的一刹那才紧握球拍。

（2）反手握拍

在正手握拍的基础上，拇指和食指将拍柄稍外转，拇指顶点放在拍柄内侧的宽面上内侧棱上，中指、无名指和小指并拢握住拍柄，使掌心留有空隙，球拍斜侧向身体左侧，拍面稍后仰。

2. 发球法

发球是羽毛球基本的重要的技术之一。羽毛球发球虽不能像乒乓球发球那样使球产生各种旋转，但它可以通过不同的发球手法，发出不同弧度、不同落点的球来控制对方，为本方创造进攻得分的机会。因此，羽毛球的发球应引起初学者的充分重视。

发球可分为正手发球和反手发球。一般来说，发网前球、平快球、平高球均可以用正手发球或反手发球的技术来完成，而发高远球，则须采用正手发球。

（1）正手发球

站位：单打时，一般站在发球区离前发球线 1m 左右的中线附近。双打时可站前面一些。

左脚在前（脚尖对网），右脚在后（脚尖斜向侧方），两脚距离与肩同宽，上身自然伸直，身体重心放在右脚上，成左肩斜对球网之势。右手握拍向右后侧举起，肘部微屈，左手拇、食指和中指夹住球，举在腹部右前方，然后放开球，挥拍击球。击球时，身体重心由右脚移至左脚（图 2-8-3）。

图 2-8-3　正手发高远球

（2）反手发球

站位：站在前发球线后 10～50cm 及发球区中线的附近。

面向球网，两脚前后站立，上体稍前倾，身体重心在前脚上。右手手臂屈肘，用反手握拍，将球拍横举在腰间，拍面在身体左侧腰下。左手拇指与食指捏住球的两三根羽毛，球托朝下，在球拍前对准拍面。击球时，前臂带动手腕朝前横切推送，使球内飞行弧线略高于网底，下落到对方前发球线附近。反手发平快球时要突然发力，拍面要有"反压"的动作（图 2-8-4）。

图 2-8-4　反手发网前球

【任务实施】

1. 学习方法

① 徒手做发球前的准备姿势和模仿发球的动作练习。

② 在球场上两人对练发球，或一人用多球做完整的发球练习。

③ 先练习定点发球，后练习不定点发球。

④ 综合练习不同种类的发球。

2. 易犯错误与纠正方法

（1）易犯错误

① 发球时，挥拍动作僵硬。

② 脚移动。

③ 放球与挥拍配合不当。

④ 击球点靠近身体或者离得太远。

⑤ 握拍太紧以至力量发不出。

⑥ 发球过手、过腰。

（2）纠正方法

① 按正确挥拍路线的慢动作挥拍练习，逐步过渡到正常的挥拍练习。

② 掌握动作结构、顺序，多做放松、协调的发球练习。

③ 反复练习发球放球，强调落点，保持球向下落，采用多球发球练习。

学习任务三　接发球

【任务导入】

掌握接发球技术动作、站位，能够运用在比赛与健身运动中。

【知识准备】

发球接发球是一对矛盾。发球方想方设法发出各种不同弧线的球，以此来控制对方；接发球方则想后发制人，来达到反控制的目的。羽毛球比赛就是在这种控制与反控制的争夺中给人以刺激、乐趣和启示。

1. 接发球的位置

一般情况下，单打的接发球站位在离发球线约 1.5 m 处。在右发球区要站在靠近中线的位置；在左边发球区则要在中间稍微偏边线的位置，主要防备对方发球攻击反手部位。双打接发球时，站位可靠近前发球线，因双打的后发球线距前发球线比单打短 0.76 m，发高远球易被对方扣杀。所以，双打接发球主要精力应放在对方发网前球上。

2. 接发球的准备姿势

① 单打接发球应左脚在前，右脚在后，侧身对网，重心在前脚，后脚脚跟稍抬起，双膝微屈，收腹含胸，持拍于右身前，双眼注视对方。

② 双打接发球准备姿势基本同单打，但重心可随意放在任何一脚上，身体前倾些，球拍举得高些，注意力高度集中。在球来到网上最高点时击球，采取主动（图 2-8-5）。

图 2-8-5　接发球的准备姿势

【任务实施】

1. 学习方法

① 开始应采用固定的一种基本技术去接对方的单一发球。

② 在各种方法基本熟练的基础上，可运用多种技术方法来接对方的单一发球。

③ 在拥有了较好的接发球控制能力的同时，应加强提高接发球抢攻的技能。

2. 易犯错误与纠正方法

易犯错误：准备动作不充分，球拍掉在下方，身体僵直，重心偏高。

纠正方法：站于距离中长线大约 1m 及短发球线 2m 之后。略举高球拍，放于胸前，放松握拍。腰部稳定，左脚向前，微屈膝，身体稍向前倾。注意球的飞行。

学习任务四　击球

【任务导入】

了解击球在比赛中的作用，掌握击球的动作要领，运用在以后的比赛和训练中。

【知识准备】

羽毛球击球是调动对方、寻找战机的重要手段，并可直接得分。

1. 高手击球

（1）正手击高球

判断来球的路线和高度，迅速移位使球下落位于右肩稍前上空，侧身对网，左脚在前，右脚在后，重心在右脚。击球后，手臂惯性向后前下方挥摆收拍于体前，重心由右脚移至左脚（图 2-8-6）。

图 2-8-6　正手击高球

（2）反手击高球

判断来球的路线和高度，迅速位移，最后一步右脚前交叉向左侧底线跨出，背对网，重心在右脚，举拍于左胸前，双膝微屈准备击球。击球时，下肢由屈到伸用力，持拍手肘关节高举，用大臂支撑，以肘关节为轴，小臂伸直并外旋，以小臂带动手腕，手指力量闪动，在右侧上方向后击球。击球后迅速转体面向网（图 2-8-7）。

2. 吊球

在中、后场的高球，运用劈切或者拦截的技术动作，使球轻轻地落在对方网前区，称为吊球。吊球技术分为正手、反手和头顶三种手法，按球的飞行弧线和击球动作的不同，分为

图 2-8-7　反手击高球

劈吊、拦截吊和轻吊。

3. 扣杀球

把对方击来的高球全力向下扣压叫扣杀球。扣杀球的特点是力量大、速度快，它是主动进攻的重要技术。扣杀球分为正手杀球、反手杀球和头顶杀球。

4. 网前击球

网前击球技术是一项可以调动对方，使战术多变的击球方法。网前击球技术包括搓球、推球、勾球、扑球和被动放网前球等。

（1）网前搓球

正手搓球：上网步法要快，左脚蹬地，右脚网前跨成弓步，侧身对网，重心在右脚。持拍手臂向前伸出，出手要快，握拍手腕和手指自然放松。击球时前臂稍外旋，拍面和球网成斜面向前。用手指控制好拍面并发力。挥拍时，腕部由展腕至收腕闪动，带动手指向前"切削"，搓击球托侧底部，球呈下旋翻滚过网；或腕部由收腕至展腕闪动，带动手指离网"提拉"，搓击球托侧底部，球呈上旋翻滚过网（图 2-8-8）。

图 2-8-8　网前搓球

反手搓球：上网步法要快，左脚蹬地，右脚向网前跨成弓步，侧身背对网，重心在右脚，握拍手臂向前伸出，出手要快，手腕、手指自然放松，前臂稍上举，手腕前屈，握拍手部高于拍面，反拍迎球。击球时，主要靠前臂的前伸外旋和手腕由内至外展的合力，带动手指离网"提拉"，搓击球托的侧底部，使球上旋翻滚过网。

(2) 网前推球

正手推球：准备姿势与正手网前搓球相似。准备击球时，肘关节微屈回收，小臂稍外旋，手腕后伸，球拍向后摆，小指、无名指稍松开，使拍柄稍离鱼际肌。击球时，身体稍前移，小臂前伸并带内旋、收腕，手指控制拍面角度，手腕由后伸闪动至屈腕，食指前压，小指、无名指突然握紧拍柄。球拍急速推击球，球沿边线飞至对方后场底角。击球瞬间，拍面几乎与球网平行。

反手推球：准备姿势与反手网前搓球相似。准备击球时，小臂向左胸前收引，屈肘屈腕。击球时，小臂前伸略带外旋，手腕由屈到伸闪动。中指、无名指和小指突然握紧拍柄，大拇指顶压，向前挥拍，推击球托侧底部，将球推击到对方后场底线。

【任务实施】

1. 学习方法

① 进行徒手挥拍模仿练习，体会动作要领。
② "一点打一点"，即进行直线或斜线的固定球路对击练习。
③ "一点打两点"和"两点打两点"练习。
④ 用多球进行练习。

2. 易犯错误与纠正方法

(1) 后场击球的常见错误及纠正方法

① 击球点选择不当，打不到球。

纠正方法：做挥拍练习。在适当的高度上用细绳吊一个羽毛球进行挥拍练习。纠正握拍方法和挥拍路线。发多球（高远球）定点练习，基本上在不做移动的情况下回击球。

② 动作不协调，发力不好，击球时用力不协调。不是以肩为轴挥臂，而是以肘为轴。不是用挥臂甩腕动作，靠"爆发力"把球击出，而是将球推出。杀球时腰腹力量用不上，手腕甩动不够。

纠正方法：进一步了解、领会技术要领。加强挥拍练习，体会甩腕击球、"鞭打"击球技术的要领。加强腰腹、手臂力量练习，例如，利用哑铃、沙袋做挥网拍练习。做小重量快速挺举，屈伸臂、腕和仰卧起坐等练习。进行综合性高、吊、杀练习。

(2) 网前击球的常见错误及纠正方法

① 击球后，身体重心继续前冲，回动有困难。

纠正方法：最后一步向前跨时，要超越膝关节，并做到以脚跟外沿先着地，然后过渡到前脚掌着地，以脚趾制动。与此同时，上体稍前倾，左臂往左后张开，以利身体平衡。如最后一步蹬跨步幅度很大，在右脚着地后左脚向前拖滑一段距离，以利回蹬。

② 球不过网或过网弧度太高。

纠正方法：进一步领会网前技术要领。握拍要根据动作需要灵活放松，以维持用手指灵活控制拍面角度和掌握用力大小的能力。击球点离网较近时，拍面后仰的程度要适当大些；击球点离网较远，拍面后仰的程度要适当小些。

学习任务五　羽毛球基本步法

【任务导入】

了解羽毛球步法的作用，掌握每个步法的动作要领，在以后的学习和比赛中熟练运用每种步法。

【知识准备】

初学者在学习和掌握了发球和原地击高远球技术之后，就应该开始学习一些步法。因为羽毛球的步法和手法（即各种击球法）是相辅相成、不可分割的。许多击球技术都是靠熟练、快速、准确的步子移动来完成的。不掌握正确的步法，就会影响各种击球手法的学习和掌握，而在比赛中如没有到位的步子，就会使手法失去应有的积极作用。

羽毛球步法大致分为三类，一是上网步法；二是后退步法；三是两侧移动步法。在实践中常运用跨步、垫步、蹬步、并步、交叉步、腾跳步等综合步法。

1. 上网步法

准备姿势：两脚稍前后自然开立，双膝微屈，重心在两脚间不断移动，以随时调整身体重心，便于起动。

（1）正手上网步法

交叉步上网步法：起动后，右脚向前方迈一小步，左脚接着越过右脚（如在身后越过右脚为后交叉）向右前方迈出较大的一步，然后右脚迅速向右前方跨一大步到达击球位置。击球后，用并步或交叉步退回中心位置。

并步上网步法：起动后，右脚先向右前方迈一小步，随后左脚立即垫一小步靠拢右脚跟，着地后用脚掌内侧蹬伸，右脚在左脚垫步尚未着地时迅速向右前方跨一大步到达击球位置。击球后，用并步或交叉步退回中心位置。

（2）反手上网步法：起动时右髋迅速转向左前方，使身体右侧斜对反手网前区。脚步移动方法同正手上网，只是朝左前方移动。

2. 后退步法

（1）正手后退步法

从起动开始，右脚向右后侧蹬转，髋部带动身体转向右后场，同时以交叉步或并步移动到接近端线的位置，利用右腿蹬地起跳在空中转体击球。落地时应采用左腿后撤，右腿前跨，以利迅速回动。

（2）头顶后退步法

从起动开始，右脚向左后方蹬转。髋部带动身体转向左后方。以并步或交叉步移动到左后侧端线附近，右脚起跳击球，同时左侧髋部迅速转向左后方，带动左腿后撤到身后，利用脚掌和脚跟内侧着地缓冲并支撑身体内侧。当右脚落地时，身体前倾，重心移向右脚，左脚开始回动。

3. 两侧移动步法

（1）两侧蹬跨步

向右侧蹬跨步时，身体重心先移至左脚，然后左腿迅速用力蹬伸，右腿向边线跨出的同时髋关节旋外，落地后成侧弓箭步状。击球后，右腿再旋内蹬伸回中心位置。向左侧蹬跨步则相反而行。

（2）并步右侧移动步法

从起动开始，身体侧向右侧，重心移向右脚，左脚向右脚靠拢垫一小步并以前脚掌蹬地，髋向右转，右脚向右侧跨一大步，脚尖朝外，击球后，右腿再旋内蹬伸回中心位置。

（3）左侧前交叉移动步法

左脚向左侧迈一小步，右髋左转，右脚向左侧跨出，呈背部对网姿势，击球后，右腿迅速蹬伸转体，利用左脚并步调整身体重心回到中心位置。

【任务实施】

1. 学习方法

① 学习和掌握转体、并步、跨步、交叉步、垫步和蹬跳等分解步法。
② 徒手做单一路线的移动步法练习。
③ 结合击球技术进行单一路线的移动步法练习。
④ 配合相应的手法，进行组合和连贯的步法移动练习。

2. 易犯错误与纠正方法

① 对对方的来球移动判断错误，不能识别对方动作及出球线路，往往造成落点在前向后场移动，球的落点在左（右）侧向右（左）侧移动，球的落点在后场向前场移动等。

纠正方法：加强步法练习；进行两人对打综合练习；进行比赛练习，提高动作及出球路线的识别判断能力。

② 起动反应移动慢。

纠正方法：通过素质练习来增强踝关节、小腿、脚弓的力量和爆发力；按手势指令做起动练习；通过多球有目的做反应起动练习；在练习过程中，注意击球后回中心位置，做好下一步起动接球的准备姿势，全身自然协调。

③ 步法与击球动作配合不协调。

纠正方法：进一步了解步法在羽毛球运动中的重要性；按手势指令练习，并强调各种步法练习接球的步幅和重心转换；进行多球练习。

④ 击球后缺乏回中心位置意识。

纠正方法：加强速度耐力练习，增强移动能力；强调击球后回到中心位置，要求移动步法等每一次都回到中心位置；进行多球四角练习。

学习任务六　羽毛球基本战术

【任务导入】

学习羽毛球技战术做到：知己知彼、以我为主、随机应变。

【知识准备】

在羽毛球比赛中，如何正确地运用战术是一个很重要的问题，若是运用得当，可使自己牢牢地掌握场上的主动权；相反，错误的战术则使自己处处被动。当然，在双方技术水平悬殊太大时，再合理的战术也无济于事。只有在技术水平相当的情况下，战术才能起到决定的作用。

一、单打战术

1. 发球战术

发球不受对方干扰，只要在规则允许的范围内，发球者可以随心所欲地以任何方式发到对方接球区的任何一点。采用变化多端的发球战术，常常能起到先发制人、取得主动的作用。因此，发球在比赛中占有重要地位。

（1）发后场高远球

这是单打中常用的发球，要求把球发到对方端线处，迫使对方后退还击，给对方进攻制造难度。发高远球虽然弧线高，飞行时间长，但由于离网距离远，球从高处垂直下落，后场进攻技术差的对手较难下压进攻。把球发到对方左、右发球区的底线外角处，能调动对方至底线边角，便于下一拍打对方对角网前，拉开对方的站位。

（2）发平高球

发平高球，球的飞行弧度较低，但对方仍然必须退到后场才能还击。落点的选择基本与发高远球相同。

（3）发平快球

发平快球（或者平高球）和网前球配合，争取创造第三拍的主动进攻机会，称为发球强攻战术。发平快球属于进攻发球，球速很快，如作为突袭手段运用得当，往往能取得主动。但当接球方有所准备时，也能半途拦截，以快制快，发球方反会处于被动。发平快球时，球的落点一般应在对方的反手区，或直接对准接发球者的身体，使对手措手不及。

（4）发网前球

发网前球能减少对方把球往下压的机会，发球后立刻进入抢攻。发网前球也可以发对方的追身球，造成对方被动。发网前球时最好配合发底线球，才能取得较好的效果。

2. 接发球技术

接发球虽然处于被动等待的状态，但由于发球时受到诸多规则的限制，使发球不能给接发球者带来太大的威胁。发球者发球只能发到对角线的接发球区内，而接发球者只需防守不到半个区域，却可还击到对方的整个场区。所以，接发球者若能处理好这一拍也可取得主动。

（1）接发高远球、平高球

一般可用平高球、吊球或杀球还击。但如对方发球后站位适中，进攻时要注意落点的准确性。若用杀球、吊球还击，自己的速度要跟上。如果对方发球质量很好，就不要盲目重杀，可用高远球、平高球还击，伺机再攻，或者用点杀、劈杀、劈吊下压先抑制对方。

（2）接发网前球

可用平推球、网前球或挑高球还击。当对方发球过网较高时，要抢先上网扑杀。接发网前球的击球点应尽量抢高。

（3）接发平快球

要观察对方的发球意图，随时做好准备。借用对方的发球力量，快杀空当或追身都能奏效，也可借助反弹力拦吊对角网前。

3. 逼反手

就所有的运动员而言，后场的反手击球总是或多或少地弱于正手击球，相对进攻性不强，球路也较简单，有的运动员还不能用反手把球打到对方端线，所以对于对方的反手要毫不放松地加以攻击。

（1）调开对方位置

使对方反手区露出空当，然后把球打到反手区，迫使对方使用反拍击球。

（2）对反手较差的对手

后场反手较差的人，经常使用头顶击球、侧身击球、侧身弓击球来弥补反手的不足。由于头顶、侧身击反手区时，身体重心、身体位置要偏向左场区的边线，因而可以重复攻击对方的反手区域，使其身体位置远离中心。这样本来是对方优点的正手区就出现大片的空当，成了被攻击的目标。

4. 平高球压底线

用快速、准确的平高球打到对方后场两角，在对方不能拦截的前提下，尽量降低球的飞行弧线，把对方紧压在底线，当对方回击半场高球时，就可以扣杀进攻。使用平高球压底线时，如配合劈吊和劈杀可以增加平高球的战术效果。

5. 拉、吊结合杀球

此战术是把球准确地打到对方场区的四个角上，使对方每次击球都要在场上来回奔跑。使用此种战术时，对不同特点的对手要采用不同的拉、吊方法。对后退步法慢的可以多打前、后场；对盲目跑动满场飞的可以使用重复球和假动作；对灵活性差的应对打对角线，尽量使对方多转身；对后场反手差的可通过拉开后攻反手；对体力不好的可用多拍拉、吊来消耗其体力。

6. 吊、杀上网

先在后场以轻杀、点杀、劈杀结合吊球把球下压，落点要选择在场地两边，使对方被动回球。对方还击网前球时，迅速上网贴网搓球或勾对角，或快速平推创造半场扣杀机会；若对方在网前挑高球，可在其向后退的过程中把球直接杀向他的身上。

7. 过度球

首先要明确过度球是为了摆脱被动，为下一拍的反攻积极创造条件。被动时要做到：首先，争取时间调整好自己的位置和控制住身体的重心。从网前或后场底线击出高远球是被动时常用的手段。当处于不停地跑动追球的状态，或身体重心失去控制时，都可以打出高远球，以赢得时间，恢复身体重心，调整自己的处境。其次，利用球路变化打乱对方的进攻步骤。在接杀球或吊球时要把球还击到远离对方的地方，以破坏对方吊、杀上网的连续快速进攻。如果对方吊、杀球后盲目上网而自己的位置较好时，则可把球还击到对方底线。

8. 防守反攻

这一战术是对付那种盲目进攻而体力又差的对手。比赛开始时，先高球诱使对方进攻，在对方只顾进攻而疏于自己的防守时，即可突击进攻。或者在对方体力下降、速度减慢时再发动进攻。

二、双打战术

双打比单打多增加一名队员，而场地宽度仅增加 92cm，接发球区还比单打缩短了 76cm。因此，双打从发球开始，就形成短兵相接的局面。由于进攻和防守都加强了，这就更加要求运动员技术全面、能攻善守、反应灵敏。特别是对发球、接发球、平抽、挡、封网、扑、连续扣杀、连续跳高球及防守反击等诸多技术，要求更高。

1. 发球

由于双打的后发球线比单打短，在双打中若发高远球，接发球方可以大力扣杀，直接争取主动。因此，站位往往压在靠近前发球线处，对发球者造成较大的心理上和技术上的威胁。所以，发球质量、路线的配合、弧线的制造、落点的变化对整个双打比赛的胜负意义极其重大。

（1）发球站位

发球的站位不同，对发球的飞行路线、弧线、落点和第三拍的击球都有影响。

（2）发球路线

发球路线和落点的选择需注意如下几点。

① 调动对方站位，破坏对方打法。

② 避实就虚，抓住对方弱点发球抢攻。
③ 发球要有变化。
(3) 发球时间
接发球方在准备接发球时，思想虽然高度集中，但因受到发球方的牵制，要等球发出后才能判断、起动、还击。所以，发球动作的快、慢也应在规则允许的范围内有所变化，不要被接球方掌握规律。
(4) 发球时心理的影响
在双打比赛中，有时会出现发球失常。其原因一是发球技术不过硬；另一个原因则是受接发球者的影响。由于接球者站位逼前，扑、杀凶狠且命中率较高，加之比分正处于关键时，易心情紧张造成手软，从而影响发球质量。遇到这种情况，首先要沉住气，观察接发球者的动向、心理意图、接发球的路线和规律，提高发球质量，增强还击第三板的信心。另外，发球的路线要善变且无规律，这样就会减少不必要的顾虑，发球质量也会稳定下来。

2. 接发球

接发球方如果判断准确，起动快、还击及时，就能在对方发球质量稍差时杀、扑得手或取得主动；反之，也会因接发球失误或还击不利使自己陷入被动。
(1) 接发内角位网前球
以扑或轻压对方两边中场及发球者身体为主要攻击方法，配合网前搓、勾等其他路线。
(2) 接发外角位网前球
平推对方底线两角以调动对方一名队员至边角，扩大对方另一队员的防守范围。
(3) 接发内角、外角位后场球
应以发球者为攻击点，力争扣杀追身球。如起动慢了，可用平高球打到对方底线两角。一般发球者在后场球发出后，后退准备接杀的情况居多，这时可用拦截吊球，落点可选择在发球的对角。

3. 攻人

这是双打中常用的一种战术，就是以人为攻击目标。对付两名技术水平高低不一的对手时，一般都采用这种战术。对付两名队员实力相当时也可采用这一战术。几种攻势集中对方一名队员，在另一队员过来协助时，又会暴露出空当，可在其仓促接应、立足不稳时偷袭。

4. 攻中路

① 守方左右站位时，把球打在两人的中间。
② 守方前后站位时，把球下压或轻推在边线半场处。

5. 攻后场

这种战术常用来对付后场扣杀能力较差的对手，把对方弱者调动到后场后也可以使用。此战术多采用平高球、平推球、挑底线把对方一人紧逼在底线，使其在底线两角移动击球，在其还击出半场高球或者网前高球时随即大力扣杀，取得该球的胜利或主动。如在逼底线两角时对方同伴后退支援，则可攻击网前空当或打后退者的追身球。

6. 后攻前封

后场队员积极大力扣杀创造机会，在对方接杀放网、挑高球或企图反击抽球时，前场队员以扑、搓、勾、推控制网前，或拦截吊、点封住前半场，使整个进攻连贯而又有节奏变化，使对方防不胜防。

7. 防守

（1）调整站位

为了摆脱被动，伺机转入反攻，首先要调整好防守时的站位。如果是网前挑高球，那么击球者应该直线后退，切勿对角后退。直线后退路线短、站位快；对角后退路线长，也容易被对方打追身球。另一名队员应根据同伴移动后的情况补到空当位。双打防守时的站位调整，都是一名队员在跑动击球时，另一名队员根据同伴移动情况填补空当。

（2）防守球路

① 攻方杀球者和封网队员在半边场前后一条直线上，接杀球应打到另半边前场或后场。

② 攻方杀球者和封网者在前后对角位上，接杀球可还击到杀球者的网前或封网者的后场。

③ 攻方杀球者杀对角后，另一名队员想要退到后场去助攻时，接杀球时可以还击到网前中路或直线网前。

④ 攻方杀来的直线球挑对角、杀来的对角球挑直线以调动杀球者。

学习任务七　羽毛球规则和裁判方法

【任务导入】

熟练掌握羽毛球竞赛常用规则，能够达到完成一场完整羽毛球比赛的基本要求，并选出优秀队员、裁判员给予鼓励。增强班级凝聚力，培养团结协作精神。

【知识准备】

（一）羽毛球竞赛裁判员

① 裁判长：对整个竞赛负全责。

② 裁判员：负责主持一场比赛。

③ 发球裁判员：专门负责宣判发球违例。

④ 司线裁判员：负责宣判球在他所负责的线附近的落点是界内或界外。

每场比赛由裁判长指派一名裁判员（亦称主裁判），裁判员主持一场比赛并管理该场地及其周围，比赛时坐在场外网柱旁的裁判椅上，执行羽毛球竞赛规则的各项条款，各项条款如下。

① 及时地宣判违例或重发球，并随时在记分表上作相应的记录。

② 对申诉应在下一次发球前作出裁决。

③ 应使运动员和观众能了解比赛的进程。

④ 可与裁判长磋商，安排、撤换司线裁判员或发球裁判员。

⑤ 裁判员不能推翻司线裁判员和发球裁判员对事实的裁决，但在裁判员确认司线裁判员明显错判时，可以纠正。

⑥ 在有临场裁判员不能做出判断时，由裁判员执行他的职责或判重发球。

⑦ 裁判员有权暂定比赛。

⑧ 裁判员应记录与规则16条（比赛连续性、行为不端及处罚）有关的情况并向裁判长报告。

⑨ 执行其他缺席裁判员的职责。

⑩ 裁判员应将所有仅与规则有关的申诉提交给裁判长。

（二）裁判员的裁判工作方法

裁判员在一场比赛的工作与各时间阶段有密切的关系。为便于有条理地叙述，裁判员在一场比赛的裁判工作可分为三个阶段。①比赛开始前：比赛开始前又可分为进场前、进场后到比赛开始。②比赛开始后：比赛开始后可分为发球期、球在比赛进行中、发球前期（死球期）三个时间段落。③比赛结束。

1. 进场前裁判员的工作

进场前是指在接受担任某场比赛的裁判工作后，到进入比赛场地的一段时间，进场前裁判员的工作包括以下几个方面。

① 检查自己的裁判用品是否备齐（记分笔、秒表、挑边器、红黄牌等）。

② 到记录台领取记分表，检查表中各项内容是否正确，填写好可以预先填写的项目，熟悉运动员的姓名和准确宣报姓名的发音，在国际比赛时，准确宣报队名和运动员姓名尤为重要。

③ 与该场比赛的发球裁判员见面问好，提出需要配合的工作，如提醒他准备比赛用球、携带好运动员的姓名牌等。

④ 检查该场比赛的司线裁判员是否做好准备。

2. 比赛时的宣报方法

（1）宣报比赛开始

在正式宣布比赛开始前，裁判员应报"停止练习"，此时让双方运动员做好正式比赛的最后准备。每次比赛由裁判长决定比赛的宣报，一般地说都是采用简单宣报的形式，只有在半决赛或决赛时可能会采用完整宣报形式。裁判员在宣报时，应该抬起头，声音清晰响亮，使运动员和观众都能听清楚，在报运动员姓名时，要以右手或左手指向相应的一方。不要造成裁判员的手指向一方时，该场区的运动员还在场外的情况，一定要在双方运动员都站好位后，再报"比赛开始，零比零"（love all play）。

（2）比赛中的宣报

① 比分和换发球：永远把发球方的分数报在前面。在换发球时，要先报"换发球"接着报比分，而且要把新的发球方的分数报在前面。

② 界外：球落在有司线裁判员分管的线的界外时，由该司线裁判员负责报"界外"，球落在没有司线裁判员分管的线的界外时，裁判员应先报"界外"然后接着报比分或换发球和比分。

③ 违例：无论比赛中出现何种违例，裁判员都应立即报"违例"，然后报比分或换发球和比分。

④ 重发球：在比赛场上出现需要判重发球的情况时，裁判员应报"重发球"，接着把比分再报一次，一是强调比分不变；二是比赛继续，发球员可以发球了。

⑤ 比赛暂定：有意外事故发生或有运动员不能控制的情况，裁判员可宣报"比赛暂定"。在恢复比赛时，裁判员宣报"继续比赛"并报当时的比分。

⑥ 局点：在一方运动员再得一分，就将胜该局比赛时，裁判员在报比分前要加报"局点"，但只有一方第一次出现此情况时需报"局点"。

⑦ 场点：在一方运动员再得一分，就将胜整场比赛时，裁判员在报比分前要加报"场点"，方法与报"局点"相同，只是把"局点"改为"场点"。

3. 比赛时的记分方法

羽毛球比赛时，裁判员需自己在记分表上做记录，一张完整的记分表应该反映出该场比赛所属竞赛的名称、比赛双方运动员姓名、队名、组别、位置号、比赛项目、阶段、轮次、日期、时间、地点、比赛场地号、比赛开始时间、比赛结束时间、裁判员姓名、发球裁判员姓名、每局比赛开始时的发球员和接发球员。随着比赛进程，通过记录，可随时了解当时的比分、发球方位、顺序和发球员、接发球员。当然在记分表的最后一行是胜方的队名或姓名、整场比赛的比分以及裁判员和裁判长的签名。从记分表上还可进行有用的数据统计，例如，该场比赛总共打了多少个回合、有几次打成平分、在什么时候有多少次发球未得分等。

裁判员从记录台领取记分表后，先应逐一检查各项内容，并填写能事先填写的项目。进场后，随着裁判工作的进行，裁判员的记录方法具体如下。

① 挑边后，在发球方的记分空格的第一格画0，双打项目的在开局时的发球员姓名后的小格内写S（即server，发球员）。在开局时的接发球员姓名后的小格内写R（即reciever，接发球员）。应以裁判员座位的左或右标明发球方在开局时所站的场区。

② 记分：比赛开始后随着比赛的进程，裁判员在每个球成死球后都应在表上作相应的记录。

4. 发球裁判员的职责和裁判法

发球裁判员通常坐在裁判员对面网柱旁的矮椅上，使视线基本与发球员的腰部持平。根据需要也可以坐在裁判员同侧，在视线被挡而不能看清发球员的发球动作时可以挪动位置直至能看清发球员的发球动作为止。

（1）发球裁判员的职责

① 专门负责宣判发球员在发球时的违例。当看到并肯定发球员发球违例时，大声报"违例"，并使用发球裁判员五个手势中相应的一个手势表明是何种发球违例。裁判长和裁判员都不能否决发球裁判员对发球员在发球时是否"违例"的判决。

② 协助裁判员检查场地、器材（如检查网高）。

③ 协助裁判员管理羽毛球。只有在裁判员示意换球时，才把新球换给运动员。要注意把新换的球迅速交给发球员，以免延误比赛时间。当运动员离发球裁判员较远时，发球裁判员需把球抛给运动员，要注意不能把手举起从高处掷向运动员这是不礼貌的，正确的方法是用手心四个手指托着整个羽球，大拇指放在球心中央，球托向前，从下向上的方向把球抛向运动员。

④ 在局数打成一比一时，在场地中央网底下放置暂停标记。发球裁判员的基本要求是发球违例的宣判，这是羽毛球裁判工作中的难点，经常容易引起比赛双方的争议。做好发球裁判员，要对羽毛球竞赛规则中有关发球的条款有扎实的理论基础，还要结合实际正确运用规则的细节和精髓。

（2）三个"一样"

要做好发球裁判员，在临场执裁中必须做到以下三个"一样"。

① 对无论什么运动员（有名与无名、高水平与低水平、熟悉与不熟悉），发球违例判罚的尺度都是一样的。

② 从一场比赛的开始到结束，判罚尺度都是一样的。

③ 双方比分悬殊时和双方比分接近时，判罚尺度都是一样的。

（3）发球裁判员的裁判工作方法和技巧

① 从发球员准备发球时开始直至发球结束，发球裁判员一定要面向发球员，精神集中，

全神贯注地双眼正视发球员，让发球员、接发球员以及所有在场的其他人员意识到，发球裁判员正在认真地履行他的职责，这样发球裁判员做出的判决才能让人信服。

② 发球是一个相当快的过程，而发球员的故意违例又往往带有偷袭性，更是发生在一瞬间，发球裁判员如果宣判稍慢就几个来回过去了。所以发球裁判员在发球员发球时，时刻都要准备报"违例"，发球裁判员宣报发球违例一定要声音响亮，让裁判员和运动员都听到，如果裁判员没听到，比赛还在进行，发球裁判员可以站起来，再次大声宣报，直至裁判员报发球违例。

③ 在宣报发球违例和做手势表明是何种发球违例时，发球裁判员一定要面向发球员，在发球员询问是何种违例时，发球裁判员应果断地再次重复违例的手势，不应回避。

④ 在比赛一开始时，当发现有发球违例时就一定要果断予以宣判，只有这样才能控制住发球员的发球。否则，当比赛进行到比分接近或关键时刻出现发球违例时，发球裁判员再判此发球违例，就会显得前后尺度不一致，如果不判，双方的发球违例将失去控制，发球裁判员也就陷入极度的被动。发球裁判员的裁判水平，历来是衡量一名羽毛球裁判员业务水平高低的重要方面。它反映了一名合格的发球裁判员，既要有规则理论基础，又要有丰富的临场经验；既要有优秀的道德品质，又需具备良好的心理素质。所以发球裁判水平一直是羽毛球裁判员晋升和考核的一个重要内容。

5. 司线裁判员的职责工作

每场比赛的司线裁判员数目可以不同，一般从三名至十名不等。司线裁判员应坐在对准他所负责的线的延长线的矮椅上（双打比赛时负责端线的司线裁判员，应坐在边线外的端线与双打后发球线之间），专门负责察看球在他所负责的线附近的落点，并以规定的一个术语、三个手势进行宣判。一名司线裁判员只能负责一条线（只有双打比赛时，负责端线的司线裁判员在运动员发球时，要负责双打后发球线）。凡没有安排司线裁判员的界线，都由裁判员自己负责。

（1）不同数目司线裁判员的座位及分工

① 至少有3名司线裁判员，两名分别负责两条端线，最好面对裁判员，余下一名负责裁判员对面的一条边线。

② 有4名司线裁判员，两名分别负责两条端线，另两名分别负责两条边线（包括网两边的整条边线）。也有另外一种方法，即负责边线的两名司线裁判员，同时负责裁判员对面的一条边线，两人各自只看本方场区到网的一段边线，这样，裁判员一边的边线就由裁判员自己负责了。现在采用前一种方法的居多。

③ 有6名司线裁判员，两名分别负责两条端线，另外四名各负责半条边线。

④ 有8名司线裁判员，在6名司线裁判员的安排基础上，另两名分别负责两条前发球线。

⑤ 有10名司线裁判员，在8名司线裁判员安排的基础上，另两名分别负责两条中线。

（2）如何判断界内和界外球

羽毛球竞赛规则中涉及界内球和界外球的条款有以下两条。

① 所有场地线都是它所确定的区域的组成部分。

② 羽毛球应有16根羽毛固定在球托部。

依据这两条规则可以得出，只要球的任何部分的最初落地点，落在此时该球应落的有效区域（发球区或场区）的线上即为界内球。比如说，单打比赛时，发球员从右发球区发出球，凡球落在对方场区的右发球区的界线上及界线以内均为界内球。

（3）司线裁判员的工作方法

① 界内：球落在他所负责的线的界内，只伸出右手指向他所负责的线，不宣报。

② 界外：无论球落在他所负责的线的界外多远，都应立即做出两臂向两边平展的手势，在这同时高声报"界外"。

③ 视线被挡：司线裁判员的视线被运动员挡住，没能看到球的落点，就应举起双手遮着双眼，以向裁判员表示自己的视线被挡，不能做出判决。

④ 如果球碰运动员身体、衣服或球拍后出界，司线裁判员不要马上做手势，让裁判员来宣判，如果裁判员仍要求司线裁判员给手势，司线裁判员只就球的落点做出界内或界外的手势，不要示意此球碰运动员的身体、衣服或球拍。司线裁判员的工作虽然简单，但对一场比赛的胜负却极其重要，随意安排司线裁判员的做法，将会导致严重后果。

（4）做好司线裁判员的条件、要素和技能

① 懂得羽毛球运动，最好能有打羽毛球的经历。

② 身体健康，能坐姿端正、自然，但不紧张地集中注意力坚持长达一个小时以上。

③ 能不受运动员的影响和外界的压力，坚持自己的判断，在球的落点非常接近线时，司线裁判员的手势更是要快，要坚决果断，犹豫不决或迟缓的手势都会引起运动员和观众的怀疑，特别是判落在司线裁判员座位本方场区非常接近界线的界内球时，很多时候本方场区的运动员会走向司线裁判员表示不满或对判决有争议，此时，该司线裁判员可再次重复"界内"的手势。有些运动员是想以此方法来影响司线裁判员以后的判决。作为一个有丰富经验的司线裁判员，既不要受此影响使以后的判决倾向于该运动员，但也不可意气用事，故意把界外球判成界内球与该运动员作对。

④ 要随时保持与裁判员的配合，在宣判时声音要洪亮，手势要清楚并稍作停留，眼睛要注视裁判员，在裁判员看到后再收回手势。

⑤ 有时球明显落在界内，司线裁判员没做手势，这是正确的，但司线裁判员仍应看着裁判员，一旦裁判员报"司线裁判员请给手势"，司线裁判员还应立即打出"界内"的手势。

⑥ 当球落在后场端线与边线的交接处附近时，负责端线和边线的两名司线裁判员，没有必要互相配合，以此来做出相同的手势。如果做出一个判界外、另一个判界内两个不同的判决，这并不矛盾，因为各人只判断球在自己负责一条线附近的落点，只要有一名司线裁判员判界外，这球就是界外无疑了。

⑦ 司线裁判员一定要集中注意力，看自己场地的比赛，千万不能看其他场地的比赛，疏忽漏球是一瞬间的事，后果严重。有了一个错误将会给心理造成压力，处理不当，就会接连犯错误。

⑧ 在一场长时间的比赛里，当局数为一比一时，司线裁判员应该站起来，原地舒展一下筋骨，使思想得到放松，在第三局比赛开始时也可轮转座位，改变视角的景观，减低疲劳。

项目九 网 球

【案例引入】

网球运动是一项把力量美和艺术美，形体美、服饰美与环境美，比赛中竞争的激烈性与观众的文明性有机结合在一起，即把竞争性、文化性、观赏性和参与性有机结合在一起的极具魅力的体育项目。网球是当今世界最为流行的时尚运动之一，与高尔夫球、保龄球、台球并称为世界四大绅士运动。它是一种享受和艺术追求，也是一种增进健康的方式。网球运动既是一项富有乐趣的体育运动，又是奥运比赛的重要项目，是能锻炼人的控制力、耐力、养成团队精神和良好性格的运动。

学习任务 初识网球

【任务导入】

了解网球运动的起源、特点、作用以及基本握拍方式等。

【知识准备】

(一) 网球运动的起源

网球运动最早起源于12~13世纪法国传教士在教堂回廊里用手掌击球的一种游戏，后来成为宫廷里的一种室内消遣娱乐活动。也有人认为，网球运动的起源应追溯到"百年战争"（1337~1453年英法两国战争）前在法国民间流传的一种名叫海欧·德·巴乌麦的球类游戏。据说这种游戏是两个人进行的，每人各执一个球拍，球场的周围筑有围墙，球撞到墙上后被弹回去，而后过网。因此，无论从使用的场地和器具上，还是从进行游戏的方法上，它与现代网球运动都有许多相似之处，所以有人把它看作是网球运动的原始形态。网球的直径在6.541~6.858cm之间。起初的网球，只是两个半球中填充草、树叶或头发等制成，后来随着网球的不断发展，球的制作也越来越讲究（图2-9-1）。

（二）网球运动的主要特点

1. 网球具有独特的健身价值

有人曾经作过统计，在一场有相当水平的网球比赛中，运动员所跑的路程在 5000m 左右，有的甚至达到 10000m，不亚于一场激烈的足球比赛。运动员在比赛过程中，还要作出及时的判断，不时前进或后退、左移或右转跃起、急停或猛扣等。一个网球运动员无论在力量、速度、耐力、柔韧性和灵敏性方面，都必须具备良好的素质。

图 2-9-1　网球

特别是随着网球技术的不断发展，上网打法已相当普遍，运动员在发球或接发球之后都积极争取时机跑到近网处做空中截击、高压动作，这时要照顾到前后左右四个方位的来球，如果没有精确的预测能力、快速的灵敏反应以及熟练的截击、高压技术，就不能适应这种打法。

此外，网球运动常被人形容为"挥拍上阵"，曾有人统计过网球比赛中运动员的挥拍情况，一场比赛总的挥拍次数不少于千次，如果没有强壮有力的手臂是不能胜任的。可见，只有具备了良好的、全面的身体素质，才能保证网球技术、战术的正常发挥。也就是说，网球运动对发展人的全面的身体素质具有积极作用。比如，打网球需要长时间连续来回地移动和击球，这能够促进人的反应灵敏度，使起动快、移动迅速，并能在较长一段时间内保持这种快速活动能力。又如网球运动中有力抽击球和凶猛高压球，都需要较好的力量素质，因此，打网球可以使人们动作迅速、判断准确、反应快并能提高速度、力量、耐力、灵敏度等素质，对发展协调性有积极作用。

2. 球场、球网、球场线

标准网球有效单打场地应为长 23.77m、宽 8.23m 的矩形。中间由一条挂在最大直径为 0.8cm 粗的绳索或钢丝绳上的球网分开。

球网粗绳索或钢丝绳最大直径为 0.8cm，网的两端应附着或挂在两个网柱顶端，网柱应为边长不超过 15cm 的正方形方柱或直径为 15cm 的圆柱。网柱不能超过网绳顶端 2.5cm。每侧网柱的中点应距场地 0.914m，网柱的高度应使网绳或钢丝绳顶端距地面的垂直距离为 1.07m。在单双打两用场地上悬挂双打球网进行单打比赛时，球网应该由两根高度为 1.07m 的单打支杆支撑，该支杆截面应是边长小于 7.5cm 的正方形方柱或直径小于 7.5cm 的圆柱。每侧单打支杆的中点应距单打边线 0.914m。球网需要充分拉开，以便能够有效填补两根支柱之间的空间，并有效打开所有网孔，网孔大小以能防止球从球网中间穿过为准。球网中点的高度应该是 0.914m，并且用不超过 5cm 宽的白色网带向下绷紧固定。球网上端的网绳或钢丝绳要用一条白色网带包裹住，每一面的宽度介于 5~6.35cm 之间。

球场两端的界线叫底线，两边的界线叫边线。在距离球网两侧 6.4m 的地方各画一条与球网平行的线，称为发球线。球网与每一边的发球线和边线组成的场地再被发球中线分为两个相等的区域，称为发球区，发球中线是一条连接两条发球线中点并与边线平行的线，线宽须为 5cm。每一条底线都被一条长 10cm、宽 5cm 的发球中线的假定延长线分为相等的两个部分，该短线为"中点"，它与所处的底线成直角相连，自底线向场内画。除了底线的最大宽度可以不超过 10cm 以外，所有其他线的宽度均应在 2~5cm 之间。所有的测量都应以线的外沿为准。

（三）网球运动的主要作用

① 强身健体，增强体魄。网球是一种有氧户内外运动，由于人们整天忙于工作、学习和生活，大多数的时间在室内度过，需要到室外进行一些户外运动，网球就是最好的选择之一。

② 网球可以提高人们的综合素质。网球影响着人们的思想和行为。任何一种文化都是一种价值取向，引导人们所追求的目标，通过网球运动中的技能、心理、准则、礼仪等将网球文化所要求的思维模式、道德规范、行为准则有机融为一体，以提高个人综合素质。

③ 网球可以培养团结协作的精神。网球比赛是非常讲究团结协作精神的运动项目。教练与球员之间、团体赛队友之间、双打搭档之间都要有默契的配合，而这种默契就来自每个球员所具有的团队协作精神。特别是在双打比赛中，想在比赛中做到配合默契，就要始终尊重和鼓励搭档，特别在失误丢分后，一定要勇于承担责任。这种协作精神将大大加强集体的凝聚力和战斗力，它的功效在学生进入社会后会自然地体现出来。如郑洁和晏紫获得澳网女双冠军，除了技术、战术好外，与她们多年的团结和睦相处、默契配合是分不开的。

④ 网球运动是可以充分施展个性，身心放松的运动项目之一。上班族有工作上的压力，学生有课业上的压力。研究表明，适当的运动可以增进体能并增强免疫系统。因此，选择适合自己的运动并配以充足的休息，是疏解压力、调节免疫的最佳手段。在网球运动中，需全神贯注排除一切杂念，快速奔跑击球、大力扣杀等活动可以把一天的疲劳、困扰等挥洒得干干净净，使身心完全放松。特别是在击出了一个好球时，可以充分地咆吼、跳跃、丢拍子等，释放个性气质。

（四）握拍方式

1. 正手握拍

（1）大陆式握拍

这种握拍法还被称为"榔头"式握拍法，因为采用这种握拍时，食指根部压在与拍面水平的平面上，拍面的角度几乎与地面垂直，所以仿佛在用拍框的侧面钉钉子一样。大陆式握拍法适合用来击打任何类型的球，但在发球，打截击球、过顶球、削球以及防守球时采用这种握拍效果更好。

优势：运用大陆式握拍法，可以在发球或打过顶球时手臂自然下压，这样不但攻击的效果最好，而且给手臂的压力也最小。由于在打正手和反手球时不需要调整握拍方法，因此大陆式握拍法也是打网前截击球的最佳选择，因为采用这种握拍法可以使攻防转换十分迅速。同时，它还适合于在防守时击打已到达身体侧面或击球点较晚的球。

劣势：用大陆式握拍法很难打出带上旋的击球或削球。这就意味着击球点必须要比球网高，由于球在这一点停留的时间非常短暂，所以留下的击球时间就很短。另外，这种握拍不容易处理高速的落地球。

（2）东方式正手握拍

这里介绍一个正确采用东方式握拍［图2-9-2（a）］的小窍门：将手平放在拍弦上，然后下滑到拍柄根部抓握；或者把球拍平放在桌面上，闭上眼，将球拍拿起。从技术的角度讲，东方式正手握拍就是先以大陆式握拍法持拍，然后逆时针方向旋转球拍（左手握拍的选手需顺时针方向转动），直到食指的根部压到下一个接触的斜面为止。

优势：东方式正手握拍可以被称为"万能握拍法"。采用这种握拍，拍面可以通过摩擦球的后部击出上旋球，还可以打出有很大力量和穿透性的平击球。同时，东方式握拍很容易转换到其他握拍方式，因此，对那些喜欢上网的选手，东方式握拍也是不错的选择。

劣势：与大陆式握拍相比，尽管东方式握拍的击球点在身体前部要更高、更远一些，但它仍不适用于打高球。虽然东方式握拍击出的球比较有力量和穿透性，但更多的是平击球，这就导致稳定性会差一些，因此很难适应多回合的打法。因此东方式握拍不适用于那些希望打出更多上旋球的选手。

（3）半西方式正手握拍

以东方式握拍，然后逆时针方向（左手握拍则顺时针方向旋转）旋转球拍，使食指根部压在下一条拍棱上［图2-9-2（b）］。在职业网球巡回赛中，底线力量型选手多采用这种握拍方式。

优势：相对于东方式握拍，这种握拍可以让选手打出更多上旋，使球更容易过网，而且强烈的上旋有助于把更多的球打在场内，也更好控制线路，因此，它很适合打上旋高球和小角度的击球，这种握拍还可以打出更深远的平击球，也适合大幅度地引拍。半西方式正手握拍在身体前部的击球点比东方式握拍更高、更远，因此更有利于控制高球。

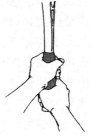
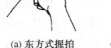

图 2-9-2　正手握拍

劣势：半西方式握拍不适合回击低球。因为采用这种握拍时，拍面自然地呈关闭状态，这样迫使选手必须打球的下部然后向上挑，容易给对手留下进攻机会。

（4）西方式正手握拍

在半西方式握拍的基础上，逆时针转动拍面（左手握拍顺时针转动），使食指根部接触到下一个平面，这种握拍就是完全的西方式握拍［图2-9-2（c）］。喜欢打强烈上旋的土场选手多采用这种握拍法。

优势：这是一种很"极端"的握拍，手腕的位置迫使拍面强烈地击打球的后部，从而产生更多的上旋，可以让击出的球恰好过网，但过网后它就会立刻下坠，而球在落地后还会高高地弹起，这就会迫使对手退至底线后回球。这种握拍比其他任何一种正手握拍法的击球点都要高和远。正是因为西方式握拍法对高球的良好控制，因此许多土场选手和青少年都很青睐这种握拍法。

劣势：回击低球是此种握拍法的致命点。这就是为什么许多采用这种握拍的职业选手在球速较快、球的反弹较低的硬地或草地场上比赛时表现得不尽人意的原因。同时，需要以更快的挥拍动作来给球加上必要的旋转，否则，击出的球就会既没有速度也没有深度。对于一部分选手来说，采用这种握拍也很难打出线路较平的球。

2. 反手握拍

反手握拍见图2-9-3。

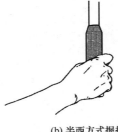
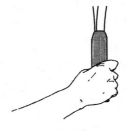

图 2-9-3　反手握拍

（1）东方式单手反手握拍

右手东方式单手握拍：用大陆式握法逆时针转动手腕直至食指指节在球柄的上方。

左手东方式单手握拍：用大陆式握法顺时针转动手腕直至食指指节在球柄的上方。

优势：击球时球手的手腕会保持稳定。另外球手可以打出带上旋或攻击性的穿越球，也可以作反手削球。最后就是这种握法可以帮助球手发上旋球。

劣势：对处理反手高球不是很有效，通常的解决办法是用防卫性削球。

（2）半西方式单手反手握拍

从东方式握拍顺时针转动（左手握拍逆时针转动）握拍手，直到食指根放在下一条斜边上，这时的握拍就是半西方式握拍。这种握拍方式在强力底线型职业选手中盛行，而很多职业教练也会鼓励他们的学生使用这种握拍方式。

优势：半西方式握拍比东方式握拍能击出更强烈的上旋球，使击球更为保险和受控，特别是在放高球和小斜线时。也可以用这种握法打出制胜的平击或者穿越球。球手用这种握法可以自由地选择在击球时加入上旋。它的击球区域会比东方式离身体更高更远一些，所以用它打半高球会有更好的控制和进攻性。

劣势：用这种握拍，球手难以打低球。既然这种握拍方式必须要低于球开始挥拍，它很难用来回击低球。而且，这是一种典型的打网前球时需要改变为大陆式握拍的握拍方式。这就是底线型选手来到网前都不很舒服的原因。

（3）西方式单手反手握拍

正手握拍后，把球拍上下颠倒过来，用同一拍面击球。在硬式网球中，多数人感到这种颠倒球拍打反手低球很不方便。因此，很少有人使用此种握拍法。

二维码 2-9-1　网球其他基本技术

项目十 台 球

【案例引入】

台球是一种用球杆在台上击球,依靠计算得分确定比赛胜负的室内体育项目。该运动是在国际上广泛流行的高雅室内体育运动,台球也叫桌球、撞球。在我们的生活中,台球室随处可见。这项运动已经没有了年龄的限制,上到八十岁的老人,下到七八岁的儿童,都可以进行。这是一项完全没有身体接触的运动,已经成为部分当代人闲暇时光中必不可少的一项体育运动。

学习任务一 初识台球

【任务导入】

了解台球运动的起源、特点、作用。

【知识准备】

(一)台球运动的起源

台球运动至今已有五六百年历史。据说台球活动开始是在户外地面上挖洞,把球用木棒打进洞内的一种玩法,后来才从室外改在室内桌子上。台球起源于欧洲,公元14世纪,在英国维多利亚女王时代,台球活动非常受人们的重视。在一些富豪家庭里,不仅有豪华讲究的台球间,在进行打球活动时,还有严格的活动礼节,有的规定至今仍在沿用。如在打球时,有客人来,必须轻轻开门入室,不得高声谈话和喧叫,以免影响打球人的沉静思考。又如在打球时,可以要求对方不要正面对着自己或靠近自己站立,不允许随便挥舞球杆等。台球是一种高雅的运动,台球厅、室,也都有类似的不许高声喧哗和吸烟的明文规定。

1510年,台球出现在法国。法国国王路易十四的御医建议国王餐后做台球运动,有利于健身,因此台球得到国王的喜爱和关心。路易十四在凡尔赛宫玩的台球是"单个球"(single pool),在桌上放一个用象牙做的拱门(port)和一根叫"王"(king)的象牙立柱,用勺形棒来打球,把球打进门或碰到王便可得分。17世纪,台球在法国逐渐风行起来,这可能就是台球起源于法国的根据。

台球在长期流传中，经过人们的不断改进丰富，现已达到了比较完善的程度。从前开始在室内桌子上玩球时，人们在桌子中心开了一个圆洞，后来又在桌子四角开了四个洞，洞的增加同时也激发了人们的玩球兴趣。直到在桌子开了六个圆洞，才演变成了今天落袋式台球球台的雏形。在球台的发展过程中还有过八角形球桌，在桌每边开洞，共有八个洞，洞增多了，一盘球可以多容纳几个人来参加。

到了19世纪初期，台球运动的发展开始走向成熟。在技术提高的同时，设备用具也随之发展，许多大大小小的改进和发明创造不断涌现。21世纪初，各类台球在中国再度兴起，由街头台球向健康、娱乐型运动迅速发展；中国顶尖球手在世界顶级比赛中也取得越来越好的成绩；中国制造的台球产品也走向世界，逐渐成为世界顶级赛事的指定用品。台球的创新发明也不断涌现，其中最突出的是中式斯诺克台球，其将当时较为主流的美式台球、英式台球及花式九球各自的优势特点融合为一体，将台球的八大元素等进行全面改进。由于其结合了世界各国台球的特点，并对结构进行创新且在规则中引入博弈理念，精彩路线较多且持续刺激程度较强，很快就迅速发展并风靡流行起来。

（二）台球的特点

1. 儒雅

台球是四大绅士运动（网球、高尔夫球和保龄球）之一。台球运动的环境、装束、行为、礼仪无不表现着儒雅之风。

2. 安全方便

台球是室内运动，不受季节气候影响，无安全顾虑。能摆乒乓球台的地方就能摆下一张桌球台，且架杆不必挥拍，实际需要的空间比乒乓球还要小。一个人可以练习，三五个人也可共同参与。

3. 运动寿命长

台球活动无剧烈的身体运动，对人的身体素质没有特别的要求，只要能够站立、持杆，无论力量大小、水平高低，都能参与，不受年龄、性别限制，运动寿命长于其他项目。

4. 健身、健脑

台球运动是力与智的结合，台球融入了数学和力学的知识，加上不同的杆法、战术、谋略，既是一种身体的运动，更是一种思维的训练，真正融艺术、技术和体力于一体。台球运动量可以自己掌握，作为一种轻松愉快的休闲方式，这种运动不会使人大量出汗，无出汗、着凉、感冒之忧。但这不是说台球活动没有运动量。打一小时台球平均要走3000步左右，打一场标准的斯诺克比赛，选手们要围绕球台走10km，这还不包括每次击球过程中的弯脚动作。台球运动属于慢速有氧运动，也是减肥的最佳运动方式。

5. 防治多种疾病

长期伏案工作的职员，最易受腰颈、肩周疾病之扰。台球运动需要不停地俯身、抬头、转腰、提肩，对腰、颈、肩周疾病有很好的防治作用。台球运动需要沉稳静心、不急不躁、情绪平和、心态淡定，这也是防治高血压和心脑疾病的最佳情绪疗法。台球桌面的绿色呢绒配上柔和的灯光，时近时远的目光扫描，不同距离的聚焦瞄准，这一切对于放松眼部肌肉、缓解视图疲劳、防治假性近视来说是一种很好的眼睛保健方式。台球实为修身养性、陶冶情操的良好运动项目之一。

6. 低碳绿色

除了球台、球杆的初始投入之外，台球的后续活动不需要大的消耗投入，是一种低碳环保的运动方式。

（三）台球的主要作用

① 练习台球带来的不仅仅是身体局部的运动和锻炼，而是全身协调能力的提高。每击打一个球，眼睛、颈椎和肩部都需要与上肢、腰部以及下肢良好地协调与配合。经常参与这项运动，不但能提高眼力，还能改善自身的协调性和对身体各关节的控制能力。

② 打球的标准姿势不仅让女性的曲线看上去挺直优雅，一举一动都给人美的享受，还能对她们的腰部、臀部以及手臂形成锻炼，让这三部分更趋完美，算得上是塑造形体的一项好选择。

③ 作为一项绅士运动，台球的行为、礼仪无不体现着儒雅之风。打台球可以培养一个人的气质，优雅推杆之间风采尽显。台球会让人克服心浮气躁的缺点，慢慢变得沉着冷静，控制情绪起伏，养成良好的习惯。

学习任务二　基本动作

【任务导入】

熟练掌握台球的正确动作和练习方法，能够达到台球准备动作的基本要求。

【知识准备】

台球的基本动作是学好台球、打好台球的重要基础，通过基本动作可以更好、更快地学习台球的技术动作。主要基本动作分为站姿、手架、运杆、击球这4个环节。

（一）站姿

① 身体直立面对球桌，双脚并拢，目测母球（主球）、目标球与目标袋口的位置关系，通过目测找好进球线。

② 迈出右脚身体微微向右倾的同时，右脚踩在进球线上，眼不离进球线。

③ 迈出右脚的同时左脚在身体自然带动下向左上方迈出半个脚的位置，左脚与右脚距离大概与肩同宽。

④ 迈出左脚后，左腿微微弯曲，身体自然前倾，手架同时架在进球线上，手架距离母球15～30cm为宜。

⑤ 所有姿势摆好后，球杆基本与桌面平行，感觉整个身体舒适平衡，能顺畅地在小臂带动下前后摆动球杆，能通过小臂控制力量大小，顺利运杆。

⑥ 整个姿势需要多加练习，形成习惯固定下来，这样才能为以后提高球技打下坚实的基础。

（二）手架

1. 一般手架

五指张开贴于台球上，拇指贴住食指并翘起，形成手架点，通过掌心隆起的高度，来调节击打主球的位置，形成高、中、低不同的杆法。

2. 兰花指手架

中指与无名指弯曲，这种手架非常适合在击打距离球时杆法的调整，比如想要用高杆击球的时候，中指与无名指第二小关节弯曲；中杆击球时，中指与无名指第一小关节弯曲。

3. 凤眼手架

食指与无名指环住，与中指相贴，无名指弯曲，把球杆放在食指与拇指形成的圈里。这种手架方式非常流行，能更好地固定球杆，使球杆不脱手。

4. 库边手架

（1）击打与库边平行的球

小拇指、无名指放在库边上，中指与食指放在台面上，此方法适合击打贴库且运行方向与库边平行的主球。

（2）击打距库边有一定距离的球

主球与库边的距离在 20～30cm 时适合使用这种手架，拇指弯曲在手心里，其他 4 个手指支撑在库边上，利用食指与中指夹住球杆。这样的手架在打发力球时，球杆不容易离开手指，出杆的稳定性更好。

（3）贴库球手架

手指关节平放在库边上，手掌弯曲下来，将球杆放在食指与拇指之间，皮头离主球 1cm 左右。少运杆，多瞄点，后手微微翘起，能让皮头出杆时打到主球即可。

（4）障碍高手架

手指成三角形的支架，食指弯曲收回，后手抬高，后手出杆时尽量减小动作幅度，以免出杆晃动不稳，造成击球不准的情况。

（三）运杆

1. 检查母球击打点

检查杆头是否指向想要击打的母球点位。运杆一定要有效，也就是当模拟出杆时一定要让杆头在靠近母球的位置停下来，如果在离母球 1cm 以外的距离停下来，那不是有效运杆，因为没有模拟出击球的位置。

2. 检查击球线路

检查杆头击打母球后母球的运行线路是否是进球线路。杆头击打母球不同点位之后母球的运行轨迹会在后面的内容中介绍，但如果是击打母球的中线，那就看杆头的延长线是否是进球线就好了。

3. 调整呼吸和节奏

运杆时保持呼吸平稳，也要保证运杆的节奏平稳，不宜过快也不宜过慢。过快会导致心率上升，处于不稳定状态，影响出杆方向。过慢会分散注意力，没办法准确检查击球点和线路。

出杆前最后一次运杆，在拉伸到临界点准备出杆之前，需要一个细微的停顿，这对力度和准度都很重要。基本参赛选手每次出杆都会有停顿，具体停顿多久、是什么感觉，大家可以多看比赛视频，然后自己再去体会一下就会明白了。

（四）击球技巧

最好的出杆法为：当已准备好要出杆时，先暂停 1～5s，此时如感觉一切都很好时，可以击球。但如感觉不对劲时，则应站起，再重新作好瞄准程序。

当仅有一颗球留在顶岸库边附近时，它可能是一颗很有用的球。别动它，一直到所有的球都已散开且可进袋为止。但如有一颗以上的球在顶岸库边附近时，将该数目降低。一般中级选手最容易犯的错误是：当打球顺起来时，速度马上加快，而后失控（失误）则紧接而来。最安全的保障是：在每次打击前，先集中精神去轻轻地、慢慢地放下巧克粉，然后才抬起头来看桌面。

在薄球时，当子球很接近母球且没与库边贴死时，注意应瞄准较靠库边一点，执着于入射角等于出射角是一个很糟糕的方法，较聪明的说法是：当用力时，其折射角度将短，这观念对打小角度灌球时很有帮助。

即使在打最难推的球时，瞄准击球点仍应在母球的中点与其最顶点的中间部位。往上一点并无助益,但却可能滑杆。而在拉球时则正好相反。应尽可能地打最低点,但应记得让杆成水平,且降低架杆之手。

做球的艺术在于简化过程。一般而言,在每次出杆时移动的球越少、越近,就越好。同理,母球吃库越少则越好。但这并非铁的规则。因有时情况并不常容许这样做。而这也是为何撞球是那么迷人的地方。

直球时如母球与子球相距一尺以上,则别指望打中杆能将母球定死在原地。当距离越远时,越应打母球的更低点。当打出母球后应保持站姿多久?请由以下几种情况来选择最舒服的方法。

① 直到子球进洞。

② 子球已进洞,且母球也停止了。

③ 直到母球已停止了,或者已确定母球的新位置即将在哪儿。

我们应认知这些技巧并不能对移动中的球做任何影响,但对建立节奏与自信却有莫大的助益。

学习任务三 击球方法

【任务导入】

熟练掌握台球的击球方法,能够达到击球后,母球沿简单线路移动。

【知识准备】

台球的击球方法是在击球过程中,通过改变击球线路完成下一个球的走位。主要基本击球方式为:高杆击球、定杆击球以及缩杆击球。

(一)高杆(推杆)击球

高杆击球就是击母球的上部,可以把能量完全传输到目标球上,母球先静止,而后旋转往前运行,俗称跟杆。

(二)定杆击球

① 前手手法:采用 V 字形或 O 字形架杆都可以。

② 后手手法:出杆延伸和平常一样,母球与子球间的距离越远越用力,从出杆到击球,力道是从头到尾保持一致的。

③ 击球点:击打母球被击打面的球面中心,使得母球平行滑动,去击打目标球的整颗球。

④ 母球与目标球距离不超过半根球杆的长度,即 70cm 以内时,老式定杆可以奏效。

⑤ 当母球与目标球间的距离小于 10cm,甚至更短时,球杆延伸要短,以免发生两次撞击而犯规。

(三)缩杆击球

缩杆击球是在台球中比较常见的击球方式,也是最为复杂的击球方式。台球缩杆也就是我们口中的拉杆,主要是击打母球的下部分,碰到球后产生回旋力,摩擦力较小,从而使母球旋转的方向与前进方向相反。在母球碰触到目标球时,母球前进的力会减小,摩擦力相对较大,使母球产生后退的力。

1. 注意事项

① 打拉杆球时,球杆要和桌面平行,有人为了打到球的下部把球杆后端抬起,这是不正确的。手尽量平铺在桌面,使得皮头能打到球的下部,技术越高,打的点还可以越低。

② 发力的胳膊(通常为右)稍稍紧绷,太紧和太放松都影响打球的质量。发力的大小

和球回来的距离成正比。

③ 推杆时要快，造成本球反方向旋转（这是拉杆的必需条件）。收杆不能太急，要给出皮头与球的摩擦时间。

④ 在一开始别忘了打些巧克粉，防止滑杆。

2. 要领

① 发力要迅捷。

② 注意对球杆的延伸，不要马上抽回球杆，不然会造成发力不充分。

③ 多运用小手臂的摆动，除非必要，不要用手腕的摆动来发力，特别是在后手不稳的情况下。

④ 球杆尽量放平，因为若斜放球杆，出杆击打母球时，会造成有一部分向下的分力，从而导致低杆不强。

⑤ 皮头边缘部分多擦巧克粉。

⑥ 瞄球时，最近点尽量靠近母球，不要大于 0.5cm。一是有利于提高准度。二是发力会更接近瞄球时的预期值，做到发力充分。

⑦ 除非有必要，尽量少瞄最低点，可以通过控制力度来取得想要的效果。

二维码 2-10-1　台球其他技术

项目十一
健美操

【案例引入】

健美操是一项深受广大群众喜爱的、普及性极强的，集体操、舞蹈、音乐、健身、娱乐于一体的体育项目。

健美操是一种有氧运动，特征是持续一定时间的、中低程度的全身运动，主要锻炼练习者的心肺功能，是有氧耐力素质的基础。跳健美操有诸多好处，不仅能帮助我们有效的强身健体，而且还有减肥的功效，这种运动减肥方法集健美和健身于一体，特别适合女性，受到了广大女性同胞的喜爱。

竞技健美操竞赛项目包括男子单人、女子单人、混合双人、三人（性别不限）、集体六人等。

学习任务　初识健美操

【任务导入】

了解健美操运动的起源、发展、概念以及特点等。

【知识准备】

（一）国际健美操运动的起源

健美操的起源可追溯到两千多年前。古希腊人对人体美的崇尚举世闻名。他们喜爱采用跑跳、投掷、柔软体操和健美舞蹈等各种体育项目进行人体美的锻炼。而古印度很早就有瑜伽术，其中的一些姿势与当前流行的健美操所常用的基本姿势是一致的。由此可见，古代人对健身健美的追求是现代健美操形成与发展的基础。

19 世纪末、20 世纪初，欧洲出现了许多体操流派，他们在理论和实践上的创新对健美操的发展起到了推动作用。而 20 世纪 80 年代初，随着遍及全球的健身热和娱乐体育的发展，健美操以其强大的生命力风靡世界。美国是对世界健美操的发展有着重要影响的国家，其代表人——影视明星简·方达，根据自己的健身体会和经验，撰写了《简·方达健美术》

一书。该书自 1981 年出版后,引起了轰动。她现身说法,促进了健美操在世界范围内的推广。自 1985 年开始,美国正式举办一年一度的健美操锦标赛,并确定了竞赛项目和规则,使健美操发展成为竞技性运动项目。

(二) 国内健美操的发展

世界性的健美操热是于 20 世纪 70 年代末传到我国的。当时北京、上海、广州等地相继举办了各种健美操培训班。随后通过各种新闻媒介对国外各种健美操的介绍,逐步推动了健美操在我国的广泛开展。

随着人民生活水平的不断提高,健美操所特有的保健、医疗、健身、健美、娱乐的实用价值受到人们越来越多的重视。吸引了不同年龄的爱好者参与,出现了一定规模的消费群体。各级电视台纷纷制作以健美操竞赛、普及为内容的专题节目。由于健美操比赛可在体育馆和舞台上举行,加之健美操运动时场地运用集中的特点,给企业结合比赛进行广告宣传创造了机会。健美操项目受到越来越多的企业的青睐。

(三) 健美操的概念与特点

1. 健美操的概念

在音乐的伴奏下,以身体练习为基本手段,达到塑造形体、娱乐身心的目的。

2. 健美操的特点

(1) 高度的艺术性

健美操是融体操、舞蹈、音乐于一体的追求人体健与美的运动项目,因此,健美操属于健美体育的范畴,具有高度的艺术性。健美操的艺术性主要体现在其"健、力、美"的项目特征上。"健康、力量、美丽"是人类有史以来所追求的身体状况的最高境地,而健美操运动中,无论是健身健美操、还是竞技健美操,无不处处表现出"健、力、美"的特征,包含着高度的艺术性因素,使健美操不同于其他运动项目,这也正是人们热爱健美操运动的原因之一。健美操运动协调、流畅、有弹性,使练习者不仅锻炼了身体、增强了体质,而且从中得到了"美"的享受,提高了艺术修养。而健美操运动员在比赛中所表现出的健美的体魄、高超的技术、流畅的编排和充沛的体力等,也无不给观众留下深刻的印象,充分体现出健美操运动的"健、力、美"特征和高度的艺术性。

(2) 强烈的节奏性

健美操动作具有强烈的节奏性特点,并通过音乐充分地表现出来,因此音乐是健美操运动不可缺少的组成部分。健美操音乐的特点是节奏强劲有力、旋律优美,具有烘托气氛、激发人们情绪的效果。健美操运动之所以深受人们喜爱,除练习本身的功效性、动作的时代感外,很重要的因素之一是现代音乐给健美操带来的活力。健美操运动与音乐的强烈的节奏性使健美操练习更具有感染力,使健美操比赛和表演更具有观赏性。

(3) 广泛的适应性

健美操练习形式多样,运动量可大可小、容易控制,对场地器材的要求也不高,因此,对各个年龄层次、不同性别、不同身体素质、不同技术水平的人都适宜,各种人群都能从健美操练习中找到适合自己的方式,从中得到乐趣。例如,中老年人可选择低强度的有氧练习,达到锻炼身体、娱乐身心、保持健康的目的;而对具有较好身体素质、有意进一步提高的年轻人来说,可选择难度较高、运动量较大的竞技健美操作为练习的手段,通过竞技健美操练习,不仅锻炼了身体,而且可提高技术水平,满足其进取心要求。因此,健美操运动具有广泛适应性的特点。

（四）健美操的主要作用

1. 增强体能

健美操可以提高关节的灵活性，使心肺系统的耐力水平提高。由于健美操是由不同类型、方向、路线、幅度、力度、速度的多种动作组合而成的，经常跳健美操可以提高人的记忆力，增强体能，提高神经系统的灵活性、均衡性，从而有利于改善和提高人的协调能力。

2. 塑造迷人的曲线

经常练健美操的女性体态优雅、矫健，魅力四射。健美操还可以延缓衰老，让人更加有活力，拥有迷人的曲线。

3. 缓解精神压力

健美操是一项充满青春活力的运动，可以帮助人们释放压力和烦恼，使精神压力得到很好的缓解，在锻炼的时候能让自己忘却烦恼和压力，使自己拥有最佳的心态。

4. 增强人的社交能力

健美操可以提高人的社交能力，参加锻炼的人来自社会各阶层，所以这种锻炼方式扩大了人们在社会的交往范围，把大家从工作和家庭的压力中解脱出来，从中认识更多的人。大家一起跳，一起锻炼，每个人都能心情开朗，解除戒心，互相交流。这样有助于增进人们彼此之间的了解，产生一种亲切感，从而建立起融洽的人际关系。

5. 拥有乐观的心态

健美操可以让一个人从孤单和烦恼的生活中解脱出来，可以让人打败消极的情绪，拥有美好心情，经常锻炼可以让人拥有一份乐观的心态。

6. 保健功能

健美操是一项有氧运动，它的特点是强度低、密度大、运动量可大可小、容易控制，它对健康的人有良好的健身效果，对于一些身体素质比较差的人来说也是一种非常好的锻炼手段，可以帮助他们慢慢调整自身的体能，从而获得健康。

二维码 2-11-1　健美操分类、动作、步法及注意事项

项目十二 瑜伽

【案例引入】

　　瑜伽能修身养性，平静内心。长期练习能让人心静，陶冶情操，使人更加自信，更加热爱生活。瑜伽能增强抵抗力，不仅提高人的身体素质和机能，还可以调节心理和精神状态。练习瑜伽要同时着眼于身体和心理的健康，两者密不可分。在练习瑜伽过程中，练习者逐渐深化自己内在精神，从内到外，再从外到内，从感觉到精神、理性，而后到意识，最后使自我和内在精神融合，达到身心融合为一的完美境界。

　　在进行瑜伽练习的过程中，应该学会倾听自己身体的声音，凭直觉去选择让自己最舒服的瑜伽，缓慢且逐渐有控制力地进入和退出体式，这样就能避免伤害，保证练习效果。

　　本节是从最基础的瑜伽动作出发，对站姿、坐姿、跪姿、仰卧这五大瑜伽体式进行详细阐述。

学习任务一　初识瑜伽

【任务导入】

　　了解瑜伽运动的起源、功效、分类以及健康饮食等。

【知识准备】

1. 瑜伽的起源

　　瑜伽（Yoga）是一个汉语词汇，最早是从印度梵语"yug"或"yuj"而来，其含义为"一致""结合"或"和谐"。瑜伽源于古印度，是古印度六大哲学派别中的一系，探寻"梵我合一"的道理与方法。而现代人所称的瑜伽则主要是一系列修身养性的方法。

　　大约在公元前300年，印度的帕坦伽利（Patanjali）创作了《瑜伽经》，印度瑜伽在其基础上才真正成形，瑜伽行法被正式定为完整的八支体系。瑜伽是一个通过提升意识，帮助人们充分发挥潜能的体系。

　　瑜伽姿势运用古老而易于掌握的技巧，改善人们生理、心理、情感和精神方面的能力，是一种达到身体、心灵与精神和谐统一的运动方式，包括调身的体位法、调息的呼吸法、调心的冥想法等。

2014年12月11日，联合国大会宣布6月21日为国际瑜伽日，2015年举办了首届6.21国际瑜伽日活动。

2. 瑜伽功效

现代社会的快速发展使人们的生活越来越紧张，竞争越来越激烈。长期的精神压力、身体的疲劳状态和健康常识的缺乏，使越来越多的人处于亚健康状态甚至疾病缠身，身心承受焦虑和痛苦的折磨。通过瑜伽的不同练习方法，能把散乱的精神集中并使之平静下来，同时对神经系统起到良好的平衡作用。不仅提高人的身体素质和机能，还可以调节心理和精神状态。

练习瑜伽必须通过自身的体验来领悟其真谛，主动地去除精神和身体的束缚，以积极的态度融入美好的瑜伽世界中。练习瑜伽可使人获得一颗善良、乐观、豁达、善于知足的心，使体内脏器、腺体、骨骼、肌肉、皮肤以及各系统的功能处于一种均衡、稳定、由内向外的整体和谐的状态。

3. 瑜伽的分类

瑜伽经过5000年的演变，博大精深，种类繁多。瑜伽分为三大类：一个是古典瑜伽，一个是现代瑜伽，现在还包括了正位瑜伽，练习的方法也不一样。印度正统古典瑜伽可分为智瑜伽、业瑜伽、哈他瑜伽、王瑜伽、昆达利尼瑜伽五大体系。

现在的大学生大多数是初学者，推荐学习哈他瑜伽。哈他瑜伽节奏舒缓，动作变化多样。哈他瑜伽体位练习包含24个体位动作，主要练习如何控制身体和呼吸，更深一层的效果是使身体各机能有序运转，从而使心灵获得宁静，变得祥和。它可使身心达到和谐与平衡，特别适合刚刚开始练习瑜伽的人群，它不要求做到完美，也不是充满竞争感的训练，而是强调对每一个体式的感觉。

4. 瑜伽体位姿势

瑜伽体位法是一种练习瑜伽的方法。完整、系统、科学的练习可以强健身体，预防疾病和缓解病痛。瑜伽姿势可柔软身体各部位关节，伸展韧带和肌肉，轻柔地按摩体内脏器，使人体的血液循环系统、呼吸系统、消化系统、内分泌系统和神经系统处于平稳状态，使人获得健康的同时也获得精神上的幸福，从而实现身心健康的最终目的。

瑜伽体位练习舒缓柔和，动作过程清晰分明，不会过分地刺激心脏引起粗重急促的呼吸，有些姿势看起来很难，而事实上它的过程是循序渐进的，关键是掌握方法，量力而行，长期坚持。

练习瑜伽体位首先要有正确的认识，不要认为身体不够灵活柔软就不能练习瑜伽，这是非常错误的观念，正是因为身体机能没有处于最佳状态，才要通过练习去改善。急于完成某一个姿势也是不可取的，练习瑜伽是为达到身心健康，而不是用来表演或达成其他目的，急于把一个姿势做"标准"也会给身体带来危害。因此，所有的瑜伽姿势只要做到自己感到舒适的范围内的最大限度就可以。

学习任务二　瑜伽坐姿

【任务导入】

坐姿是练习瑜伽的冥想和呼吸前非常重要的预备功，是一种在保持下半身稳定的基础上，充分伸展上半身的"上虚下实"式姿势。练习时必须让脊柱保持挺直，躯干与头部需要长时间保持平稳。

【知识准备】

瑜伽的体位动作，最终就是为了让人们能非常好地完成莲花坐。由此可见瑜伽坐姿的重要性。坐式是最方便实施的瑜伽体位法，随时随地都能练习，所有坐姿正位体式都能提高髋部、膝盖和脚踝的柔韧性。通过将脊椎和骨盆结合起来练习，瑜伽的坐式及各种伸展的体位动作可以按摩和滋养人体腹股沟及腋下的淋巴，从而提高淋巴排毒功能，加速循环，排除毒素，减轻疲劳，使人集中注意力。

瑜伽的坐姿一共有十种：简易坐、金刚坐、半莲花坐、全莲花坐、至善坐、英雄坐、狮子坐、吉祥坐、成就坐、散盘坐。

图 2-12-1　简易坐

1. 简易坐

简易坐是一种舒适安全的坐姿，适合瑜伽初学者。这个坐姿有利于膝盖、脚踝等关节的健康。它能增强两髋、两膝、两踝的灵活性，滋养和加强腿部神经系统，减轻或消除风湿和关节炎，如图 2-12-1 所示。

2. 金刚坐

金刚坐，又称"正跪坐式"或"钻石坐"，是练习者要掌握的另一个重要姿势。如果其他坐姿坐久了感到腿麻痛难忍，即可换成正式跪坐，可以缓解疼痛。此外，这个坐姿还能帮助消化系统顺畅排气，强健脊椎周围核心肌群。

3. 半莲花坐

半莲花坐是瑜伽中最好的坐姿，是从简易坐向莲花坐的过渡形式，适用于柔韧性还不够好的人。从瑜伽的角度来看，这个坐姿极适宜于呼吸、调息练习和冥想。它能放松脚踝、双膝和双腿肌肉，锻炼膝关节，防止老年脱臼、关节炎和风湿痛。

4. 全莲花坐

全莲花坐是瑜伽中最重要和最有用的体位法之一，是最佳冥想坐姿。这个姿势极为适宜做呼吸、调息练习和冥想，有益于调整神经和情绪。此外，还能调整骨盆位置，防止内脏器官下垂，美化腿部线条，使双腿更加灵活、柔韧，如图 2-12-2 所示。

图 2-12-2　全莲花坐

5. 至善坐

至善坐被认为是瑜伽中重要的坐姿之一。瑜伽认为人身上有 72000 条经络，我们的生命之气就在这些经络里流通，而至善坐有助于清理这些经络，使之畅通无阻。经常练习至善坐，能滋养和增强脊椎的下半段和腹部器官，还能防止和消除两膝和两踝的僵硬、强直等。

6. 英雄坐

倘若练习者觉得盘坐较为困难，那么英雄坐坐姿是一个很好的选择。它能减少腿部脂肪，缓解膝部因痛风和风湿症而引起的疼痛，促使形成正确的足弓度。它还能按摩盆腔器官和强健脊椎，使心灵宁静平和，如果在饭后练习，它还可以加强整个消化系统的功能。

7. 狮子坐

练习狮子坐时，双脚脚踝交叉，脚跟抵在肛门下，能很好地锻炼脚踝关节，且对脊柱根部的脉轮有着很好的刺激作用。练习时，尽量把舌头伸出，双目凝视鼻尖，以加强注意力。

8. 吉祥坐

这个坐姿可以很好地活动髋关节，增加胯部的柔韧度。当双膝及大腿完全着地时，对瑜伽中的大多数体位都有帮助。

9. 成就坐

瑜伽认为人体有若干个能量中心（即脉轮），完成此坐姿时，脚跟位于本质轮上，通过脚对本质轮的刺激，可以把生命的能量从低点引到高处。

10. 散盘坐

散盘坐能够加强两膝和两踝的柔韧性和灵活性，缓解关节疼痛和僵硬。在生理方面，可以改善或增强性功能，是强化会阴部脉轮练习的一种有益坐姿，特别适合初学者掌握和学习。

【任务实施】

坐姿练习说明见表 2-12-1。

表 2-12-1 坐姿练习说明表

练习方法	动作要领	分值	得分
简易坐	双手自然放在双膝上，掌心向下，头、颈、躯干保持在一条直线上	30	
金刚坐	放松肩部，收紧下巴，挺直腰背	30	
全莲花坐	将右小腿绕过左小腿外侧，搭放在左大腿根部	30	

学习任务三　瑜伽呼吸

【任务导入】

呼吸的气息，也可以说是生命之气。对于人类来说只要生命存在，呼吸就一分钟也不能停止。正确掌握瑜伽的调息方法，就可以找回呼吸中浪费掉的潜能。

【知识准备】

在练习瑜伽调息功法之前，首先要理解这样几个概念，即吸纳、呼吐和悬息。吸纳是指吸气，呼吐是指呼气，悬息是指蓄气不呼或闭气不吸。在开始时练习者有意识地控制自己的呼吸，练习一段时间之后，练习者可在连续的呼吸过程中体会到一种自然的停顿，这种停顿不需要做出任何努力，也就是说在吸气之后不能马上呼气；反之，在呼气之后不能马上吸气。这种深入延长的呼吸使体内增加了氧气供应，强壮了胸廓，帮助排除体内的浊气和毒素。更重要的是使人们的心境变得平和宁静。

1. 腹式呼吸

腹式呼吸又叫横膈膜呼吸，练习时用肺的底部进行呼吸，感觉只有腹部在起伏，胸部相对不动（图 2-12-3）。通过这种方式对吸入气体进行控制，能使膈肌更为有力，让呼吸的时间和周期变得深长而有规律。一次吸气、呼气和屏气为一个调息周期。腹式呼吸可以锻炼腹部肌肉，按摩腹腔内的器官，增加肺活量，促进全身的血液循环。

2. 胸式呼吸

胸式呼吸接近人们日常使用的呼吸方法，只是程度比日常呼吸更深长和专注。练习时用肺部的中上部参与呼吸，感觉胸部、肋骨在起伏，腹部相对不动（图 2-12-4）。胸式呼吸可以稳定情绪，平衡心态，帮助因为呼吸短促而积压下来的废气排出体外。

3. 完全式呼吸

完全式呼吸法是瑜伽调息的基础，在熟练了胸式呼吸和腹式呼吸后才可以练习完全式呼吸。呼吸时整个肺部参与呼吸运动，腹部、胸部乃至全身都能够感受到起伏（图 2-12-5）。完整的完全式呼吸可以将呼吸空气的量增大 3 倍，让更多新鲜的氧气供应血液，让心脏更强劲，能缓解内脏压力，调节内分泌失调。

图 2-12-3　腹式呼吸

图 2-12-4　胸式呼吸

图 2-12-5　完全式呼吸

【任务实施】

呼吸练习说明见表 2-12-2。

表 2-12-2　呼吸练习说明表

练习方法	动作要领	分值	得分
腹式呼吸	呼气时，腹部向内、向脊椎方向收紧，横膈膜自然而然地升起，把肺内的浊气完全排出体外，内脏器官复原位	25	
胸式呼吸	将手轻轻搭放在肋骨上，两鼻孔慢慢吸气，同时双手感觉肋骨向外扩张并向上提升，但不要让腹部扩张，腹部应保持平坦	25	
完全式呼吸	呼气，按相反的顺序，先放松胸部，然后放松腹部，尽量把气吐尽，然后有意识地使腹肌向内收紧，并温和地收缩肺部	25	
三种呼吸	根据老师的要求能分别做出三种呼吸的交换	25	

学习任务四　瑜伽身体四肢准备运动

【任务导入】

练习瑜伽前做热身运动是做好瑜伽动作的前提。这样可以帮助提高肌肉的温度和自身的体温，保证运动安全性。热身运动可以"预热"身体，缓解身体的僵硬感，能让身体更加轻松地摆出姿势，防止身体受到伤害。

【知识准备】

瑜伽身体四肢运动主要包括颈部、肩部、膝部、脚趾和脚踝部位的准备运动。颈部环绕姿势，如头部向后、向侧的转动等，虽然简单易行，但对活动颈部关节和肌肉十分有效。肩部环绕即指双手指尖搭肩为圆心，手臂围绕着肩膀画圈。膝部练习，让双腿通过上下弹动、左右摆动来灵活膝盖和脚踝，消除腿部的紧张感。脚趾和脚踝的练习主要通过身体伸直，两脚同时顺时针旋转或者同时内外旋转来让脚趾和脚踝充分预热，防止做瑜伽动作时受伤，提高瑜伽动作的准确性。

1. 颈部运动动作要领

① 选择一个舒适的盘坐姿势坐好，最好是莲花坐。呼气，肩膀放松且保持平直，双手搭在膝盖上［图 2-12-6（a）］。

② 呼气，头部向左侧下压，左耳靠近左肩，感受颈部右侧的肌肤在慢慢伸展［图 2-12-6（b）］。

③ 吸气，头部回到正中位置，边呼气头边向右肩靠近，感觉颈部左侧肌肤在拉伸［图 2-12-6（c）］。

④ 吸气，头部回到正中位置，挺直脊椎，边呼气头部边下垂，让下巴靠近锁骨，感觉颈后侧肌肉在伸展［图 2-12-6（d）］。

⑤ 吸气，慢慢抬头，边呼气头边向后仰，感觉后脑勺在靠近脊椎。

⑥ 吸气，头部回到正中位置，目视正前方，边呼气头边向左转，眼睛看向左后方。

⑦ 吸气，头部回到正中位置，边呼气头边向右转，眼睛看向右后方。

⑧ 吸气，身体还原至初始姿势。

(a)　　　　　　(b)　　　　　　(c)　　　　　　(d)

图 2-12-6　颈部运动动作

2. 膝部运动动作要领

① 长坐，双腿伸直并拢，腰背挺直，双臂自然垂于体侧，掌心贴地，指尖朝外［图 2-12-7（a）］。

② 双手交叉抱住左腿腘窝处，将左腿抬离地面，脚面绷直，自然呼吸，逆时针旋转小腿数圈［图 2-12-7（b）］。

③ 左小腿摆回正中位置后，上下弹动左小腿数次。

④ 自然呼吸，顺时针旋转左小腿数圈［图 2-12-7（c）］。

(a)　　　　　　(b)　　　　　　(c)　　　　　　(d)

图 2-12-7　膝部运动动作

⑤ 左小腿摆回到正中位置后，绷紧脚背，顺时针或逆时针旋转脚踝数圈［图 2-12-7（d）］。

⑥ 将左腿放回地面上，伸直，然后换另一条腿练习。练习完后身体还原至初始姿势。

3. 脚趾和脚踝动作要领

① 坐姿，伸直两腿，两手平放在臀部两侧，支撑身体。

② 向上弯曲脚踝，脚趾尽量向小腿骨的方向接近。

③ 向下弯曲脚踝，脚趾尽量向地面的方向接近。

④ 分开两腿同肩宽。

⑤ 保持双膝伸直，两脚同时顺时针旋转（或同时逆时针旋转）。

⑥ 保持双膝伸直，两脚同时由内向外接近（或同时由外向内旋转）。

【任务实施】

① 脚趾向前和向后缓慢地做屈、伸练习 20 次。

② 脚踝缓慢地做前后屈、伸练习 20 次。

③ 脚踝缓慢地由内而外绕 20 次。

④ 脚踝缓慢地由外而内绕 20 次。

⑤ 膝部缓慢地做屈伸练习。

⑥ 膝部缓慢地做由内而外绕 20 次。

⑦ 膝部缓慢地做由外而内绕 20 次。

⑧ 肘部缓慢地做前后屈、伸练习 20 次。

⑨ 肘部缓慢地做由内而外绕 20 次。

⑩ 肘部缓慢地做由外而内绕 20 次。

⑪ 颈部缓慢地做前后屈、伸练习 20 次。

⑫ 颈部缓慢地做左右侧屈各 20 次。

⑬ 颈部缓慢地做从左到右转 20 次。

⑭ 颈部缓慢地做从右到左转 20 次。

⑮ 蹲式：两脚开立，两臂体后交叉相握，随音乐缓慢地向下直到自己不能下，而后随音乐缓慢地起来回到原来位置，练习 8~12 次。

⑯ 仰卧放松，随音乐听老师的口令放松。

学习任务五　语音冥想

【任务导入】

通过瑜伽冥想可以控制心灵，超脱物质欲望，感受自我。瑜伽冥想的目的是使人内心和平与安宁，瑜伽冥想有诸多体系和方法，但其共同特点是把注意力集中到某一特定对象。在瑜伽冥想体系中，最简单易行、效果显著的就是瑜伽语音冥想。

【知识准备】

瑜伽语音冥想能够促使人的精神放松，平息体内的不安情绪，消除肌肉紧张，调节心率和血压。练习冥想的最终目的是体会到天人合一的最佳精神状态，从而促进精神和身体的健康。

【任务实施】

冥想练习：强调呼吸法、体位法、冥想法三合一的训练，达到身心和谐。这种身心整合的原理是：透过呼吸的调节（调息），让身心保持稳定；模仿动物姿势去调适、强化自身机能（调身），帮助身体伸展、放松。缓慢的动作过程配合着深长的呼吸，既可使肢体得到适当伸展，获得平衡，又能按摩各内脏器官，使体内的各种腺体分泌趋于正常。又因神经系统得到调和而使生命中潜在的能量得到激发，从而达到全身心的健康。

坐位练习和仰卧位练习尽量闭上双眼，以便用心去体会身体的变化，随着音乐进行瑜伽完全式呼吸，体会呼吸后身体的感受。

学习任务六　站姿体式

【任务导入】

熟练掌握瑜伽站姿的正确动作和练习方法，了解并掌握各种技术要领，能够达到站姿的基本要求。

【知识准备】

站姿体式是瑜伽体位法中最基本的体位，也是练习所有瑜伽动作的基础。练习正确的站式体位，有助于强化锻炼腿部的力量和稳定性，能增强身体的平衡性和柔韧性，为脊柱提供有力的支撑，防治驼背、高低肩、颈椎病等不良体态或疾病。此外，对身体的循环系统、消化系统、呼吸系统、神经系统等也有着积极的强化作用，对保持身体健康发挥着不可忽视的作用。

站姿体式主要有以下几种。

1. 树式

树式对久坐形成的不良形态有很好的纠正作用。

① 挺直腰背站立，两脚并拢。双手放在身体两侧，双肩微微打开放平，目视前方［图 2-12-8（a）］。

② 吸气，重心放在右腿，屈左膝，抬高左腿，左手帮助左脚跟放置在右腿根部，身体伸直，呼气［图 2-12-8（b）］。

③ 呼气，双手合十于胸前，大拇指相扣［图 2-12-8（c）］。

图 2-12-8　树式

④ 双臂高举过头顶，向上延伸。保持单脚站立 5～8s，吸气时收回双臂，恢复开始的姿势换边练习［图 2-12-8（d）］。

2. 战士二式

战士二式增强足弓、脚腕、膝部和大腿的力量，增强意志力。

① 挺直腰背站立，两脚并拢，双手放在身体两侧［图 2-12-9（a）］。

② 双脚左右尽量分开，双臂成一条直线，左脚向左转 90°，左脚稍向内转，深蹲弓步，使左小腿与地面垂直，两臂向左右侧无限延伸［图 2-12-9（b）］。

③ 上半身左转，使胸部和左膝保持与左脚一致的方向。保持数秒，自然呼吸［图 2-12-9（c）］。

图 2-12-9　战士二式

3. 战士三式

① 站姿，吸气，双臂举过头顶向上方延伸，掌心相对［图 2-12-10（a）］。

② 呼气，上半身前倾，伸直右膝，抬高左腿，双臂朝前上方延伸。左腿伸直与地面平行［图 2-12-10（b）］。

③ 吸气，双臂带动身体回正中位置，右腿收回，身体还原。

(a)   (b)

图 2-12-10　战士三式

【任务实施】

1. 站姿体式练习

站姿体式练习说明见表 2-12-3。

表 2-12-3　站姿体式练习说明表

练习方法	动作要领	分值	得分
树式	保持身体平衡，眼睛看前方某一点，注意力集中，保持深长而稳定的呼吸	30	
战士二式	注意力放在背部和手臂上，动作中呼吸要保持平稳、均匀和深长	30	
战士三式	注意力和意念集中在身体平衡上，身体前倾时呼气，抬腿离地面时吸气	30	

2. 易犯错误

① 树式：容易出现的问题是抬高的那条腿无法打开髋部，脊柱弯曲，这些都有可能使人失去身体的平衡，受到伤害。

② 战士二式：双腿打开不够，手臂延伸不平直，让身体失去了正位。前脚内翻，后膝弯曲。

③ 战士三式：整个身体没在一个水平线上，手臂、背部、髋部、腿部都是勉强支撑，前后左右都不稳定，这样的错误动作容易使人摔倒。

学习任务七　伸展体式

【任务导入】

在熟练掌握瑜伽站姿的正确动作和练习方法、了解并掌握各种技术要领的基础上，进一步学习伸展动作，纠正各种不正确姿势，使身体变得更轻盈。

【知识准备】

锻炼身体的整体平衡性，伸展背部、髋部以及腘旁腱肌肉。增强腹部器官功能，促进消化，兴奋脊柱神经，消除疲劳。加速面部和头部血液循环，改善面部松弛，使头脑清醒。

伸展动作主要有以下几种。

1. 铲斗式

① 挺直腰背站立，两脚分开与肩同宽，双臂放在身体两侧［图 2-12-11（a）］。

② 吸气，双臂举过头顶，肘部伸直，双手腕自然下垂［图 2-12-11（b）］。

③ 呼气，上半身向前弯曲，尽量放松，双脚踩住双掌前部［图 2-12-11（c）］。保持数秒，身体还原基本站立姿势。

2. 舞者式

① 站姿，双脚并拢，左腿向后抬起，左手抓住左脚踝，右臂向上伸展，腰背挺直，目视前方［图 2-12-12（a）］。

② 吸气，左手用力将左腿拉起，右臂向斜上方伸展，眼睛看向指尖的方向［图 2-12-12（b）］。

③ 呼气，收回右臂，左腿缓缓放下，身体还原至基本站姿，换另一边练习。

图 2-12-11　铲斗式　　　　　　　图 2-12-12　舞者式

3. 鹰式

① 站姿，重心放在双脚上，双手自然放在身体两侧。

② 吸气，左臂下右臂上双臂相互环绕，双掌相对，目视前方［图 2-12-13（a）］。

③ 双腿夹紧，绷紧右腿的肌肉，向上抬起双臂；左小腿跨过右膝，左脚背勾右腿小腿肚，保持 5～8s，呼气时松开双肘和双腿［图 2-12-13（b）］。

图 2-12-13　鹰式

【任务实施】

1. 伸展体式练习

伸展体式说明见表 2-12-4。

表 2-12-4　伸展体式练习说明表

练习方法	动作要领	分值	得分
铲斗式	背部舒适地延展以及双腿后侧的延伸，颈部要放松低垂	30	
舞者式	意识集中在眉心，保持身体平衡，感受大腿前侧的拉伸	30	
鹰式	感受脚掌与地面的贴合，当身体重心下降时，感受整个背部被拉伸的感觉。降低重心时呼气，保持动作中呼吸自然深长	30	

2. 易犯错误

① 铲斗式：上半身前倾时，腰背并未挺直往头顶方向延伸，双肩和双肘也没有在正确的位置打开。

② 舞者式：站立的腿向外翻，导致身体整个向一边倒，抬起的腿没有在身体后侧往上延伸。

③ 鹰式：弯曲太高的腿松松地搭在另一条腿上，这样对双腿起不到拉伸收紧的作用。上身前倾，容易造成脊柱弯曲，手肘部无法正确交叠，也不能很好地修饰手臂的线条，使身体失去平衡。

学习任务八　坐姿体式

【任务导入】

熟练掌握瑜伽坐的正确动作和练习方法，了解并掌握各种技术要领，适合初学者或者腿脚比较僵硬的练习者。

【知识准备】

坐姿体式是练习瑜伽的基本要求，是一种在保持下半身稳定的基础上，充分伸展上半身的"上虚下实"式姿势。练习时感受背部的紧张，和肩部及双臂的拉伸，有增加背阔肌和阔张胸部的功效。

1. 牛面式

① 腰背挺直坐于地上，双腿交替重叠，左大腿压在右大腿上，双臂自然垂于身体两侧 [图 2-12-14（a）]。

② 吸气，右臂高举过头，屈肘，肘尖正对后脑勺，指尖朝下。弯曲右肘，指尖朝上，双手于右肩附近十指相扣，呼气 [图 2-12-14（b）]。

③ 正常呼吸，保持这个姿势 5～20s。然后放开双肘，换个方向重复动作使双手于左肩处上下相扣。

④ 双臂自然下垂，身体还原到初始姿势。双腿交换位置，重复练习一次。

2. 盘坐转体式

① 坐在地上，弯曲双腿，右脚放在左腿大腿上，左脚放在右腿大腿上，以莲花坐坐好。双臂自然放在身体两侧，挺直腰背，目视前方 [图 2-12-15（a）]。

② 右手扶在腰部左侧，左手从背后穿出，手掌触碰左脚脚底。呼气，上身和头部向左后方一起扭转，至极限处停留数秒，吸气还原，然后换另一边练习 [图 2-12-15（b）]。

图 2-12-14　牛面式　　　　　　　　图 2-12-15　盘坐转体式

3. 动物放松功

① 长坐，腰背挺直，双手自然垂于体侧。掌心朝下，目视前方 [图 2-12-16（a）]。

② 左脚脚后跟收至右腿大腿根部，右大腿向外侧打开，右膝指向前方。呼气，双臂高举过头顶 [图 2-12-16（b）]。

③ 呼气，上身下倾，尽量将胸部触碰在大腿上，前额触地，双手掌心触地。自然呼吸 [图 2-12-16（c）]。

④ 身体回位，腰背部挺直，还原到初始姿势。

图 2-12-16　动物放松功

【任务实施】

1. 坐姿体式练习

坐姿体式练习说明见表 2-12-5。

表 2-12-5 坐姿体式练习说明

练习方法	动作要领	分值	得分
牛面式	双手在背后紧扣,腰背挺直,双腿交替重叠	30	
盘坐转体式	感受背脊的紧张和腹部肌肉的伸展。呼气时扭转,吸气时还原	30	
动物放松功	腰背部挺直,上身尽量触碰到前伸大腿的腿面。头和双手掌心触地。背部尽量延伸,腰部尽量放松	30	

2. 易犯错误

牛面式：练习时弯腰驼背，达不到练习效果，还会加重驼背及高低肩不良体态，甚至可能诱发肩周炎和颈椎病等病症。

盘坐转体式：腰背部不直，成弯曲状态。造成左手触碰不到右脚脚心。

动物放松功：腰部不直，胸部接触不到前伸腿部。腰部延伸不够，腰部紧张。

学习任务九　俯卧体式

【任务导入】

熟练掌握瑜伽俯卧体式正确动作和练习方法，领会俯卧体式的动作要领，能够基本做到俯卧体位的动作要求。

【知识准备】

俯卧体位法大体可以分为两大类：一种用于恢复，能更好吸收之前体位练习的功效和消除身体疲劳；另一种用于强化训练人体背部、手臂及腰部和腿部的力量，能很好地提高脊椎和髋部的柔韧性。

俯卧体式动作有以下几种。

1. 桥平衡式

① 身体俯卧，屈双肘，将双手放于身体两侧，双脚分开与肩同宽［图 2-12-17（a）］。

② 脚尖点地，深吸气，呼气时收腹肌，慢慢带动身体离开地面，头部和腰部及臀部保持在一个平面上。再次呼气时，放落身体，侧脸躺在垫子上休息［图 2-12-17（b）］。

(a)　　　　　　　　　　(b)

图 2-12-17　桥平衡式

2. 桥伸展平衡式

① 身体俯卧，屈双肘，将双手放于身体两侧，双脚分开与肩同宽［图 2-12-18（a）］。

② 脚尖点地，深吸气，呼气时收腹肌，慢慢带动身体离开地面，头部和腰部及臀部保持在一个平面上［图 2-12-18（b）］。

③ 在控制好身体的平衡基础上，慢慢地将左手臂抬起，向前延伸，与地面平行。目视前方［图 2-12-18（c）］。

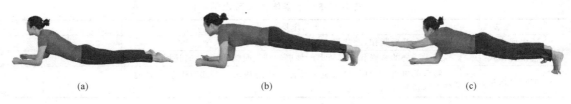

图 2-12-18　桥伸展平衡式

【任务实施】

　　桥平衡伸展式是桥平衡式的延伸。练习时，可以随时自查身体是否在正确位置上。整个身体的侧面成平直的水平面，同地面平行；感觉腰间像被一根线提拉，向上抬起，注意臀部不要放松也不要高高耸起；腰背稍向上抬起，双脚和双臂不动。在练习桥伸展平衡式时，要控制好两脚和右肘的平衡性，达到可以舒展地伸出左臂。

　　俯卧体式易犯错误有以下几种。

　　桥平衡式：腰部下塌，腹部放松没有收紧，头部无力，身体重量都落在手肘部，身体从侧面看不是平直伸展的。

　　桥伸展平衡式：腰部下塌，腹部放松没有收紧，头部无力，身体重量都落在手肘部，身体从侧面看不是平直伸展的。手臂伸不直，身体歪斜。

项目十三
三十二式太极拳

【案例引入】

太极拳是我国优秀的传统体育项目。它是一种融合了中国传统儒、道哲学和中医经络学的内家拳术。它以太极和阴阳辨证理念为核心，结合易学的变化，形成了一套内外兼修、柔和、缓慢、轻灵、刚柔相济的拳术。太极拳的动作缓慢张合、轻柔舒展，每个动作都顺势而为，动静相合，以柔克刚。它不仅是一种身体锻炼，也是一种精神和心灵的修养，有助于培养坚韧、专注、平和、自律的品质。三十二式太极拳是中国武术段位制的四段太极拳规定套路，属于中段位太极拳。

学习任务一　初识三十二式太极拳

【任务导入】

了解三十二式太极拳的起源、特点、基本动作和发展。

【知识准备】

一、太极拳的起源

综合吸收了明代名家拳法。明代武术极为盛行，太极拳就是吸取了当时各家拳法之长，特别是戚继光的三十二势长拳而编成的。它结合了古代导引、吐纳之术。太极拳讲究意念引导气沉丹田，讲究心静体松重在内壮，所以被称为"内家拳"之一。陈式太极拳要求按经络通路，螺旋缠绕，以意行气，通任督二脉，练带脉、冲脉。各式传统太极拳也皆以阴阳五行学说来概括和解释拳法中各种矛盾变化。

二、太极拳的运动特点

中正安舒、轻灵圆活、松柔慢匀、开合有序、刚柔相济，动如"行云流水，连绵不断"。这种运动既自然又高雅，可亲身体会到音乐的韵律，哲学的内涵，美的造型，诗的意境。在享受中使身心健康。

三、太极拳的基本动作

太极拳的基本手法有很多，再加上每一任太极宗师都会自己想出一些特殊的招式，所以太极的方法除了掤、捋、挤、按、采、挒、肘、靠、进、退、顾、盼、定之外，还有着很多其他等待开发的新招式。

四、太极拳的发展

中华人民共和国成立后，太极拳发展很快，打太极拳的人遍及全国。当前，仅北京市公园、街头和体育场就设有太极拳辅导站数百处，吸引了大批爱好者。卫生、教育、体育各部门都把太极拳列为重要项目来开展，出版了上百万册的太极拳书籍、挂图。

太极拳在国外，也受到普遍欢迎。欧美、东南亚、日本等国家和地区，都有太极拳活动。据不完全统计，仅美国就已有数十种太极拳书籍出版，许多国家成立了太极拳协会等团体，积极与中国进行交流活动。太极拳作为中国特有的民族体育项目，已经引起很多国际朋友的兴趣。

太极拳是中华民族辩证的理论思维与武术、艺术、气功引导术的完美结合，是高层次的人体文化。其拳理来源于《易经》《黄帝内经》《黄庭经》《纪效新书》等中国传统哲学、医术、武术等经典著作，并在长期的发展过程中又吸收了道、儒、释等文化的合理内容，故太极拳被称为"国粹"。

【任务实施】

1. 起源研究
① 查阅历史文献和资料，了解太极拳的起源和演变。
② 探索三十二式太极拳是如何从原始的太极拳中衍生出来的。
③ 研究其产生的历史背景，如社会环境、文化背景等。

2. 特点分析
① 观看多段三十二式太极拳的演练视频，以理解其动作特点。
② 查阅相关资料，总结三十二式太极拳的技术特点，如速度、节奏、呼吸配合等。
③ 分析其在养生、健身和技击方面的独特之处。

3. 基本动作学习
① 反复练习每个动作，确保姿势正确、动作流畅。
② 学习每个动作的要领和注意事项，如呼吸的配合、力量的运用等。

4. 发展研究
① 了解三十二式太极拳在现代社会的传播和发展情况。
② 研究其在不同国家和地区的发展差异和特色。
③ 探索未来三十二式太极拳可能的发展趋势和创新方向。

学习任务二　三十二式太极拳的动作

【任务导入】

熟练掌握三十二式太极拳的正确动作和练习方法，了解并掌握三十二式太极拳的动作技术要领，能够达到动作的基本要求。

【知识准备】

1. 起势

起势是三十二式太极拳的起始动作，也是整套拳术的基础，掌握好起势的技术动作，可以为后续的动作打下良好的基础。

并脚直立：身体自然直立，两脚并拢，脚尖向前，两臂自然下垂，掌心向内，目视前方。两手平提：两臂慢慢向前平举，与肩同高，与肩同宽，掌心向下。曲膝按掌：两腿慢慢屈膝半蹲，同时两掌轻轻下按，至于腹前，掌心向下，如图2-13-1所示。

注意事项：

① 身体保持中正安舒，不可前俯后仰或左右倾斜。

② 两臂平举时，要保持与肩同高、同宽，不可过高或过低。

图2-13-1 起势

③ 屈膝按掌时，要慢慢下蹲，同时两掌轻轻下按，不可用力过猛或不足。

④ 起势要与呼吸相配合，吸气时两臂平举，呼气时屈膝按掌。

2. 右揽雀尾

稍右转体，重心后移：身体稍微向右转动，同时重心向后移动到右腿，左腿成为虚步。两臂自然放松，随着身体转动而微微移动。丁步右抱：重心继续后移，左脚收回成丁步，同时两臂右抱于胸前，掌心相对。转体上步，弓步左掤：身体左转，重心前移，右脚向前上步成右弓步。同时左臂向前掤出，掌心向外，右臂自然下沉，掌心向内。后坐扣脚，丁步左抱：身体后坐，重心后移，左脚扣脚收回成丁步。同时两臂左抱于胸前，掌心相对。转体上步，弓步右掤：身体右转，重心前移，左脚向前上步成左弓步。同时右臂向前掤出，掌心向外，左臂自然下沉，掌心向内。反手掤臂，后坐下捋：身体微右转，重心后移，同时右臂内旋反手掤臂，左臂自然下沉。然后身体继续后坐，重心继续后移，成右虚步，同时两臂向右后捋。搭手前挤：身体左转，重心前移，成左弓步。同时左臂上搭于右臂内侧，两臂向前挤出，掌心向外。后坐平云，扣脚左转，丁步斜按：身体后坐，重心后移，两臂平云。然后左脚扣脚左转，身体继续左转，重心左移，成左丁步。同时右臂斜向左前下方按出，掌心向下，左臂自然下沉，掌心向内。如图2-13-2所示。

图2-13-2 右揽雀尾

注意事项：在练习时要保持身体中正安舒，动作连贯圆润，呼吸自然配合，同时注意力量的运用，不可用力过猛或不足。

3. 左单鞭

身体右转，重心后移：重心后移，身体右转，同时右手变勾手，左手掌心向下。扣脚转腰，平抹掌心向下：左脚向左前方上步，同时身体左转，右手继续变为掌，掌心向下，随腰的转动平抹一圈。重心前移，弓步推掌：重心前移，成左弓步，同时左手经面前翻掌向前推出，掌心向前，右手回收至腰间，掌心向上。如图 2-13-3 所示。

注意事项：在练习左单鞭时，要保持身体中正安舒，动作连贯圆润，呼吸自然配合。同时，要注意力量的运用，不可用力过猛或不足。在推掌时，不可使用强力，避免手臂僵直，要运用腰的转动带动手臂弧形运动。另外，在定势时，整体动作要上下相随，左勾手略比肩高，左手与左足上下相对，膝盖不过脚尖。

图 2-13-3　左单鞭

4. 左琵琶势

跟步展臂：重心后移，右脚跟步于左脚后侧，身体重心落在两腿之间，同时两手随身体重心后移，由前向后下方弧形展臂，掌心向上。后坐挑掌：身体重心后移，两掌随重心后移自然后摆，重心继续后移成右后坐势，同时左手随转腰自然后摆至左腰侧，掌心向上，右手挑掌至右前方，掌心向前上方。虚步合臂：重心前移，左脚向前上步成左虚步，同时左手经前方弧形抄至右手下，与右手合抱，两掌掌心相对，如抱琵琶状。如图 2-13-4 所示。

图 2-13-4　左琵琶势

注意事项：在练习左琵琶势时，要保持身体中正安舒，动作连贯圆润，呼吸自然配合。同时，要注意力量的运用，不可用力过猛或不足。在合臂时，两臂要保持一定的圆弧形，不可僵直。另外，定势时，两臂要放松下沉，有抱琵琶之感，重心稳定，虚实分明。

5. 进步搬拦捶

重心后移，左脚外摆：重心后移，身体左转，左脚尖外摆约 45 度。转腰提膝，握拳上提：身体右转，重心前移，右腿屈膝提起，右手握拳上提至胸前，左手附于右手腕内侧。迈步落拳，弓步搬拳：右脚向右前方迈出一步，成右弓步，同时右拳向右侧搬出，高与肩平，拳心向上，左手附于右前臂内侧。转腰拦掌，收拳腰间：身体左转，重心后移，右拳变掌向左下拦出，左手变拳收至腰间，拳心向上。弓步冲拳：重心前移，成左弓步，同时左拳向前冲出，拳心向下。如图 2-13-5 所示。

注意事项：在练习进步搬拦捶时，要保持身体中正安舒，动作连贯圆润，呼吸自然配合。同时，要注意力量的运用，不可用力过猛或不足。在搬拳和冲拳时，要注意臂部与躯干的协调配合，以腰带动臂，力达拳面。另外，定势时，左拳与左脚上下相对，右拳回收至腰间，重心稳定，虚实分明。

图 2-13-5　进步搬拦捶

6. 如封似闭

穿掌翻臂：重心后移，身体右转，同时右手由下向右、向上画弧翻掌至右前方，掌心向上；左手向下、向右画弧至右胸前，掌心向下。后坐收掌：重心继续后移，身体左转，同时两手向左、向下画弧收至左胸前，掌心相对。弓步推掌：重心前移，成左弓步，同时两手向前推出，掌心向前。如图 2-13-6 所示。

注意事项：在穿掌翻臂时，左手不应穿掌于右臂上方，而应自然合于右臂下方；同时要注意沉肩坠肘，双臂内旋，掌心斜斜相对。在弓步推掌时，身体应避免僵直，要上下相随，以劲起脚跟。

图 2-13-6　如封似闭

7. 搂膝拗步

转体摆臂：身体左转，重心前移，同时左手经右臂上方向左下划弧至左前方，掌心向下；右手向右下划弧至右前方，掌心向上。弓步搂推：重心继续前移，成左弓步，同时左手经左膝前成马蹄形搂至左胯旁，掌心向上；右手向右上划弧至右肩前，向前推出，掌心向前。如图 2-13-7 所示。

注意事项：需要注意避免一些常见的错误。例如，在转体摆臂时，应避免身体过度摇晃或手臂动作不连贯；在弓步搂推时，要避免膝盖超过脚尖或手臂推出时过度用力。同时，也要注意呼吸的配合，以更好地发挥太极拳的养生健身效果。

图 2-13-7　搂膝拗步

8. 右单鞭

坐腿转腰扣脚松勾：身体微右转，重心后移，左腿屈坐，左脚尖内扣；同时右手随转腰松勾变掌，掌心向左，左掌向下、向右弧形运至右胸前，掌心向下。右云翻掌收脚并步：重心继续后移，身体左转，同时左掌向左上方弧形运至左额前，掌心斜向上，右掌向左、向下弧形运至左胸前，掌心斜向下；然后两掌翻转，左掌掌心向下，右掌掌心向上，两掌沿体前向右捋至腹前；右脚提起，向前跟步，并步站立。勾手转腰上步：身体右转，重心前移，同时右掌向右、向上弧形运至右额前，掌心斜向上，左掌向右、向下弧形运至胸前，掌心斜向下；然后右掌变勾，左掌向右、向上弧形运至右肩前，掌心斜向上；右脚提起向右前方上步，成右弓步。弓步推掌：身体微右转，重心前移，同时左掌弧形向前推出，掌心向前，右勾变掌附于右胯旁，掌心向下。如图2-13-8所示。

图2-13-8 右单鞭

注意事项：在练习右单鞭时，要保持身体中正安舒，动作连贯圆润，呼吸自然配合。同时，要注意力量的运用，不可用力过猛或不足。在转腰、勾手、上步和推掌时，要以腰带臂，力达掌根，同时注意两臂与躯干的协调配合。

9. 右云手

身体重心右移，身体渐向右转，左脚尖内扣；同时右掌向右平摆划弧至右侧方变勾手，左掌随转体向右弧形移动至右肩前，随即将左掌翻转向下，经腹前向右弧形抄至体前右侧变勾手，两勾手与肩同高，掌心均向后；眼看前方。上体微左转，重心左移；同时，右勾手下落，经腹前向左弧形抄至左前方变掌，左勾手变掌自右侧下落，经腹前弧形抄至左肋前，掌心均向上；眼看左掌。重心再向右移，身体渐向右转，同时右掌向右平摆划弧至右侧方变勾手，左掌继续向右弧形移动至右肩前，随即将左掌翻转向下，经腹前向右弧形抄至体前右侧变勾手，两勾手与肩同高，掌心均向后；眼看左掌。按上述方法，一左一右交替进行，共做三次。第三次身体微左转，重心左移，同时左勾手下落经腹前向右抄至右前方变掌，右勾手变掌下落至右胯旁，掌心均向上；眼看左掌。身体重心右移，上体渐右转，左脚向右脚靠拢；同时右掌向右弧形上举至头上方变勾手，左掌向右划弧至右肩前，掌心斜向后；眼看右勾手。如图2-13-9所示。

图2-13-9 右云手

注意事项：在转体、勾手、抄掌和云手时，要以腰带臂，力达掌根，同时注意两臂与躯干的协调配合。另外，在云手过程中，要保持重心稳定，虚实分明，避免摇晃或失去平衡。

10. 野马分鬃

（1）左野马分鬃

抱手收脚：上体稍向右转，重心移至右腿，同时右臂屈抱于右胸前，左臂屈抱于腹前，掌心相对，呈右抱球状，左脚尖点地，眼看右手。转体上步：上体左转，重心移至左腿，同时左脚向左前方迈步，脚跟轻轻着地，重心仍在左腿。弓步分手：上体继续左转，重心前移，左脚屈膝前弓，右腿自然蹬直，成左弓步。同时两手前后分开，上手高与眼平，手心斜向上，下手停于胯旁，手心向下，指尖向前。两臂微屈，眼看左手。

（2）右野马分鬃

转体撇脚：重心稍后移，左脚尖翘起外撇，上体稍左转。抱手收脚：重心再移向右腿，同时左手翻转上举于左额前，右手翻转下落于腹前，两掌相对成抱球状；接着左脚提起、回收至右脚内侧，脚尖点地；眼看左手。转体上步：身体微右转，右脚向右前方迈出，重心前移成右弓步；同时左手下落经腹前向右上划弧至右肩前，手心斜向后；右手经腹前向左上划弧至左腹前，手心斜向后；眼看右手。弓步分手：上体继续右转，重心前移，右脚屈膝前弓，左腿自然蹬直，成右弓步；同时两手前后分开，右手高与眼平，手心斜向上，左手按至左胯旁，手心向下，指尖向前，两臂微屈，眼看右手。野马分鬃如图 2-13-10 所示。

注意事项：在练习野马分鬃时，要保持身体中正安舒，动作连贯圆润，呼吸自然配合。同时，要注意力量的运用，不可用力过猛或不足。在转体、抱手、上步和弓步时，要以腰带臂，力达掌根，同时注意两臂与躯干的协调配合。

图 2-13-10　野马分鬃

11. 海底针

跟步提手：右脚向前跟进半步，身体重心移至右腿，左脚稍向前移，脚尖点地，成左虚步；同时身体稍向右转，右手下落经腹前向右上划弧至右肩前，手心斜向后，左手上提至胸前，掌心向左，指尖向前上方；眼看前方。转体插掌：身体左转，重心再移至左腿，右脚尖内扣；同时左手经面前向左下划弧至左膝前上方，变掌心向下，指尖向前下方；右手向右前下方插出，掌心向左，指尖向前下；眼看前下方。屈肘收掌：上体右转，重心前移，右腿屈膝前弓，左脚蹬地伸直，成右弓步；同时右手屈肘回收至耳旁，掌心向后，指尖向上，左手向上、向右划弧至右胸前，掌心向下，指尖斜向右前方；眼看前方。弓步插掌：右手由耳旁向前下方斜插，掌心向左，指尖斜向下；左手经左臂内侧向下、向左、向上划弧至左肩前，掌心向后，指尖斜向上；同时重心前移成左弓步；眼看前下方。如图 2-13-11 所示。

注意事项：在跟步、提手、转体、插掌和屈肘时，要以腰带臂，力达掌根，同时注意两臂与躯干的协调配合。

图 2-13-11　海底针

12. 闪通背

提膝弓步分手：重心前移，身体右转，左腿屈膝提起，右手向上、向右划弧至右侧方变勾手，左手经腹前向右上划弧至右肩前，掌心斜向后；眼看前方。接着左脚向左前方迈出一步，脚跟先着地，重心前移成左弓步；同时上体微左转，左手翻掌由右肩前向左推出，掌心向前，右手勾手变掌自然落于右胯旁，掌心向下，指尖向前；眼看左手。撑掌收脚：重心后移，身体左转，左脚尖内扣，右脚尖外撇；同时左手变掌经面前向左下划弧至腹前，掌心向下，右手经右耳旁向左前下方斜插，掌心向左；眼看右手。接着重心再移至左腿，右脚提起、回收至左脚内侧，脚尖点地；同时两手向右上划弧收至胸前，掌心向前下方，指尖相对；眼看前方。提膝推掌：右腿屈膝提起，成右独立步；同时两掌向前、向上推出，掌心向前，指尖向上；眼看前方。

注意事项：在提膝、弓步、分手、撑掌、收脚和推掌时，要以腰带臂，力达掌根，同时注意两臂与躯干的协调配合。另外，在定势时，重心要稳定，虚实分明。

13. 第二次右揽雀尾

动作及注意事项同本节 2. 右揽雀尾。

14. 转体撇身捶

后坐扣脚：重心后移，身体右转，右脚尖内扣。左转开掌：身体左转，同时左手向左上方划弧，掌心向外，指尖向上。丁步握拳：重心移至左腿，右脚向左脚内侧靠拢，脚尖点地，成右丁步；同时左手变拳回收至腰间，拳心向上。上步举拳：右脚向右前方迈出一步，成右弓步；同时左拳向前上方打出，拳心斜向下。如图 2-13-12 所示。

图 2-13-12　转体撇身捶

注意事项：在转体、开掌、握拳和上步时，要以腰带臂，力达拳面，同时注意两臂与躯干的协调配合。

15. 捋挤势

重心稍后移，左脚稍内扣，上体微右转；同时，左拳变掌，右掌向右划一小平弧，随即收于左前臂内侧。重心前移成左弓步，上体继续右转；右掌经左掌上方由左向右前方划弧平抹，掌心斜向下，左掌落于右肘内侧下方，掌心斜向上。目视右掌。两掌同时向下、向后捋，左掌捋至左胯前，右掌捋至腹前；右脚收至左脚内侧。目视右前方。右脚向右前方上步，脚跟着地；同时左前臂内旋，右前臂外旋，两手翻转，屈臂上掤至胸前，右拳心向里，左掌附于右腕内侧，掌心向前。目视前方。重心前移，成右弓步；两臂同时向前挤出，两臂撑圆，高与肩平。目视前方。如图 2-13-13 所示。

图 2-13-13　捋挤势

注意事项：在捋挤时，要以腰带臂，力达掌根，同时注意两臂与躯干的协调配合。

16. 右拍脚

重心左移，身体微左转，左脚尖内扣；同时，右掌向下、向左划弧至腹前，左掌向左、向上划弧至胸前，掌心斜向下。重心右移，身体右转，右脚向右前方上步，脚跟着地，成右虚步；同时，右掌向右、向上划弧至右侧方，变勾手，勾尖向下，左掌向下、经腹前向右上方划弧至右肩前，掌心斜向后。身体继续右转，重心再右移，右腿屈膝半蹲，左脚提起；同时，左掌向右、向下划弧至右胸前，掌心斜向下，右勾手变掌由后下方向前上方弧形摆起，掌心斜向前，与左掌同高。右脚蹬地跳起，左脚在空中向左前方摆起，脚面绷平；同时右掌向右前方击出，掌心向前，左掌向左后方摆起，掌心向后。两脚在空中先后落地，身体继续左转，重心前移，成左弓步；同时，左掌向左前方穿出，掌心向上，右掌向下、向左划弧收至左肘内侧下方，掌心斜向下。

注意事项：在拍脚时，要以腰带臂，力达掌面，同时注意两臂与躯干的协调配合。

17. 左分脚

两手合抱于胸前，右手在外，手心均向后；同时左脚向左前方上一步，成为左弓步。身体重心后移，成左虚步，同时两臂左右平举，手心均向外。身体重心再移至左腿，右脚提起；同时，两手由外圈向里圈划弧合抱于胸前，右手在外，手心均向后。右脚向右前方斜出，成为右弓步；同时两臂左右划弧分开平举，手心均向外，与肩平，眼视右手。如图 2-13-14 所示。

18. 右蹬脚

穿掌提脚：上体稍右转；右手稍向后收，左手经右手背上向右前方穿出，两手交叉，腕关节相交，两腕与肩同高；左掌心斜向上，右掌心斜向下；左脚提起收至右小腿内侧；眼看左手。上步翻手：上体稍左转，左脚准备向左前方上步（约30度）；两手翻转分开，掌心向前，虎口相对，两臂半屈相对；眼看前方。分手弓腿：左脚落步、重心前移，左腿屈弓，右腿自然蹬直；上体稍右转；两手向两侧划弧，掌心相对；眼看右手。抱手收脚：右脚收至左脚内侧，脚尖点地；两手向腹前划弧相交合抱，举至胸前，右手在外，两掌心皆向内；眼看右前方。翻手提腿：左腿支撑，右腿屈膝上提（膝部高提，以不造成紧张为度），右脚尖自然下垂；两臂内旋，两手翻转分开，虎口相对；眼看右前方。蹬脚的动作，要与两手翻掌外撑协调一致。当右脚蹬到顶点时，两臂也分到左前右后平举。如图 2-13-15 所示。

注意事项：这个动作需要配合呼吸和意念，注意身体的协调和平衡，以及力量的传递和控制。

图 2-13-14　左分脚

图 2-13-15　右蹬脚

19. 进步栽捶

身体微右转，右掌变拳，自胸前下落，收至右侧腰际，拳心向上；同时左掌向右划弧至胸前右侧，掌心向里，手指斜向右上方；眼看右拳。身体微左转，左掌向下、向左前划弧，手臂内旋，掌心向下，经左膝前搂过至左膝外侧，手指向前，掌心向下；同时右拳自腰际向前、向下打出，拳眼向前，低于膝，成左拗弓步；眼看前下方。如图 2-13-16 所示。

图 2-13-16　进步栽捶

20. 左右穿梭

身体微向左转，左脚向前落地，脚尖外摆，右脚跟离地，两腿成半坐盘步；同时两手在左胸前成抱球状（左上右下）；然后右脚收到左脚的内侧，脚尖点地；眼看左前臂。身体右转，右脚向右前方迈出，屈膝弓腿，成右弓步；同时右手由脸前向上举并翻掌停在右额前，手心斜向上；左手先向左下再经体前向前推出，高与鼻尖平，手心向前；眼看左手。身体重心略向后移，右脚尖略向外撇，随即身体重心再移至右腿，左脚跟进，停于右脚内侧，脚尖点地；同时两手在右胸前成抱球状（右上左下）；眼看右前臂。跟上半步，左脚向左前方迈出，屈膝弓腿，成左弓步；同时左手由脸前向上举并翻掌停在左额前，手心斜向上；右手先向右下再经体前向前推出，高与鼻尖平，手心向前；眼看右手。

21. 肘底捶

身体微右转，右脚跟为轴，脚尖尽量向外撇，身体重心后移；同时右臂屈肘回收，右手附于左臂内侧，两手心均向下；眼看前方。身体重心前移，左脚收回成左丁步，脚尖点地；

同时左手向左上方划弧，手心翻向上，高与头平，右臂继续回收至右胸前，手心向下，指尖向右；眼看左手。身体重心前移，上体向右微转，左脚向左前方迈出一步，成左弓步；同时左臂屈肘下落至腹前，手心向下，指尖向前，右手变拳，自右胸向前弧形打出，拳心向上，高与腹平；眼看右拳。如图 2-13-17 所示。

图 2-13-17　肘底捶

22. 倒卷肱

身体右转，重心后移，左手向下、向右划弧至右侧，手心向上；右手翻掌向上，掌心向里，经腹前向上、向右划弧至右肩前，手心斜向后上方；同时，左脚提起向左后方退步，脚尖先着地，然后慢慢踏实，重心偏于左腿，成左虚步；眼看右手。身体继续右转，重心继续后移，左手自然下落逐渐翻掌停于左胸前，掌心向下；右手继续向右划弧，至右侧后方时翻掌变勾手，勾尖向上；同时，右脚提起向左后方退步，脚尖先着地，然后慢慢踏实，重心偏于右腿，成右虚步；眼看左前方。身体左转，重心前移，左手由胸前向左前方伸出，掌心向上；右手勾手变掌，自后下方向前、向左划弧至左腕内侧下方，然后两掌翻转，左手掌心向

图 2-13-18　倒卷肱

下，右手掌心向上，两手相对如抱球状；同时，左脚向前迈出一步，脚跟先着地，然后慢慢踏实，重心偏于左腿，成左弓步；眼看左前方。身体右转，重心后移，两手向右上、左下方划弧分开；同时右脚提起向左前方迈出一步，脚跟先着地，然后慢慢踏实，重心偏于右腿，成右弓步；眼看右手。如图 2-13-18 所示。

注意事项：倒卷肱时，身体要保持中正，动作要流畅自然，呼吸要顺畅，不要用力过度。同时，要注意与呼吸的配合。

23. 右下势

身体微向右转，重心右移，左脚向左前方迈出一步，脚尖点地，成左虚步；同时两手向右上方划弧分开，右手停于右额前，掌心向内，左手落于左胯旁，掌心向下；眼看前方。身体重心前移，左脚跟落地踏实，左腿屈膝半蹲，右腿自然伸直；同时两手向下、向左划弧，左手经腹前至左膝外侧，掌心向左，右手至右胯旁，掌心向下；眼看左手。身体重心继续前移，成左弓步；同时左手继续向左前下方伸出（即左手下采），掌心向下，右手向右前上方弧形上举，掌心向上；眼看右手。身体重心后移，右脚尖外撇，右腿屈膝，左腿自然伸直；同时右手从体前下落，由右臂内侧向左下划弧至左手外侧，掌心向内；左手向左划弧至腹前，掌心向下；眼看右手。身体重心继续后移，左脚尖内扣，身体左转，同时左脚提起、向右脚内侧擦地收回，脚尖点地；右手向左上方划弧，停于右额前，掌心向内，左手落于左胯旁，掌心向下；眼看前方。

注意事项：需要注意身体重心的转移和手脚的配合，同时要保持身体的平衡和稳定。建议在专业教练的指导下进行练习，以确保技术的正确性和安全性。

24. 金鸡独立

身体微向左转，左脚向左前方迈出一步，脚跟着地，脚尖上翘，右腿自然伸直；同时左手向右、向上划弧至右肩前，手心斜向后上方，右手向右下划弧至右胯旁，手心向下；眼看左手。身体重心前移，左脚踏实，左腿屈膝前弓，右腿自然伸直成左弓步；同时左手向下、向左划弧落于左胯旁，手心向下，右手翻掌向上，经腹前向左、向上划弧停于左额前，手心斜向内上方；眼看右手。身体重心后移，右脚提起向左脚内侧擦地收回，落于左脚前方，脚尖点地，成左虚步；同时右手向下、向右划弧落于右胯旁，手心向下，左手翻掌向上，经腹前向右、向上划弧停于右额前，手心斜向内上方；眼看左手。身体重心再后移，左腿屈膝半蹲，右脚向右前方迈出一步，脚跟着地，脚尖上翘，成右虚步；同时左手向下、向左划弧落于左胯旁，手心向下，右手翻掌向上，经腹前向左、向上划弧停于左额前，手心斜向内上方；眼看右手。身体重心前移，右脚踏实，右腿屈膝前弓，左腿自然伸直成右弓步；同时右手向下、向右划弧落于右胯旁，手心向下，左手翻掌向上，经腹前向右、向上划弧停于右额前，手心斜向内上方；眼看左手。如图 2-13-19 所示。

图 2-13-19　金鸡独立

注意事项：需要注意呼吸的配合，做到呼吸与动作相协调，以达到更好的健身效果。

25. 左下势

身体微向右转，重心后移，右脚尖外撇；同时右手向右下方划弧至右胯旁，手心向下，左手向左上方划弧至左额前，手心斜向内上方；眼看左手。身体重心继续后移，左脚提起向左后方退出一步，脚尖先着地，然后慢慢踏实，重心偏于左腿，成左虚步；同时身体继续右转，两手继续向右下方、左上方划弧分开，右手停于右胯旁，手心向下，左手停于左额前，手心斜向内上方；眼看左手。身体重心再继续后移，左腿屈膝半蹲，右脚提起向左腿内侧擦地收回，脚尖点地；同时左手向下、向左划弧至腹前，手心向下，右手翻掌向上，经腹前向左、向上划弧至左肩前，手心斜向内上方；眼看右手。身体重心前移，右脚向右前方迈出一步，脚跟着地，脚尖上翘，成右虚步；同时右手向下、向右划弧至右胯旁，手心向下，左手翻掌向上，经腹前向右、向上划弧停于右额前，手心斜向内上方；眼看左手。身体重心继续前移，右脚踏实，右腿屈膝前弓，左腿自然伸直成右弓步；同时左手向下、向左划弧落于左胯旁，手心向下，右手翻掌向上，经腹前向左、向上划弧停于左额前，手心斜向内上方；眼看右手。

注意事项：这个动作与右下势类似，但方向相反。同样需要注意身体重心的转移和手脚的配合，保持身体的平衡和稳定。

26. 上步七星

身体重心后移，右脚尖外撇；同时右手向下、向左划弧至腹前，手心向下，左手向左上方划弧至左额前，手心斜向内上方；眼看左手。身体重心继续后移，左脚提起向左后方退出一步，脚尖先着地，然后慢慢踏实，重心偏于左腿，成左虚步；同时身体继续右转，两手继续向右下方、左上方划弧分开，右手停于右胯旁，手心向下，左手停于左额前，手心斜向内上方；眼看左手。身体重心前移，左脚跟蹬地，右脚向前上步，脚跟着地，脚尖翘起，成右虚步；同时左手翻掌向下，经腹前向右上方划弧至右肩前，手心斜向内下方，右手向右、向上划弧至右额前，手心斜向内上方，两掌相对如抱球状；眼看右手。身体重心继续前移，右脚踏实，右腿屈膝半蹲，左腿自然伸直成右弓步；同时两掌向下经腹前向右上、左下方划弧分开，两臂微屈成弧形，两掌相对如捧物状，举于胸前，左手在外，

图 2-13-20　上步七星

右手在内，手心均向内上方；眼看两掌。如图 2-13-20。

注意事项：需要注意身体重心的转移和手脚的配合，同时要保持身体的平衡和稳定。

27. 退步跨虎

身体重心后移，右腿屈膝，左脚尖翘起；同时两掌向左右分开，两臂内旋使掌心朝上，然后两掌再外旋使掌心向下，并随身体后移下落于左右胯旁；眼看前方。身体重心继续后移，左脚提起向左后方退一步，脚前掌先着地，然后慢慢踏实，重心偏于左腿，成左虚步；同时两掌继续随身体后移弧形下落至腹前，两掌相距同肩宽，掌心均朝下；眼看前方。身体微向右转，重心渐渐移向右腿；同时，左掌随转体向右弧形平抹至右肩前，掌心斜向右上方，右掌向左弧形平抹至左肋旁，掌心斜向左下方；眼看左掌。身体继续向右转，重心全部移于右腿，左脚向右脚内侧擦地收回，距原地半脚许落下，脚尖点地，成左虚步；同时右掌向右上方划弧至右侧方，臂微屈，掌心斜向上方，左掌经胸前向左下方弧形抹出，停于左膝上方，掌心斜向下方；眼看右掌。如图 2-13-21 所示。

28. 转身摆莲

身体重心左移，右脚尖里扣；同时身体微向右转，两手向左平抹，与肩同高，手心向下；眼看左手。身体重心向右移，同时两手向右平抹，与肩同高，手心向下；眼看右手。身体重心继续右移，左脚提起向左前方迈出一步，脚跟着地，脚尖上翘；同时右手向右上方划弧至右侧方，

图 2-13-21　退步跨虎

手心朝上，左手落于左胯旁，手心向下；眼看右手。身体重心前移，左脚踏实，左腿屈膝前弓，右腿自然伸直成左弓步；同时右掌向下、向左划弧至左肩前，手心斜向内下方，左手由左胯旁向左上方划弧举至左额前，手心斜向内上方；眼看左手。身体重心后移，右脚尖外撇；同时左手向下、向右划弧至右肩前，手心斜向内下方，右手向右下方划弧至右胯旁，手心向下；眼看左手。身体重心继续后移，左脚提起向左后方退出一步，脚尖先着地，然后慢慢踏实，重心偏于左腿，成左虚步；同时身体继续右转，两手继续向右下方、左上方划弧分开，右手停于右胯旁，手心向下，左手停于左额前，手心斜向内上方；眼看左手。身体重心全部移于左腿，右脚向左腿提起靠拢；同时左掌向下、向右划弧至右胯旁，手心向下，右掌翻掌向上，经腹前向左、向上划弧停于左额前，手心斜向内上方；眼看右手。右脚向右前上方摆起，脚面绷平；同时左掌向右、向下划弧至右肩前，手心斜向内下方，右掌向下、向左划弧至腹前，手心向上；眼看右脚。右脚向右前下方落下，成右虚步；同时左掌向下、向左划弧落于左胯旁，手心向下，右掌向前、向上弧形托出，掌心向上，高与胸平；眼看右掌。如图 2-13-22 所示。

图 2-13-22　转身摆莲

29. 弯弓射虎

身体重心后移，左腿渐渐下蹲，身体继续左转，右脚下落于原地，先以脚跟着地，随着重心渐渐移向右腿而至全脚踏实。同时，两掌随转体向左平摆，右臂随着外旋使掌心翻朝上。眼神关顾两掌左移。身体渐渐右转，弓右腿，蹬左腿，成右弓步。两掌随转体自左而下经腹前右绕变拳，继续向右弧形上绕。右手随绕随着臂内旋使右拳心渐渐翻朝外，经右耳侧（此时身体由右向左转）向左前斜方打出，高与额平，置于右额前，臂呈弧形。左手随绕随着臂内旋使拳心渐渐转朝下，向上经胸前（此时身体由右向左转）向左前斜方打出，高与胸平。如图2-13-23所示。

图2-13-23 弯弓射虎

注意事项：注意身体重心的转移和手脚的配合，同时保持身体的平衡和稳定。

30. 左揽雀尾

身体右转，重心后移，左脚尖内扣；同时右手向右平摆划弧至右前方，手心向下，左手经腹前向右划弧至右肋旁，手心向上；眼看右手。身体重心继续后移，左脚提起向左后方退一步，脚前掌先着地，然后慢慢踏实，重心偏于左腿，成左虚步；同时左手向左上方划弧至左肩前，手心斜向内上方，右手经腹前向左划弧至左肋旁，手心斜向内下方；眼看左手。身体微向左转，重心慢慢前移，右脚尖外撇，跟着身体继续向前移动，重心渐移于右腿，左脚跟离地；同时左手向下、向右划弧至右肩前，手心斜向内下方，右手向右上方划弧至右侧方，手心斜向内上方；眼看右手。身体重心继续前移，左脚向左前方迈出一步，脚跟着地，重心偏于左腿，成左虚步；同时右手向下、向左划弧至左肩前，手心斜向内下方，左手经腹前向右划弧至右肋旁，手心斜向内上方；眼看左手。身体重心前移，成左弓步；同时左手继续向左前方伸出，掌心向下，与右手同时向前按出，两掌高与肩平，两臂微屈；眼看前方。

31. 十字手

身体重心后移，右脚尖内扣，身体右转；同时右手向右下方划弧至右胯旁，手心向下，左手停于左额前，手心斜向内上方；眼看左手。身体重心继续后移，左脚尖内扣，身体渐转向正面；同时左手随转体向下经腹前划弧至左胯旁，手心向下，右手向右上方划弧至右侧方，手心斜向内上方；眼看右手。身体重心右移，左脚向右脚靠拢，脚尖点地；同时，两臂内旋，两掌向下、向内合抱交叉于胸前，右手在外，手心均向内；眼看前方。两臂外旋，两掌向外、向上分开，与肩同宽，掌心均朝上；眼看前方。如图2-13-24所示。

图2-13-24 十字手

32. 收势

两手向外翻掌，手心向上，两臂慢慢下落，停于身体两侧；眼看前方。两腿慢慢伸直站立；眼看前方。如图 2-13-25 所示。

注意事项：注意呼吸的配合，做到呼吸与动作相协调，以达到更好的健身效果。

图 2-13-25　收势

【任务实施】

1. 基本理论学习

① 学习三十二式太极拳的理论知识，包括每个动作的名称、意义、起源等。

② 了解太极拳的基本原理，如阴阳、五行、八卦等，以理解太极拳的内在逻辑。

2. 动作学习与实践

① 从头开始学习每个动作，先掌握动作的静态姿势，再逐渐过渡到动态演练。

② 反复练习每个动作，注意动作的细节和准确性，确保姿势正确、动作流畅。

③ 在教师的指导下，纠正动作中的错误和不足，逐渐提高动作的准确性和规范性。

3. 呼吸与意念配合

① 学习如何将呼吸与动作相配合，理解太极拳中"以气运身"的原理。

② 练习意念的集中和引导，使动作更加自然、流畅，并增强内在的力量感。

4. 持续练习与巩固

① 定期进行练习，巩固所学动作和技巧，逐渐提高演练的连贯性和稳定性。

② 在日常生活中融入太极拳的练习，如晨练、晚练或空闲时间的短暂练习。

5. 自我评估与反馈

① 通过录像或请他人观察自己的演练，找出动作中的不足和需要改进的地方。

② 根据反馈和建议，调整练习方法和策略，进一步提高演练水平。

6. 达到基本要求

① 根据教练或师傅的指导，评估自己是否达到了三十二式太极拳动作的基本要求。

② 如果未达到要求，继续加强练习和巩固；如果已达到要求，可以进一步探索更高层次的技术和内涵。

在整个任务实施过程中，保持耐心和毅力是关键。太极拳的练习需要时间和精力的投入，通过不断的练习和反思，逐渐提高自己的演练水平。同时，保持身心的放松和愉悦也是非常重要的，要享受太极拳带来的健康和愉悦感。

项目十四 蹴 球

【案例引入】

蹴球,原称踢石球,是古代蹴鞠运动的一种形式。现在的蹴球运动来源于清代的踢石球,是北京市民族体育协会挖掘整理的一个体育项目,经过十几年的不断表演和竞赛,现已形成了比较完善的规则,在群众中广泛普及。

学习任务一 初识蹴球

【任务导入】

了解蹴球运动的起源、特点、作用以及基本技术等。

【知识准备】

(一)蹴球运动的起源与发展

蹴鞠所用的运动器材石球,早在西安半坡文化遗址发掘中就有实物发现。到了汉代,蹴鞠游戏更加普及,其规则传说为黄帝所作,有二十五法。到了宋代,民间有专事蹴鞠的行会组织叫"圆社"。元代杂曲更有大量关于蹴鞠游戏的描写。到了清代,古代蹴鞠方法已大部分失传,只有在踢石球、夹包、花毽等游戏中还可以看到蹴鞠二十五法的一些影子。

蹴鞠原有二十五法,踢石球只是其中一法而已。关于踢石球,在古典小说《红楼梦》第二十八回中有这样的描写"……往东边二门前来。可巧门上小厮在甬路底下踢球……"这里写的踢球,就是踢石球。清末《北京民间风俗百图》第六十四图《踢石球》写了踢球之法:二人以石球二个为赌,用些碎砖瓦块铺地,用一球先摆一处,二球离七、八尺远,每人踢两次。踢中为赢,不中便输。关于清代踢石球的方法,有人曾向爱新觉罗·溥任先生请教,溥任先生系末代皇帝溥仪的四弟,从小在醇亲王府生活,他曾看到太监踢石球,所踢的球是老人们用以活动筋骨的手握健身球,踢的方法是先用脚尖踩住球,然后用力向前踹,以击中对方为胜。无论是图画记载,还是老人的描述,均是用脚踹球,不是我们现在看到的类似足球运动的踢球。踢石球实际是"踹"石球,因此踢石球游戏经过挖掘整理后,在成为正式群众比赛的体育项目时,用了"蹴鞠"的"蹴"字,定名为蹴球。

蹴球是中华民族的体育明珠,它的成功挖掘整理,使千年古书上记载的蹴鞠以新的面目得到新生，为新形势下的全民健身运动做出贡献。1995年第四届北京市民族传统体育运动会上，北京的重要区县均组织参加了比赛。1998年，全国许多省市民运会均设有蹴球比赛项目，蹴球运动得到广泛开展，运动技术逐渐提高。在北京市民委和北京市体委的积极努力下，1999年，蹴球被定为中华人民共和国第六届少数民族传统体育运动会的比赛项目。

（二）蹴球运动的特点

同其他一些近似的球类项目相比，不难看出，蹴球运动最突出的特色是融竞技与娱乐于一体。现将蹴球运动的具体特点简述如下。

1. 民族性

蹴球运动在满族等民族较为普及，具有鲜明的民族特色。蹴球运动体现的是中国的和合文化，动作文雅，智体结合，娱乐性和观赏性均很强，是中华民族共有的财富，是具有中国传统体育文化特色的非物质文化遗产。

2. 户外性

蹴球与门球运动较为相似，都是以球的碰撞等技术达到得分取胜的目的，对抗是以球的对抗方式出现，没有选手间的身体接触，场地都设在沙质土地的户外球场上。不同的是门球以手持球棒击球，而蹴球则直接用脚踹击球。户外活动可以使运动员吸入新鲜空气，接受阳光的照射，改善人体的血液循环与新陈代谢。但也易受自然条件的限制，如风雨天就无法进行，天气过于寒冷或炎热也难以进行。

3. 自娱性

蹴球是非身体对抗的运动项目，以球的碰撞和位置变化象征人的竞争，以智力性和战术性为特色，无需身体的剧烈活动，不像足球、曲棍球、手球那样通过身体的直接对抗来吸引观众，属表演性运动项目，具有强烈的可观赏性。蹴球属于参与性运动项目，它的趣味主要在于自娱性。

4. 简便性

足球、曲棍球等需要高难的技术；高尔夫球对场地要求很高，占地很大；台球也需要较为昂贵的球台；门球场地也远远大于蹴球场地，还需要球棒等器材。相比之下，蹴球则简便多了。技术上，由于非身体直接对抗，它属于休闲性运动技能，也不需持杆持棒来击球，而是抬腿即蹴，简便易学，体力消耗也不大，几乎经过短期练习，便可以披挂上阵。这就是蹴球运动便于普及推广的一个重要原因。

5. 大众性

由于蹴球运动的自娱性、简便性等特点，它既不像足球、篮球运动那样对运动员的身体素质有着近乎苛刻的要求，也不像台球、保龄球那样属于消费较高的休闲体育方法，又有别于麻将、电子游戏机等休息娱乐方式，作为一种既高雅又普通的锻炼方式，蹴球完全可以成为我国广大群众体育消费的对路项目，将会在广大百姓的认可下焕发无限生机。

（三）蹴球运动的作用

1. 强身健体

作为一项户外运动，蹴球运动可以增加人们与新鲜空气和阳光接触的机会，吐故纳新，加强新陈代谢，增强人体的免疫力。这一点对老人、儿童及长期从事室内或地下工作的人来说是必不可少的。蹴球运动强度不大，主要是通过眼睛与腿脚的配合来完成动作。人的视觉同中枢神经有密切联系，在蹴球活动中，人们通过眼睛来判断方位，设计击球角度，瞄准击球点，从而使视觉功能得到改善，增强眼睛对外界的判断能力。

蹴球运动对预防老年性脑血管硬化症有明显的益处。蹴球活动主要靠腿的力量击球，蹴球时形成的一腿支撑、一腿上抬前摆的动作，需要腰部、腿部的力量较大，同时还需上体及上肢力量的配合。因此，可以使腰、髋、膝、踝等部位关节和肌肉得到一定程度的运动，起到利关节、活筋骨的作用，防止一些老年性关节疾病，对骨折、韧带拉伤、肌肉损伤、脑血栓后遗症等都具有康复疗效。同时，长期从事蹴球运动还可以提高肌肉的弹性和力量，提高身体平衡能力，增进健康。

2. 悦心寄情

人的本性是自由、富于创造性的。自由、创造性的生活使人精神充实，有所寄托。人们寄情于体育，从而在竞争的游戏中克服各种心理和生理的障碍，使人自由、创造的本性复归。心灵的构建，是人性塑造的重要课题，蹴球作为一项愉悦身心的体育项目，在这方面开辟了一条通道。

3. 开发智力

蹴球运动包含复杂的战术意图和对各种战机的把握、对战术组合的选择等智力因素。经常从事蹴球运动可以使人思维敏捷果断。它对于培养人的直觉力、领悟力和理解力是有积极作用的。所谓直觉力就是一种直观感受反应的能力，在蹴球运动中，对方位的判断、战机的捕捉、战术的应用，都是通过直观感受做出的。经常练习会使人某一方面的感受力敏锐，能够迅速地对外界做出较为准确的反应。所谓领悟力，实际上是通过情感方式对外界的一种整体把握。蹴球比赛是按顺序轮流上场蹴球的，蹴球动作在一瞬间完成，没有太长的控制球的时间，能否实现预期目的，除了直觉力外，情绪的选择也有重要意义。蹴球训练和比赛在调整人们情感的同时，也培养了人的领悟力，建立人对外界反应和判断的情感逻辑。所谓理解力则是一种理智能力。蹴球运动是在一定规则制约下的活动，训练和比赛中要正确地运用规则，理解各种战术的特点，了解本方和对方的优势和劣势，并能根据临场实际迅速地作出有效的战术方案，以达到"克敌制胜"的目的。理解力是重要的智力因素，通过战术性特征明显、以巧取胜为特色的各种体育锻炼，可以得到强化，从而起到开发智力的作用。

4. 寓教于乐

蹴球是融竞技与娱乐于一体的运动项目，其中隐含着深刻的教育意义，具体表现在：第一，在竞争中强化进取意识和奋斗精神；第二，作为非身体接触直接对抗的运动，它排除了身体对抗所引起的亢奋，使人的智、勇、技等方面的竞争与对抗以间接的方式表现出来，人的情绪可以控制在理智范围内，可以帮助人们在进取、拼搏中建立一种理性的态度；第三，其以智取胜、以技取胜、以巧取胜，而不凭借体力夺标的特点，使人们通过训练和比赛，培养出一种高尚、文明的情趣，建立一种新型的健康快乐的生命价值观。

（四）蹴球的基本技术与练习方法

蹴球技术是指运动员在蹴球比赛中所采用的合理动作的总称。从蹴球比赛队员在场上的技术特点可分为蹴一般球及蹴非撞击球。

1. 蹴一般球

眼视进攻目标，凝神静气，腹直肌、髂腰肌等用力收缩使髋关节做屈曲即大腿向前上方抬腿的动作，同时脚掌压紧球使之向前滚动，朝进攻目标奔去。

2. 蹴非撞击球

蹴非撞击球是指运动员在比赛中，发球、回避球、前进1m球等技术。

学习任务二　蹴球基本动作

【任务导入】

熟练掌握蹴球的正确动作和练习方法，了解并掌握各种蹴球动作技术要领，能够达到蹴球动作的基本要求。

【知识准备】

蹴球就是指蹴球脚脚跟触地再用脚前掌压住球面后向前踹出。由于脚触球后一旦使球发生位移即为蹴球一次，因此，脚触球后不能发生晃动，然后用不间断的连续动作一次性将球向前蹴出。根据这个要求，现将蹴球技术分成五个部分分述如下。

1. 准备姿势

蹴球前的准备姿势系指运动员从自己的发球区场外步入场内本方球后 50cm 左右，面向进攻方向站立的姿势。要求两脚左右自然开立，或右（左）脚稍前左（右）脚稍后开立，全身放松，镇定自若，目视对方球（图 2-14-1），根据临场情况对本次进攻目标与战术布置进行积极思考，拿出本次进攻的战术方案，用于指导技术应用的选择。此外，在重大比赛和关键球时，准备姿势还有心理调节和情绪控制的作用，它对于稳定情绪、树立信心及对正确技术的"过电影"式想象都有积极的意义。

2. 支撑脚站位

一旦确定进攻战术方案，对技术应用迅速做出选择，即以左脚（以右脚蹴球为例）前跨一步，在球侧后方 20cm 处站定，脚尖外展，与出球方向成 45°夹角，左膝微屈，重心落在左脚上，右脚跟提起，脚尖着地，收腰含胸，松腹敛臀，两臂自然下垂，全身放松，目视本方球，如图 2-14-2 所示。

图 2-14-1　准备姿势　　　　　　　　　图 2-14-2　支撑脚站位

3. 蹴球脚压球与瞄准

支撑站定寻得身体平衡后，蹴球脚提起，以脚跟在球正后方 15cm 处着地，脚掌前部在球上方距球 2cm 左右，脚的方向瞄准进攻方向，方向调正后，即以脚掌轻轻压住球，不能使球发生任何移动，压紧后眼睛转视进攻目标。此时，支撑腿膝关节微屈，支撑全部体重，维持身体平衡；蹴球腿膝关节自然弯曲，脚踝勾起，脚掌压在球上，如图 2-14-3 所示。

4. 蹴球

抬腿蹴球是蹴球技术各个环节中最重要和最关键的，动作是否正确直接影响出球的准确性和力量，即影响进攻的效果。抬腿方向直接影响出球准确性，因此，抬腿前踹方向应与进击目标方向完全一致；抬腿速度及脚掌对球面压力直接影响出球力量和速度，因此，要根据攻击目标的距离及其在场上的位置按照战术布局需要，蹴出不同速度和不同滚动方向的球。一般有 7m 以上的远距离大力球，3~7m 的中距离一般球，3m 以内的近距离轻球，及超近距离最轻球和进攻边线附近的超近距离回旋球。除回旋球外，其他四种球动作方法均一样，仅仅只是抬腿用力大小不同（图 2-14-4）。

图 2-14-3　蹴球脚压球与瞄准

图 2-14-4　蹴球

蹴回旋球时，脚掌比蹴一般球稍偏后一些，即以脚趾部位压住球即可，目视进攻目标，凝神静气，脚掌用力下压。随着用力的增大，球以回旋（下旋）的形式向前滚出，在向前移动的过程中保持回旋滚动，撞击目标球后，前移的动能即传给目标球，主球则以回旋的形式滚回来。在进攻对方处于边线附近的球时，这种回旋球不会出界，使本方处于优势地位。

5. 维持平衡

蹴球后的身体平衡，虽然是全过程的结束动作，但是能否维持身体平衡却关系到进攻的成功与失败。规则规定，队员蹴球后身体不能触及场内其他球，因此抬腿踹球结束后，应保持身体重心落在支撑腿上。蹴球脚摆至膝关节部位时应及时制动，随即自然放下，形成双脚支撑的姿势，保持身体平衡，并注意不要触及场内其他球。目视进攻方向，了解进攻效果，做好下次进攻的准备或离场回到自己的场外位置，身体不能触及其他球。蹴回旋球时，球蹴出后，蹴球脚应迅速提起以防球滚回时碰到脚而犯规，然后自然放下，形成双脚支撑。

【任务实施】

1. 蹴球练习

蹴球练习说明见表 2-14-1。

表 2-14-1　蹴球练习说明表

练习方法	动作要领	分值	得分
蹴球的准备姿势模仿	假设地面有一枚蹴球，在地面做蹴球的无球模仿，先学好基本技术动作，一定要注意全身放松，镇定自若，目视对方球	25	
蹴球压球与瞄准	此方法应注意蹴球脚压球与蹴球脚部位的正确与否，同时还要检查其支撑位置的状况	25	
蹴球	注意动作要领，抬腿蹴球方向应与进击目标方向保持一致，两人一组，面对面做蹴出 1m 练习，保证蹴出的位置与目标位置一致	25	
回旋球	注意脚掌用力下压，挤压球，光靠脚的力量是不够的，必须全身协调用力，在边线处主球与目标球相距 1m，做回旋球练习	25	

2. 应注意的主要问题

① 蹴球既可用右脚，也可用左脚，一般要求左右两脚要较熟练掌握，以适应赛场纷繁复杂的情况。

② 支撑脚站位位置以 20cm 左右为宜，且站在球的侧后方。站近了完成蹴球动作受到限制，动作拘束、紧张，不易于控制出球方向和力量大小；站远了则用力分散，且易造成上体

后仰，难以维持身体平衡。

③ 脚掌触球部位可根据临场需要，进行适当调整，如蹴回旋球时，可偏于脚掌前部靠脚趾部位。主球两侧有被保护的球时，可偏内或偏外脚掌缘，以不触及或影响其他球为宜。

④ 抬腿前蹴是蹴球技术的主要环节，是出球准确与否及力量大小的关键，要根据临场不同战术需要打出不同力量的球，原则是既有利于本方下一次进攻，又能将对方球击出界而保持本方不出界。

⑤ 蹴回旋球时，要保持脚跟不动，脚掌用力下压将球挤出，不能以脚跟移动，脚向后拉的方式使球回旋前滚，否则即为违例。

⑥ 攻方球出界，本次进攻队员必须在15s内将球捡回并在球的同号发球区将球蹴入场内；守方出球，球的同号队员必须在15s内将球捡回放置在中心点上（一次进攻中的第一个出界球），或在球的同号发球区将球蹴入场内（第二个出界球）。

⑦ 一次蹴球结束后回到本号发球区场外，在未得到许可情况下，不许擅自进入场内或在场外任意走动。

3. 游戏比赛

蹴球游戏比赛说明见表 2-14-2。

表 2-14-2　蹴球游戏比赛说明表

名称	任 务 实 施
游戏方法	四人一组，某一人拍掌，其中一名同学蒙着眼睛听着声音运用蹴球的基本动作将球蹴出，看谁蹴出的球更接近目标地点
游戏规则	①不能随意起哄 ②注意蹴球的基本动作 ③每一名同学都不能触碰主球，不能阻挡主球
要求	认真听老师讲解游戏方法与规则，并在游戏中遵守游戏规则，发扬团结互助的精神，互相鼓励
结果点评	教师宣布比赛结果并点评学生在游戏中运用技术的情况

二维码 2-14-1　蹴球其他技术

项目十五 极限飞盘

【案例引入】

　　极限飞盘是飞盘众多竞赛项目中的一种,也是目前飞盘运动最受欢迎四项目中的一种。极限飞盘是一项严格要求无身体碰撞的对抗型竞技运动。极限飞盘发明于1968年美国新泽西州的哥伦比亚高中,2001年列入世界运动会项目,为一项融合了橄榄球、足球和篮球等运动特点的团队型运动,曾被《纽约时报》评为世界上发展速度最快的运动。2013年,奥林匹克委员会承认WFDF(World Flying Disc Federation,世界飞盘联合会)为单项运动国际组织,标志着飞盘运动在国际上进一步获得认可。

学习任务一　极限飞盘运动的起源与发展

【任务导入】

　　了解极限飞盘的起源;了解国内外飞盘的发展情况。

【知识准备】

一、极限飞盘运动的起源

　　极限飞盘运动起源于美国,是飞盘运动众多竞赛项目中最流行、参与人数最多的一项,备受年轻人喜爱。据统计,极限飞盘参与者约占整个飞盘运动参与者的80%。

　　20世纪初,美国一家叫Frisbie的餐厅制作的比萨深受周边大学生的喜爱,用餐结束后学生们经常通过相互投掷圆形的外卖比萨金属托盘(如图2-15-1所示)来进行娱乐。由于比萨盘上印有"Frisbie"的标志,所以学生们在投掷时会大喊"Frisbie"来提醒其他人注意躲避。"Frisbie"或者"Frisbee"这个名称也由此而来并一直沿用至今。

　　最早制作飞盘的是美国西海岸的瓦特·莫瑞森(Walter Morrison)。他在接触这项娱乐活动后对飞盘材质进行了改进,并自1940年开始制作一种能在空中旋转飞行的新型玩具。经过8年多的改良后,他与人合作以塑料为原料成功地研制出世界第一枚飞盘(如图2-15-2所示)。

　　1950年,加利福尼亚州开设了第一家制作塑料飞盘的公司,并给自己的产品取名为"Frisbee"。1955年,莫瑞森开发出新型飞盘,飞盘模型、性能不断优化,当时称为"Pluto Platter",中文意思是像冥王星那样的大浅盘。1955年,美国玩具制造商Wham-O公司将

图 2-15-1　比萨金属飞盘

图 2-15-2　瓦特·莫瑞森和他研制的飞盘

莫瑞森招致麾下，正式投入流水线生产塑料飞盘玩具。塑料飞盘的产生，使得飞盘的飞行更加稳定，飞行距离更远、飞行轨迹更加多变，从而提升了飞盘的可玩性，为丰富飞盘运动的玩法打下了基础。1967年，Wham-O 公司成立了国际飞盘运动协会，该协会作为公司的飞盘运动推广部门，通过赞助飞盘赛事和飞盘运动员来推销自己的飞盘产品，这一举措在获得飞盘销量提升的同时，也大大促进了飞盘运动在全世界尤其是在北美和欧洲的发展。1983年，随着 Wham-O 公司被收购，国际飞盘运动协会停止运行。此时，飞盘运动协会有 30 个国家共 10 万名运动员。目前，美国境内制作飞盘的公司有 30 多家。据美国的统计数据，美国每年卖出的飞盘数量超过了全美橄榄球、篮球以及棒球数量的总和。

极限飞盘运动于 1968 年在美国新泽西州哥伦比亚高中出现，乔·西尔沃（Joel Silver）向该高中学生会提出以飞盘进行美式足球比赛（这也是国际公认的极限飞盘运动的起源），并将该运动取名为 Ultimate Frisbee。此种糅合美式足球的飞盘新玩法非常受欢迎。1969 年，该校组织两支学生队伍进行了第一次比赛。1970 年，乔·西尔沃联合巴兹·赫尔伦（Buzzy Hellring）和乔尼·海因斯（Jonny Hines）制定了极限飞盘项目第一、二版规则。1970 年 11 月 7 日，哥伦比亚高中校报也发起了第一场校际比赛，这是极限飞盘历史上第一场正式比赛。历史上，高校间第一场极限飞盘比赛是在 1972 年 11 月 6 日，罗格斯大学和普林斯顿大学举办了美国首届高校极限飞盘赛，罗格斯大学赢得了冠军。

二、飞盘运动的发展

1980 年年初，央视译制并引进了美剧《大西洋底来的人》，剧中演员们经常在沙滩上玩投掷和接飞盘的游戏，带动了飞盘在中国的第一波风靡。在随后俱乐部的带动下，越来越多的国内玩家参与到飞盘运动当中，逐渐形成了环渤海地带、长三角和珠三角三个起源地。经过十几年的发展，形成了社会俱乐部、高校飞盘队伍和青少年飞盘社团共同发展的局面。

（1）社会俱乐部

目前飞盘俱乐部分布在全国各级城市，其成员主要是在当地生活和工作的各行各业人士。俱乐部的运转依靠俱乐部成员自发进行，推选负责人管理俱乐部日常事务，由经验丰富的队员担任队长，组织固定训练。除了肩负当地飞盘运动推广的使命之外，俱乐部还有一个重要作用，就是组织团队飞盘比赛。

（2）高校飞盘队伍

这是国内飞盘运动发展最快的一个群体。据统计，全校共有高校飞盘队伍 100 多支，且每年都有新的高校加入这个队伍。因为高校有更好的客观条件，且满足了大学生在新环境中的社交需求及团队成就感。高校飞盘也是各城市社会飞盘俱乐部的推动力。

（3）青少年飞盘社团

主要以国际学校为主，飞盘活动使学生获得了更多与国际接轨的机会。在阳光体育运动的大背景下，公办学校也开始尝试将飞盘运动引入学校。在北京市、上海市都形成了区域性的校园飞盘课堂氛围。

团队飞盘在国内的发展离不开赛事的举办。国内最早有记录的赛事是2001年在上海举办的上海国际飞盘邀请赛。2007年，在天津大港举办了第一届飞盘俱乐部赛。据统计，2018年全国有40多场团队飞盘赛事，包括城市邀请赛、公开赛、随机分组的Hat赛、大学生联赛、全国赛等。2019年，亚洲大洋洲飞盘锦标赛落地上海，共有来自11个国家和地区的近600名运动员，中国国家飞盘队打入四强，取得了历史最佳成绩。这是国内第一次举办国际性的大型飞盘赛事，标志着国内飞盘赛事标准化、规范化组织的起步，意义重大。

学习任务二 极限飞盘运动的特点与价值

【任务导入】

熟练掌握极限飞盘的运动特点及锻炼价值。

【知识准备】

一、极限飞盘运动的特点

1. 融合多种运动特点

极限飞盘综合了篮球、足球和美式橄榄球的特色，融合了跳跃、转移、传盘、直到最后的长传或短传等技术，再加上飞盘的特性，既有对抗性、健身性与合作性，又有娱乐性、社交性和安全性，其潜在体育价值内涵丰富，独具魅力。

2. 允许男女同场对抗

极限飞盘设单性别比赛和混合性别比赛，其中混合性别比赛允许男女运动员同场参加比赛，是除隔网运动外少有的男女同场竞技类比赛。上场男女比例通常是5∶2或者4∶3。

3. 无身体接触

极限飞盘是一项禁止身体接触的运动项目。在比赛过程中，场上队员之间不允许有身体故意接触，如果故意发生身体接触，则会被视为犯规。这一规则的设立旨在确保比赛的公平性和安全性，同时也强调了技术和战术的重要性。极限飞盘鼓励球员更多地依靠技术和团队合作来取得胜利，而不是依赖于身体对抗。这也使得极限飞盘运动更具包容性，吸引了更多不同年龄段的人参与其中。

4. 自主裁决

极限飞盘比赛的最大特点就是自主裁决，因为其要求运动员自己在场上进行裁决。若有争议则互相讨论解决。要实现这种裁判方式，运动员之间必须相互尊重，并尊重他们做出的裁决。这种尊重被称为"极限飞盘的精神"。

二、极限飞盘的锻炼价值

1. 运动价值

极限飞盘运动有许多的锻炼价值。首先，可以锻炼力量。足够大的臂力是将飞盘反复抛出的首要条件，其次可以锻炼灵敏性。飞盘不可能每次百分之百地到达目的地，所以就要求运动员或跑、或跳、或扑、或卧，采用各种动作抓住飞盘，这种灵敏性是在小脑的支配下得以完成的，能发展运动员的平衡能力，最后，可以锻炼对抗性，在简易的极限飞盘比赛中，增进友谊，体现运动带来的乐趣。

2. 益智价值

飞盘运动中蕴含了很多智慧和哲学思维。飞盘在飞行中的旋转，不同角度产生的飞行弧线包含了很多数学和物理学原理，可以激发青少年的好奇心，促进青少年思考。在极限飞盘比赛中（如图 2-15-3 所示），赛前的人员安排、策略战术、场上的执行以及赛后的总结都需要参与者充分发挥领导力、决策能力、观察能力、大局观、共情能力。

图 2-15-3　极限飞盘比赛

3. 德育价值

飞盘精神提倡的公平、公正、自由、合作等意识，与新时代社会主义核心价值观相契合，蕴含着丰富的育人思政元素，不论在运动场上还是平时生活学习中，都是为人处世的基础。通过参与飞盘运动，在运动中潜移默化地理解和学习这些优良品德，并在生活、学习中体现，有助于参与者心理的健康，特别是有助于青少年塑造良好品德以及在成年后树立公民道德意识。同时，飞盘比赛中"盘不落地，永不放弃"的理念体现了飞盘中的拼搏精神，鼓励参与者不要放弃每一次可以抓住飞盘的机会。在生活学习中难免会遇到难以解决的困难，这时也要发扬飞盘运动拼搏奋斗的精神，努力实现自己的目标。

4. 娱乐价值

飞盘运动具有上手容易、安全性高、参与成本低、玩法多样的特点，男女老少都可以参加。不论是日常的休闲娱乐、家庭的亲子游戏、老年人的健身活动，还是年轻人喜欢的高强度、快节奏的激烈竞技，飞盘运动都可以提供相应的玩法，满足不同人群的需求，非常符合全民健身的潮流。

5. 经济价值

飞盘运动拥有巨大的发展潜力，近几年的运动活跃人口快速增加，由此产生的相关器材装备销售充分带动了上下游制造业的发展。飞盘运动在青少年中的普及为飞盘运动青少年训练市场创造了条件，为体育培训提供了全新的就业机会。另外，飞盘项目赛事促进了体育旅游产业的发展。如 2022 年在北京市举行的首届飞盘公开赛（图 2-15-4），共有 120 支飞盘队伍约 2000 人参赛。

图 2-15-4　2022 年首届北京飞盘公开赛

学习任务三　极限飞盘比赛规则及其演变特点

【案例引入】

极限飞盘是一项没有身体接触、通过自我裁判来开展的 7 人制团队对抗性项目。正式比赛用盘重 175g。比赛由两支队伍进行同场对抗，每队各有 7 名队员上场，分为公开组（男女均可参加、无性别比例要求）、单性别组和混合组（有男女比例要求），其中混合组要求场上必须有至少 2 名女队员。每支队伍防守一个得分区，如果一名己方队员在对方防守的得分区中成功接住飞盘，就算得 1 分。持盘手不能持盘跑动，确定轴心脚后，可以向任意方向将飞盘传给队友。如果任何一次传盘没有完整进行，那么一次攻防转换就会发生，另外一支队伍将会拥有持盘权并且将会尝试去相反的得分区得分。比赛通常进行到 15 分，时间约 100min。实施与执行好比赛规则，则需要飞盘精神来保证。因此，飞盘精神是该项目的内核和根基，是维系飞盘比赛公平、公正、顺畅进行的理念支撑。

【任务导入】

掌握极限飞盘比赛的规则，比赛流程；了解极限飞盘的飞盘精神。

【知识准备】

一、极限飞盘规则

1. 场地

正式比赛场地为长 100m、宽 37m 的长方形，两端各有长 37m、宽 18m 的得分区。两个砖头点在比赛场地正中，离两条得分线中点各 18m 处（如图 2-15-5）。

2. 开盘

上场选手以横排方式站在各自防守得分区内，防守队伍将盘扔给进攻队伍，通常称之为

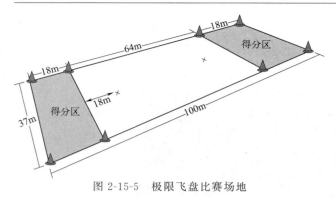

图 2-15-5　极限飞盘比赛场地

开盘。开盘前需向对方举盘示意，待对方做好准备、举手示意回应后方可开盘，盘出手后则比赛正式开始。

3. 得分

正在进攻的队伍将盘传进对方防守的得分区域里并成功被自己队友接住盘，就算得 1 分；成功得分后，失分方走到对面区域，由得分方发盘，开始下一回合比赛。

4. 传盘

场上选手可以向任何方向传盘给自己的队友，不允许拿着飞盘跑动，也不能自传自接或直接将盘递到队友手里；传盘人有 10s 时间出盘，防守队员在 3m 内才能开始计数。

5. 失误

当进攻方在传盘过程中出现失误，如飞盘落地、出界、被抢断或被阻断，持盘权立即交换，防守方成为进攻方。

6. 换人

只有得分成功或选手受伤之后才允许换人，对于所换人数没有限制。

7. 无身体接触

场上选手之间不许有任何故意身体接触；当身体接触发生时，可视场上具体情况来判定是否犯规。

8. 犯规

如果由犯规导致传接盘失误，飞盘将还给被影响的选手；如果犯规的选手觉得自己没有犯规，双方争执不下时则将飞盘还给前一位拿盘选手，然后再继续进行比赛。

9. 自判

比赛没有裁判，选手应尊重飞盘精神并依据规则，通过平等协商来解决场上出现的问题。

10. 胜负

一场比赛可分为上下半场，当有一方得分首先达到或是超过了得分上限一半的时候，中场开始休息；当比赛双方有任意一方首先取得分数上限时，那么比赛就正式结束，首个得分达到得分上限的队伍获胜。如果在规定的时间内，比赛双方都没有达到得分上限，则得分高的队伍获胜。得分上限和比赛时间都需要在赛前确定。

对于有一定飞盘技术的初学者，了解以上简易比赛规则后，就可以尝试参加一些交流赛、Hat 赛。随着参赛次数增多，碰到的问题就越多，解决问题的能力就会随之增强，最后知晓规则，维护飞盘精神，享受比赛乐趣。

二、临场比赛流程

1. 比赛前会议

观察员（Game Advisor，简称 GA）与双方队长参加的简短会议，需要说明观察员职责，强调飞盘精神和争议沟通方式。

2. 猜盘

双方队长通过猜盘确定攻防及选边；若是混合组比赛，则需确定男女比例。

3. 开盘

防守方需要把盘飞出来，即为比赛开始。

4. 半场

常规赛事通常打至15分，打到8分时半场休息，下半场交换场地。

5. 比赛时间限制

若比赛时长100min，当到时间时，打完当前回合，在分数高的一方的分数上加1分作为目标分，先达到目标分的一方将获得比赛胜利。从2019年开始，新增半场时限，55min时半场时间到。

6. 比赛结束后

两支队伍列队、交叉围圈（如图2-15-6），进行赛后小结与交流。

图 2-15-6　极限飞盘精神圈

【任务实施】

极限飞盘比赛规则是由世界飞盘联合会官方制定并经不断修改完善后而发布的，是极限飞盘运动员必须遵守的运动精神、技术标准和行为规范。极限飞盘比赛规则伴随着极限飞盘运动项目规范化发展而逐渐完善，早在1968年极限飞盘出现之初，人们制定了"飞盘橄榄球"规则，这是公认的极限飞盘比赛规则的雏形。现代极限飞盘比赛规则是在1986年基本确立的，并随着极限飞盘运动的发展而变化。目前适用的极限飞盘比赛规则为世界飞盘联合会于2017年修改后发布的。2021年又有新的变动，并发布了最新规则。极限飞盘比赛规则在发展中不断完善，概括起来具有以下特点。

1. 保证公平，鼓励进攻

极限飞盘比赛规则的首要任务是保证比赛公平、公正地进行。在保证攻守方均衡前提下，极限飞盘比赛规则适当鼓励进攻，以进攻有利原则来支持进攻，保证比赛的竞技性、流畅性、观赏性。例如：双方同时控制到飞行的飞盘时，盘权归属进攻方等。

2. 犯规、违例行为从轻判罚

对于比赛中违规、违例等行为，与其他运动以权威姿态给予严厉的处罚不同，极限飞盘运动将违规、违例行为视为运动员比赛中的无意而为，双方应以包容的态度在规则尺度内进行沟通协商判定，如果某一方妥协则比赛在原地继续进行，双方互相不同意对方观点则退回上一盘，以重新读秒或转换盘权等相对温和、中庸的方式来判罚违规行为。

3. 坚持队员自行裁定方式

极限飞盘是目前体育竞赛中唯一没有第三方裁判主动介入执裁的运动项目。正式比赛会设置观察员，当比赛中发生违例、犯规等争议时，在双方协商、自行裁定未果时，观察员方能介入并提供第三者观察视角的意见。比赛虽然不设裁判，但上场队员均有行使裁判的权利和机会。对出现的犯规、违例行为，不是通过裁判鸣哨，而是队员示意犯规叫停比赛，双方当事人根据比赛规则在规定时长内沟通裁定。极限飞盘规则要求每名队员都有根据比赛规则独立与对手沟通裁定犯规的能力，这不仅是极限飞盘比赛不同于其他项目的显著特点，也是极限飞盘比赛的独特魅力所在。

4. 飞盘精神始终是飞盘规则的灵魂，极具教育意义

飞盘精神是对极限飞盘规则中"从轻处罚"和"自我裁判"设置原则的道德补充，更是极限飞盘规则能够建立并延续的核心。极限飞盘比赛不靠第三方裁判来维护比赛的公平公正，而是通过飞盘精神来要求每位队员自觉遵守规则，并充分信任选手是非故意犯规且选手能够诚实对待犯规，注重引导队员遵守规则，而非惩罚犯规行为。

二维码 2-15-1　极限飞盘其他知识

项目十六 定向越野

【案例引入】

定向运动是指运动员借助定向地图和指北针,按组织者规定的顺序方式,自我选择行进路线并到访地图上所标示的地面检查点,以通过全程检查点用时较短者或在规定时间找到检查点得分较多者为胜的一种体育运动。

学习任务一　初识定向运动

【任务导入】

了解定向运动项目、起源、发展、设备与器材等。

【知识准备】

一、定向运动项目概述

1. 定向运动的分类

① 按运动模式的不同：分为徒步定向、滑雪定向、山地自行车定向、轮椅定向、汽车定向等。徒步定向是定向运动的典型形式,也就是通常所说的定向越野。

② 按性别的不同：分为男子组和女子组。

③ 按年龄的不同：分为少年组、青年组、成年组和老年组。

④ 按技术水平的不同：分为初级组（体验组和家庭组）、高级组和精英组,国内赛通常分为业余组和精英组。

⑤ 按参加人数的不同：分为个人项目（短距离赛、中距离赛、积分赛、百米定向赛等）和集体项目（接力赛、团队赛）。

2. 参加定向运动的益处

① 定向运动是一项非常健康的智慧型体育项目,是智力与体力并重的运动。它不仅能强健体魄,而且能培养人独立思考、独立解决所遇到困难的能力及体力和智力受到压力下做出迅速反应,果断决定的能力、独立分析问题的能力和良好的逻辑思维能力。定向运动不仅是一项适合对学生进行素质教育的体育项目,也是教育部推荐的实施阳光体育的有效手段之一。

② 参加定向运动可以回归自然，放松身心，自我娱乐，增加乐趣。
③ 参加定向运动可以广交朋友，提高社交能力，相互交流，共享人生。
④ 参加定向运动不需要特别花费，所需的只是一张地图和一个指北针。
⑤ 参加定向运动可以培养人富于挑战，勇于尝试的勇气，使身体和心理得到锻炼。

二、起源

19 世纪末、20 世纪初，欧洲北部斯堪的纳维亚半岛广阔而崎岖不平的土地上覆盖着一望无际的森林，散布着无数的湖泊，城镇、村庄稀疏散落，人们的交通主要是依靠那些隐现在林中湖畔的弯弯曲曲的小路。在这样的地理环境中生活，理所当然地要比别的地方更需要地图和指北针，否则，要想穿越那莽莽林海是十分困难的。正因为如此，那些最经常地在斯堪的纳维亚半岛山林中行动的人们——军队，便成了开展定向运动的先驱。

他们深知，如果不具备在山林地辨别方向、选择路线和越野行进的能力，就不能完成保卫国家的重任。

开展定向运动的基本器材——地图，原是为保障军队的行动而测制的。军人利用它进行体育竞赛的雏形最早在瑞典（1888 年）和挪威（1895 年）出现。

三、发展

1897 年 10 月 31 日，第一次由军人出面为民众组织的比赛在挪威举行（仅有 8 人参加），其后在挪威还进行了其他一些小规模的比赛。

到了 20 世纪初，定向在挪威几近沉寂，但在瑞典却逐步得到重视。1919 年 3 月 25 日，一次影响深远的定向比赛（有 217 人参加）在斯德哥尔摩南部 Nacka 的林中举行。它的组织模式与规模标志着定向运动作为一个独立的体育项目，结束了它在准备时期的长期探索。因此，时任瑞典斯德哥尔摩体育联合会主席的吉兰特（Ernst Killander）便被后人称为现代"定向运动之父"。

由于这个比赛适应的人群广泛，既能提高野外判定方向的能力，又能促进识别、使用地图，培养和锻炼人的勇敢顽强精神，场地与器材的花费也不多，并且娱乐性与实用性兼备，因此人们对它的兴趣就如星火燎原一样，迅速地传播开了。

从此以后，这个项目得到了迅速的发展，并很快地传播到了世界各地。定向运动也由初期单一的一种比赛形式逐步演变为包括各种各样的比赛或娱乐项目在内的综合性群众体育运动。

为使定向运动在全世界得到更好、更健康的发展，1961 年 5 月，定向运动积极分子在丹麦首都哥本哈根成立了国际定向运动联合会（International Orienteering Federation，缩写为 IOF），科学地划分、确定了全世界统一的正式专业项目、主要赛事、主要比赛项目，并制定了一系列的比赛规则与技术规范。

国际定向运动联合会（下称"国际定联"）早在 1977 年就被国际奥委会（IOC）认可，加入了"国际奥委会承认的国际体育联合协会"，并长期得到国际奥委会的精神与物资的支持。

该运动在我国香港开展最早；20 世纪 80 年代首先在广东地区开展；1992 年，我国以中国定向运动委员会名义加入 IOF，1995 年更名为中国定向运动协会；1994 年，举办首届全国定向锦标赛；2002 年，首届全国学生定向锦标赛；2003 年，中国学生定向协会成立；2004 年定向运动列入全国大运会比赛项目。国内主要定向赛事：全国定向锦标赛、全国旅游城市定向系列赛、大学生运动会定向比赛等。

四、定向运动设备与器材

（1）服装

定向越野对服装没有特殊的要求。根据经验，对衣裤的选择应该是紧身而又不至影响呼吸与四肢活动自如的。为防止草木的刺碰以及虫蚁的侵袭，最好穿用面料结实的长袖衣（有较高、较紧的领口）、长腿裤。专业的定向选手普遍选用一种有弹性的轻质化纤服装，它能防止草籽钩粘，减少丛林羁绊，在被浸湿的情况下依然保持身体动作的最大灵活度，并且会很快风干。

（2）鞋

合脚、轻便而又结实，鞋底的材料和造型应能牢靠地"抓住"所有类型的地面：包括湿滑的泥泞地和坎坷坚硬的岩石地面。

（3）指北针

基本上分为两类：基板式与拇指式。作为一般判定方向的需要和定向比赛的初级用途，也可使用市面上常见的军用或其他类型的指北针。指北针如图2-16-1所示。

图 2-16-1　指北针

（4）地图

地图（图2-16-2）是定向越野最重要的器材，它的质量的好坏直接关系到比赛过程是否安全、结果是否公正，因此，国际定联专门为定向越野地图制定有《定向地图国际规范》，按照不同的赛事特点，分别对比例尺、等高距、符号、色彩等多方面进行了详细的规范。

（5）检查卡

为了证明参赛人找到并到访了各个检查点，赛事组织人会在比赛前发给每个参赛人一种验证成绩的装置——检查卡或电子指卡。检查卡（图2-16-3）是传统的成绩验证装置，用厚纸片制成。有的比赛需要回收地图，这时检查卡也可能会直接印在地图的空白处。

（6）电子指卡

目前大多数定向比赛使用的一种基于电子点签系统的成绩验证装置。由于电子通信技术进步神速，或许不久这种电子指卡（图2-16-4）又会被别的更先进的记录装置取代。

（7）检查点

是工作人员于比赛前在比赛场地中摆放的标志。严格意义上的检查点是由三个部分构成的：点标、点签、特征物（点）。

① 点标：用三面标志旗围成的"三角形灯笼"，每个面的标志旗呈正方形：沿对角线分开，左上为白色、右下为橙红色，尺寸为30厘米×30厘米（图2-16-5）。点标上有编号（代号），通常标示在点标上或其附近，以便运动员在比赛时根据此编号来判断自己是否找到了正确的检查点。

② 点签：为参赛人提供找到了检查

图 2-16-2　定向越野地图

点的凭据。传统的点签是夹钳式的，用弹性较佳的塑料或金属材料制成，顶端装有钢针。每个检查点点签的钢针以不同方式排列，这使点签可以夹出不同的图案印痕（图 2-16-6），以证实参赛人找到了哪个检查点。

赛事名称：									
姓名：		组别：		出发时间：			用时：		
性别：		名次：		到达时间：			是否有效：		
1 1	2 2	3 3	4 4	5 5	6 6	7 7	8 8	9 9	10 10
11 11	12 12	13 13	14 14	15 15	16 16	17 17	18 18	19 19	20 20
21 21	22 22	23 23	24 24	25 25	26 26	27 27	28 28	29 29	30 30

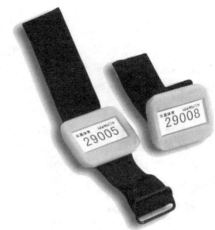

图 2-16-3　检查卡

图 2-16-4　电子指卡

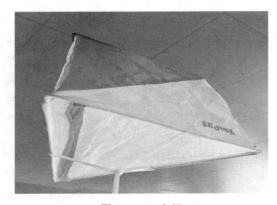

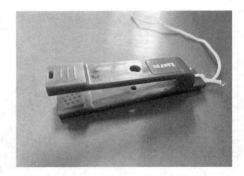

图 2-16-5　点标

图 2-16-6　点签

电子式的点签（见图 2-16-7）：我们称其为“电子点签器（电子打卡器、卡座）”。它的前端有一个带圆洞的指卡感应区，在参赛人将电子指卡贴近感应区或插入圆洞时，卡座会把当时的时间自动写入指卡。当参赛人完成比赛返回终点，指卡上不但记录了参赛人的比赛总用时，而且还记录了其到达每个检查点的具体时间。

③ 特征物（点）：包括了地物和地貌两种类型的所有地面特征物。可以是土坑、陡坎等较小较单独的特征物，也可以是较大较长特征物（如湖泊、道路、等高线等）的明显弯部、拐角等特征点。

完整的检查点的含义就是：在特征物、特征点处或其附近放置了点标和点签的地方。

④ 号码布：当比赛的规格较高、人数较多时，这是用来识别参赛人的必需物品，以利裁判工作的进行。

（8）检查点说明

检查点说明（图 2-16-8）是一种以表格形式在赛前发给参赛人的一套全世界统一的符号或文字的系统。它可以使参赛人在进入图上的检查点圆圈之后，不必再为寻找点标的位置而四处寻找，以保证参赛人的主要精力和时间都用在比赛的快速行进上。

IOF赛事示例			
M45,M50,W21			
5		7.6km	210m
▷	/	╱	\
1	101	⋰	<
2	212	↖ ▲	1.0 ○·
3	135	❋ ❋	⊡
4	246	⎮↕⎮ ○	⊙
5	164	→ ⌂	●
○ ---- 120m ----→			
6	185	╱ ⌐	●⌐
7	178	⎮_	
8	147	•- ⌐⌐	2.0
9	149	╱	×
○ ---- 250m ----⊗			

图 2-16-7 电子式的点签　　　　图 2-16-8 检查点说明示例

学习任务二　识读定向越野地图

【任务导入】

熟知定向读图符号，了解并掌握地图比例尺、地貌表示、检查点符号与读图的规则。

【知识准备】

1. 定向地图概述

地形是地物和地貌的总称。地物是指分布在地球表面的固定性物体；地貌是指地表面的起伏状态。

定向地图是地形图的一种，是根据国际定向联合会制定的《定向地图国际规范》绘制成的地图。定向地图与其他地图相比，是一种更为清晰、易读，更适合在野外行进中使用的专用地图。

2. 定向地图的符号

（1）地貌符号

地貌符号（图2-16-9）用棕色表示。

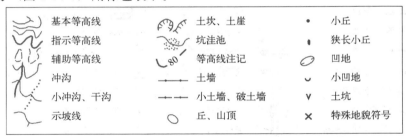

图 2-16-9　地貌符号

229

(2) 岩石与石块符号

岩石与石块符号（图 2-16-10）用黑色表示。

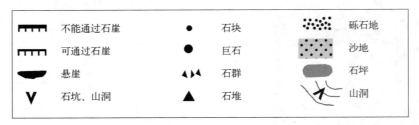

图 2-16-10　岩石与石块符号

(3) 水系与湿地符号

水系与湿地符号（图 2-16-11）用蓝色表示。

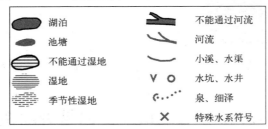

图 2-16-11　水系与湿地符号

(4) 植被符号

植被符号（图 2-16-12）用空白、黄色和绿色表示。

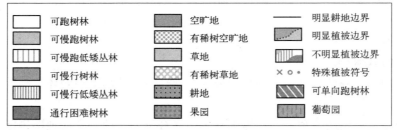

图 2-16-12　植被符号

(5) 人工地物符号

人工地物符号（图 2-16-13）用黑色表示。

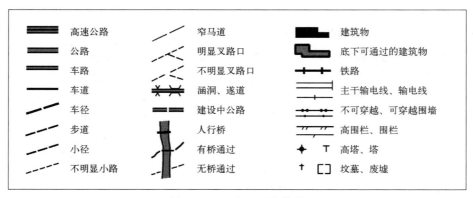

图 2-16-13　人工地物符号

3. 地图比例尺

图上某线段的长度与相应实地水平距离之比,叫地图比例尺。即:地图比例尺＝图上距离/相应实地水平距离。直接在地图显要位置标注出"比例尺:1:10000"等字样。

比例尺的大小是按比值的大小衡量的。一张定向地图,当图幅面积一定时,比例尺越大,其包括的实地范围就越小,图上显示的内容就越详细;比例尺越小,图幅包括的实地范围就越大,图上显示的内容就越简略;比例尺越大,图上量测的精度越高;比例尺越小,图上量测的精度也就越低。

4. 地貌表示

(1) 等高线表示地貌的原理

等高线表示地貌的原理如图 2-16-14 所示。

(2) 等高线表示地貌的特点

地图上的每条等高线都是实地等高线的水平投影;它既描绘出地貌的平面轮廓,也表示出地貌的起伏。等高线的形状与实地山的形状相似。

在同一条等高线上,各点的高度相等;每条等高线都是闭合曲线。在同一幅地图上或同一等高距的条件下,等高线多,山就高;等高线少,山就低;凹地的等高线则表示深浅。在同一幅地图上或同一等高距条件下,等高线间隔密,实地坡度陡;等高线间隔稀,实地坡度缓。

(3) 山的形态表示方法

山的形态表示方法如图 2-16-15 所示。

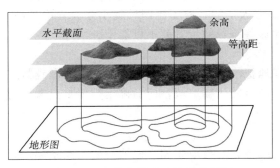

图 2-16-14　等高线表示地貌的原理

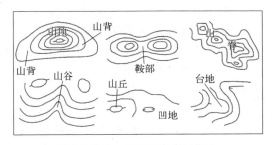

图 2-16-15　山的形态表示方法

5. 符号

检查点说明符号是定向地图特有的一种信息表示形式。它以特有的方法告诉人们可以更便捷地找点。利用检查点说明表(图 2-16-16)使定向越野变得更加简单。

(1) 检查点说明表的作用

说明该图上路线的组别、长度及爬高量等。

指明所找检查点的顺序及找哪个检查点(检查点代号)。

详细说明检查点的主要特征,运动员可以利用说明快速找到检查点。

(2) 检查点说明符号的含义

地物所在的方位,即哪个特征物。地物所在特征物,包括地貌、岩石与石块、水系、植被、人工地物和一些附加符号等。

(3) 使用检查点说明表的注意事项

使用检查点说明表要注意两点,一是不要与图例符号(即地图符号)相混淆(图 2-16-17);二是检查点说明符号本身有的非常相似,一定要分清及牢记含义。

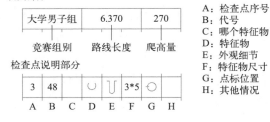

图 2-16-16　检查点说明表的构成

图 2-16-17　容易混淆的检查点说明符号

6. 读图的一般规则

（1）要完整、正确地理解定向地图

定向地图不是地面客观存在的机械反映，它是通过制图人采用概括、取舍、移位、夸大等制图综合方法完成的。因此，图上物体的数量、形状、大小、精确位置等与实地并非总是完全一致的。例如：

① 在多种地物聚集的地方只表示了对运动有价值的，其他地物通常不表示或只是有重点地选择表示。

② 山背上、河岸边的细小凹凸，图上不可能全部表示，仅表示出了它们的概略形状。

③ 公路、铁路等线状地物，其符号的宽度是夸大了的。地图比例尺越小夸大程度越高，这必然引起线状地物两旁其他符号的移位，因此这些符号的位置就不可能十分精确。

（2）要有选择地了解地图的内容

读图时不能漫无边际什么都看，而应有选择地把注意力集中在与解决如何定向和越野跑问题有关的地域和内容上。可以先综合扫视一下图上的比赛地域，而后确定需要重点考察的内容，进而获取需要的信息。

（3）要对各类符号进行综合阅读

不能孤立地看待地物或地貌的单个符号，而应将它们与地貌和其他地形要素联系起来阅读。即不仅要了解它们的性质，还要了解它们之间的方向、距离、高差等空间位置关系，从而明确这些要素对竞赛的综合影响。

（4）要注意读图与记图的关系

读图时，要边理解边记忆，对在比赛中可能有助于判明方向与确定站立点的各种要素更应如此。有效读图应转变为这样一种能力：比赛中不必过多而频繁地查看地图就能在自己的意识中清楚地再现从图上得到的信息，并根据自己的记忆快速而准确地确定自己在图上的位置、下一步的运动路线和方向。

（5）要考虑现地的可能变化

虽然定向地图的测制十分强调现势性，但由于人工或自然的原因造成地形变化是不可避免的，有时甚至是十分迅速的。因此，读图时必须根据图中注明的测图时间，考虑图上表现内容落后于现地变化的可能性。一般，测图时间距离使用时间越久，图上与现地之间的差异就会越大。

二维码 2-16-1　定向越野其他知识

项目十七 健 身

【案例引入】

在当今社会,随着生活质量的提高和人们对健康的日益重视,"健身"这一概念已经不再仅仅局限于专业运动员或健美达人的专属领域,而是逐渐渗透到广大人民群众日常生活的方方面面,成为一种普及化的健康生活方式。健身不仅仅是为了塑造理想的体型,更是对身体健康、心理健康以及生活品质进行全面提升的重要途径。

二维码 2-17-1 健身基础概念

学习任务 制定个性化健身计划

【任务导入】

在本章的学习任务中,我们将重点探索如何根据个体的健身目标和身体状况,科学合理地制定个性化的健身计划。首先,我们将深入学习目标导向型训练计划的设计原则,了解如何根据健康改善目标(如心血管健康、体重管理等)和体能提升目标(力量、耐力、柔韧度等)制定切实可行的训练方案。其次,将讨论动静结合训练法的实际应用,结合有氧运动和无氧运动的优势,以达到最佳的健身效果。接着,我们将详细解析一系列常规健身动作的执行方法和技巧,确保动作的标准性和安全性。最后,为了确保健身活动的顺利进行,我们将探讨一系列安全健身注意事项和防护措施,帮助你在追求健康和体能提升的过程中,有效预防运动损伤,实现安全高效的健身目标。

【知识准备】

一、健身计划设计原则

1. 目标导向型训练计划的制定

在编制个性化健身方案的过程中,首要遵循的核心原则就是目标导向性。这一原则强调以个体特定的健康诉求和健身期望为基础,精准确定健身目标,可能涵盖但不限于增肌塑形、减脂瘦身、优化心肺功能、增强柔韧性和灵活性、提升运动技能与竞技表现等方面。为此，目标导向型训练计划的制定需要深入细致地落实以下环节。

（1）目标精确设定

设立清晰、量化、可实现、具有实际意义且附有时限特点（SMART 原则）的健身目标，保证健身计划的精准指向性和实施可行性。

（2）全面体质分析

借助专业的体质检测工具和技术手段，详尽评估个体的基础体能水平、健康状况、体质特征及潜在风险因素，为构建适宜的训练强度和具体内容提供客观依据。

（3）阶段化训练规划

参照运动生理学中的"适应-基础-提升-稳定"周期发展规律，把整个训练过程划分为不同阶段，对应设定各个阶段的训练目标与内容，确保训练进程呈现出循序渐进、螺旋上升的特点。

（4）训练要素精细化配置

围绕既定的健身目标，科学调配力量训练、有氧运动、柔韧性训练、平衡协调训练等多元训练元素的比例和强度，同时考虑训练后的恢复策略以及合理的营养补充计划，力求让每一种训练都发挥出最大效益。

（5）动态反馈与调整机制

在执行训练计划的过程中，建立有效的监控与评估体系，定期对训练成果进行回顾与反思，针对个体体能变化和适应情况及时做出微调，保持训练计划与实际目标之间的高度吻合。

2. 动静结合训练法的应用

动静结合训练法作为一种综合锻炼理念，旨在全面提升人体的生理机能和运动素质，其实践内涵主要包括两大部分。

（1）动力与静力训练的有机融合

动力训练着重于提升个体的耐力、速度、力量、爆发力等动态运动能力，比如长跑、游泳、有氧操等有氧运动，以及举重、深蹲、卧推等抗阻训练；而静力训练则聚焦于强化肌肉耐力、力量增长和关节稳定性，通过瑜伽、普拉提等静态动作练习得以实现。将两者有机结合，既能有效改善心肺功能、燃烧脂肪，也能助力塑造理想身材、增强肌肉力量。

（2）主动恢复与被动恢复的有效搭配

在高强度训练之余，同样重视静态恢复活动的开展，如深度放松、拉伸训练，以及充足优质的睡眠。同时引入物理疗法、按摩手法等外部辅助手段，加速机体疲劳的消除、损伤的修复以及能量储备的恢复，以此降低运动伤害的风险，提高整体训练效率。

二、常规健身动作详解与技巧传授

在健身领域中，动作技巧的正确掌握对于有效实现健身目标和避免运动伤害至关重要。以下将对深蹲、卧推动作、硬拉、引体向上和平板支撑这五个常见的健身动作进行更为详尽的解说与技巧解析。

1. 深蹲

（1）动作要领

开始时，双脚距离略大于肩宽，脚尖轻微外展，保持稳定的站立姿势。

双手可以自然垂放，也可手持哑铃或杠铃置于胸前，保持肘部微弯。

保持背部挺直，核心肌群（腹部和腰部）紧紧收缩，仿佛坐在无形的椅子上。

臀部缓缓向后下移，同时膝盖弯曲，注意膝盖不超过脚尖，确保下蹲过程中大腿与地面平行（图 2-17-1）。

通过腿部力量（主要是大腿四头肌和臀部肌肉）将身体推起，回到起始站立位置。

（2）注意事项

在下蹲过程中，一定要保持腰背挺直，防止腰部过度弯曲造成脊柱压力过大。

膝盖的运动轨迹应与脚尖方向保持一致，避免膝盖内扣或过分外展，以防对膝关节造成伤害。

2. 卧推

（1）动作要领

躺在平板卧推架下方，背部紧贴长凳，双脚平踩地面，确保身体稳定。

双手握住杠铃，握距可以选择与肩同宽或稍宽，肘部在下落时大约呈 45°角。

推起杠铃时，手臂伸直但不过分锁死，肘部保持微屈（图 2-17-2）。

在整个推举过程中，肩胛骨应下沉并紧贴凳面，用胸部肌肉发力将杠铃向上推出。

图 2-17-1 深蹲

图 2-17-2 卧推

（2）技巧要点

全程保持腹部和臀部肌肉收紧，以稳定核心，防止力量分散。

不仅要运用胸部力量，还要借力于三头肌和肩部肌肉，以确保动作的完整性和有效性。

3. 硬拉

（1）动作要领

开始时，双脚与肩同宽或略宽，脚尖微微外展，双手正握杠铃，握距略宽于肩宽（图 2-17-3）。

臀部后移，保持背部平直，想象背部和腿部形成一条直线。

杠铃沿着大腿下滑至膝关节下方，此时臀部、腿部和后背肌肉共同发力，保持背部挺直，拉动杠铃从地面升起至直立状态。

图 2-17-3 硬拉

（2）注意事项

在硬拉启动阶段，优先使用腿部力量而非背部，防止背部受伤。

整个动作过程中，务必要保持背部平直，防止腰椎受到过大的压力和损伤。

4. 引体向上

（1）动作要领

双手正握或反握横杆，手掌面向自己为正握，面向外为反握，手臂完全伸直悬挂于横杆

下方（图 2-17-4）。

背部肌肉与手臂同时发力，将身体向上拉，直至下巴超过横杆。

缓慢下降身体回到起始悬挂状态，控制下降速度，保持肌肉持续紧张。

（2）技巧要点

新手可以从低位引体向上或使用弹力带辅助做起，逐渐适应动作并增强力量。

在做引体向上时，要保持核心肌群紧绷，以背部为主要发力点，同时尽量让肘部贴近身体，减少肩关节的压力。

图 2-17-4　引体向上

5. 平板支撑

（1）动作要领

以俯卧撑起始姿势为基础，将肘关节微屈，双手放在肩膀正下方，身体保持一条直线，仅用脚尖触地（图 2-17-5）。

全程保持腹部和臀部肌肉收紧，力求让身体从头到脚呈一条直线，不塌腰也不撅臀。

（2）注意事项

对于初学者，可以先从短时间的平板支撑开始，随着力量的增强，逐渐延长支撑时间。

在平板支撑过程中，注意力集中在保持身体稳定，任何部位都不应出现明显弯曲或晃动，以充分发挥核心肌群的训练效果。

图 2-17-5　平板支撑

三、安全健身注意事项与防护措施

1. 充分热身与合理拉伸

热身运动：在进行任何强度的健身活动前，务必进行 5～15min 的热身活动，包括轻松的有氧运动（如步行、慢跑、跳绳等），以提高体温，促进血液循环，唤醒肌肉活性，减少肌肉黏滞性。热身还能帮助关节分泌润滑液，提高关节灵活性，降低运动伤害风险。

拉伸练习：运动结束后进行恰当的拉伸，可有效帮助肌肉恢复，减少乳酸堆积，缓解肌肉紧张和酸痛。静态拉伸、PNF 拉伸和动态拉伸都是常用的拉伸方式，应针对即将锻炼的主要肌群进行针对性拉伸。

2. 装备穿戴与防护

运动装备选择：穿着合适、舒适的运动鞋和服装，确保其具备良好的透气性和支撑性。鞋子应根据运动类型选择，如跑步鞋需有良好的缓震和支撑，力量训练鞋则需提供稳定的足部支撑。

防护装备使用：在进行重量训练时，使用护腕、护膝等防护装备可以有效保护关节，防止因重量过大或动作不稳造成的损伤。在进行腰部负荷较大的训练时，如深蹲、硬拉等，佩戴腰带可以增加核心稳定性和支持力，减少腰部受伤风险。

3. 循序渐进与负荷控制

逐步提升：任何技能的提升和体能的进步都需要时间和耐心，不应急于求成。新入门的健身者应从轻量级开始训练，随着身体适应和力量增长逐渐增加重量和训练强度。

个性化的训练计划：根据个人的体质、年龄、性别和健康状况，制定个性化的训练计划，确保训练负荷和强度与个人能力相符。避免一开始就挑战极限，以免造成不必要的损伤。

4. 正确执行动作

动作规范：在进行任何训练动作时，务必确保动作执行准确无误，避免因姿势不正确导致的伤害。可以通过请教专业的健身教练，或观看权威的教学视频，对照学习和纠正动作细节。

专注质量而非数量：在训练过程中，强调动作的质量胜过完成动作的数量，宁可做一组完美的动作，也不要做十组不规范的动作。

5. 合理休息与恢复

间隔休息：确保每次训练后有足够的恢复时间，避免连续高强度训练导致身体过度疲劳。可根据训练强度和类型，设置合理的训练间隔，如隔日训练、轮流训练不同肌群等。

综合训练与营养补充：在健身计划中合理搭配有氧运动和力量训练，确保全身肌肉均衡发展。同时，注意补充营养，尤其是蛋白质、碳水化合物和必需脂肪酸等，以支持肌肉修复和体能恢复。

6. 关注身体信号与定期体检

疼痛与不适感知：在训练过程中，一旦感到剧烈疼痛或异常不适，应立即停止当前动作，并寻求专业人员的帮助，确认是否存在问题或隐患。

健康管理监测：定期进行身体状况评估和健康体检，了解并记录自己的体能、肌肉力量、心肺功能等指标的变化，根据实际状况调整训练计划和生活方式。此外，密切关注体重、心率、血压等健康指标，确保健身活动是在安全和健康的轨道上进行。

【任务实施】

根据本章节知识点，请思考并回答以下五个问题：

1.在制定目标导向型训练计划时，应考虑哪些关键因素？请举例说明如何针对一位想要提高心肺功能和降低体脂率的健身者制定相应的训练计划。

2.什么是动静结合训练法？请简述其理论依据，并举例说明在实际健身计划中如何合理安排有氧运动与无氧运动，以实现最优的训练效果。

3.深蹲是常见的健身动作之一，请详细描述深蹲的标准动作流程，指出其中容易出现的错误，并提供纠正方法，以确保该动作的安全性和有效性。

4.列举几种常见的健身安全注意事项，并针对力量训练场景，阐述如何正确使用和维护健身器材，以避免运动伤害的发生。

5.在健身过程中，拉伸与恢复的重要性不言而喻。请阐述拉伸在预防运动损伤和促进肌肉恢复中的作用，并列举至少三种不同类型的拉伸方法，以及在训练前后何时进行最适宜。同时，谈谈如何通过合理的饮食和休息安排，加强身体的恢复能力，避免过度训练。

二维码 2-17-2 健身其他知识

项目十八 飞 镖

【案例引入】

　　飞镖运动在当今社会中扮演着多重角色，对人们具有多种作用。从身体健康的角度来看，飞镖运动能够锻炼人的注意力、协调性和精巧性。它不仅可以缓解紧张的精神压力，消除视觉疲劳，还有助于恢复各种原因造成的肌肉酸痛或疲劳。同时，通过投掷飞镖的动作，可以调节全身各脏器的功能，从而达到身体健康的效果。从心理层面来看，飞镖运动对心理素质的提升有着显著的作用。在比赛中，人们需要保持冷静、专注，这有助于培养耐心、恒心和毅力。飞镖运动还可以提高人的自信心，增强自我控制能力，使人在面对挑战时更加从容和坚定。飞镖运动还具有重要的教育意义。通过飞镖竞赛和飞镖礼仪的教学，可以帮助学生建立尊重体育、尊重飞镖、尊重对手、尊重自己的思想品质。飞镖运动还可以教会学生合作与交流，提升他们的综合素质。飞镖运动还具有娱乐性和社交性。作为一种休闲活动，飞镖运动可以让人们在紧张的工作和学习之余，放松心情，享受乐趣。飞镖运动也是一种社交活动，人们可以在比赛中结识新朋友，增进友谊，扩大社交圈子。飞镖运动对人们具有多方面的作用，包括锻炼身体、提高心理素质、培养教育品质以及增强娱乐性和社交性。因此，飞镖运动在当今社会中仍然具有重要的价值和意义。

学习任务一　飞镖、镖盘的基础知识与构造

【任务导入】

　　在本任务的学习中，我们将主要了解飞镖和镖盘的起源和基本构造，了解常见的飞镖规格及其种类、通过所学的飞镖运动的基本知识和相关信息应用飞镖与镖盘结构信息，以达到正确观看和实施比赛的效果。

【知识准备】

一、飞镖运动的起源

　　飞镖运动的起源有几种不同说法，最为广泛的是它起源于15世纪的英格兰。当时，古

罗马的士兵由于多雨的天气无法在户外进行标枪练习，于是在室内用树墩作为目标进行投掷练习。这种活动逐渐演变成了一种室内娱乐和锻炼方式。随着时间的推移，这项运动被更多的人所喜爱，并在20世纪初成为酒吧中流行的休闲活动。1896年，英格兰开夏郡的布莱恩·甘林发明了现代飞镖靶，并设置了不同的分区系统，这标志着现代飞镖运动的诞生。1902年，英国选手约翰·雷德首次在单轮比赛中取得180分的成绩，进一步吸引了众多参与者。飞镖运动在英国迅速发展，1924年英国成立了最早的国家飞镖协会，主办了第一次飞镖锦标赛。1937年，飞镖运动首次通过电视转播，进一步扩大了其影响力。1946年，世界飞镖锦标赛在伦敦举行，1965年汤姆·巴略特成为世界新闻报世界飞镖锦标赛的第一个卫冕冠军。随着时间的推移，飞镖运动的规则和器材标准逐渐完善，参与人数也大幅增加。英格兰以其悠久的飞镖历史和众多的飞镖爱好者，在全球飞镖运动中占据领先地位。

二、飞镖的基本结构

1. 飞镖的种类

飞镖有许多不同的种类，包括钢尖飞镖、软尖飞镖和磁性飞镖。钢尖飞镖是最常见的一种，通常用于比赛。软尖飞镖和磁性飞镖则适合于业余玩家。

2. 飞镖的构造

飞镖通常由三部分组成：镖身、镖翼和镖尖。镖身是飞镖的主体，通常由金属或者塑料制成。镖翼是镖身的两侧扇形部分，用于保持飞镖飞行的稳定性。镖尖则是飞镖的攻击部分，通常由金属制成。

3. 飞镖的标准尺寸

根据国际飞镖组织的规定，标准的飞镖长度为8.0～12.7cm，直径为0.476～0.515cm。这些尺寸标准化，确保比赛的公平性和规范性。

三、镖盘的基本结构

（一）镖盘分值区

图2-18-1所示为镖盘分值区。

① 分值区：此区为镖盘外圈标定分数的本分值区。

② 双倍区：镖盘外圈的狭窄圈环，为各分值区的双倍。

③ 三倍区：镖盘内圈的狭窄圈环，为各分值区的三倍。

④ 外中心圆：此区为25分（绿色）。

⑤ 内中心圆：此区内为50分，此区为外中心圆的双倍区（红色）。

⑥ 镖盘20分区应在镖盘的正上方（即时钟12时的位置）并为黑色，而其他分值区从20分开始被交叉分为两种颜色，顺时针为1分、18分、4分、13分、6分、10分、15分、2分、17分、3分、19分、7分、16分、8分、11分、14分、9分、12分、5分。

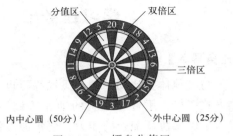

图2-18-1 镖盘分值区

（二）镖盘规格尺寸

镖盘直径：453.0（＋3.0mm）。

数字圈直径：436mm；钢丝直径2mm。

分隔网圈直径：335mm；钢丝直径 1mm。
镖盘厚度：38mm。
外中心圆直径：31.8mm。
内中心圆直径：12.7mm。
双倍区顶弧宽：55mm。
双倍区、三倍区宽度 8mm。
底弧宽：50mm。
三倍区顶弧宽：35mm。
底弧宽：30mm。
上分值区高度：55mm。
下分值区高度：80mm。
分值区底边弧宽：5mm。

（三）镖盘设计详解

在飞镖竞赛中，镖盘的规格尺寸是非常重要的，因为只有符合标准的镖盘才能确保比赛的公平性和准确性。从镖盘的直径到各个分值区的尺寸，每一个细节都经过精确设计和测量。每一个分值区都有着严格的尺寸标准，以确保选手们在比赛中能够准确瞄准并投掷飞镖。镖盘上的颜色也是经过精心选择的，金属附件不能反光，而镖盘的主要颜色为黑、白、红、绿四色。这些设计不仅仅是为了美观，更是为了让选手们在比赛中能够清晰地看到分值区域，提高比赛的公平性和竞技性。因此，在飞镖比赛中，选手们不仅需要具备精湛的技术和稳定的心态，还需要在规格尺寸和颜色标准上严格遵守比赛规则，以确保比赛的公平和准确性。只有这样，才能展现出真正的飞镖竞技魅力，吸引更多的人投入到这项运动之中。

【任务实施】

根据本任务知识点，请思考并回答以下问题：
1. 请详细谈谈飞镖运动的起源与发展，并举例说明在生活中哪些运动或事物与飞镖接近。
2. 完整地概述飞镖镖盘上的分值排布。
3. 请说出比赛用的飞镖规格和镖盘规格。
4. 飞镖由哪几部分组成？有什么作用？

学习任务二　飞镖的基础动作和概念

【任务导入】

与其他体育运动一样，飞镖练习也注重投掷技巧，力求使身体姿势优美平衡，持镖与出镖方式正确，手臂和手腕的动作协调，击靶数字搭配合理及注意力集中，也就是提高心、眼、手、脑协调配合的能力。要掌握飞镖的完整技术，练习者必须细心领会飞镖的基本技术动作要领及要求，学会一些练习方法，加强一些基本技巧练习。飞镖的基本技术由握镖、站立姿势和投镖三个基本动作构成。在练习飞镖的过程中，练习者需要不断地调整自己的动作和姿势，以求达到最佳的投掷效果。握镖是关键的一环，正确的握镖方式能够提高飞镖稳定性和精准度。站立姿势也至关重要，一个稳固的站立姿势可以帮助练习者保持平衡和稳定性，从而更好地控制飞镖的飞行轨迹。投镖动作则需要精准而流畅，手臂和手腕的配合是关键，只有动作协调才能确保镖能够准确命中目标。除了技术动作的要求，飞镖练习也需要练习者保持专注和集中注意力。在投掷的过程中,练习者需要将心、眼、手、脑的协调配合发挥到极致,将目标锁定在靶上,尽最大努力使每一次投掷都能够击中目标。这种高度的专注力和注意力集中不仅可以提高投掷的准确性,还可以锻炼练习者的心理素质和反应能力。练习飞镖不仅仅是一项体育运动,更是一种锻炼身心的过程。通过不懈的努力和持续的练习可以逐渐掌握飞镖的技术要领,提高自己的投掷水平,同时也培养出坚韧不拔的意志和专注力。飞镖练习不仅可以带来身体上的锻炼和乐趣,更能够提升个人的自我修养和综合素质。

【知识准备】

一、飞镖握法动作介绍

握镖的方法有两指法(见图2-18-2)、三指法、五指法(见图2-18-3)和毛笔式(见图2-18-4)握法。选择什么姿势取决于个人的爱好,最常用的握法是三指法(见图2-18-5),即用大拇指和食指、中指三个手指握住金属杆,大拇指在一侧,食指、中指在另一侧,共同用力夹住金属杆。握镖姿势没有正确、错误之分,只有最佳。除了两指法、三指法、五指法和毛笔式握法之外,还有一些少数人使用的特殊握法,比如倒持握法和反手握法。倒持握法是指将镖头朝下握住,这种握法通常用于特殊技巧的发挥,如快速旋转镖体或进行特殊抛掷动作。而反手握法则是将镖头朝后握住,适用于一些需要更大力量的抛掷动作。在选择握镖姿势时,除了个人的爱好外,还应考虑到自身的握力和手指的灵活性。有些人可能更适合使用三指法,因为这种握法在稳定性和控制性方面表现较好;而对于一些手指较柔软灵活的人来说,可能更倾向于使用五指法或毛笔式握法。无论选择哪种握镖姿势,都需要不断练习和调整,以找到最适合自己的方式。握镖的姿势并没有绝对的正确或错误,只要能够在使用过程中保持稳定、准确地瞄准目标并控制抛掷力度,就是最佳的握法。通过不断地练习和尝试不同的握镖方法,每个人都可以找到适合自己的方式,提高镖技水平,享受这项充满挑战和乐趣的运动。

图2-18-2 二指法握镖

图2-18-3 五指法握镖

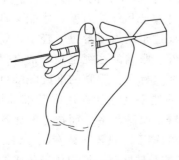

图2-18-4 毛笔式握镖

图2-18-5 三指法握镖

二、站立姿势

站立姿势是准确投镖的关键所在。通常提倡最自然投镖的动作，要求保持舒适、稳定和平衡的站立姿势。舒适是指镖手站立时要自然，全身放松；稳定是指站立时重心要稳定，身体不摇晃，投镖时身体不随手臂运动而摆动；平衡是要求身体各个部位协调。一个准确的投镖动作需要细致入微的站立姿势。在保持舒适、稳定和平衡的基础上，还需要注意手臂的位置和力量的控制。正确的姿势可以使镖手更加专注和放松，以便准确地瞄准目标。此外，适当的呼吸也是非常重要的，镖手在投镖之前应该深呼吸，保持冷静和集中。只有在这种理想的状态下，镖手才能达到最佳的投镖效果。除了站立姿势外，心理素质也是影响投镖准确性的关键因素。在激烈的比赛中，镖手需要保持冷静，控制好自己的情绪，不受外界因素的干扰。只有在心如止水的状态下，才能发挥出自己最佳的水平。因此，练习者在平时的训练中不仅要注重技术动作的细节，还要培养自己的心理素质，提升心理素质的稳定性和耐压能力。准确投镖不仅仅是技术动作的表现，更多的是站立姿势和心理素质的综合体现。只有在这两方面都得到了充分的训练和提升，才能在比赛中取得更好的成绩。在未来的训练中，应该注重这两个方面的综合提升，不断提高自己的投镖水平，成为真正的镖王。

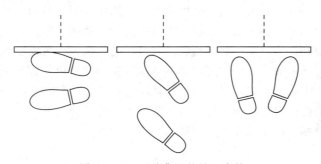

图 2-18-6　三种典型的站立姿势

站立姿势的重点之处是双脚的位置。投掷时，双脚一般有三种站立姿势（见图 2-18-6）：一种是身体直立，脚尖向前，双脚靠拢，脚尖与投掷线成直角；另一种是脚尖平行或成直角，两脚脚尖面向投掷线，这是一种最为普遍的姿势；第三种是一脚在前的姿势，这种姿势最适合初学者，站立时，右脚在前，左脚旋转一个角度，以使自己站得很舒适为原则。实际上，站立习惯是因人而异的，一些人习惯双脚并排面向镖盘站立，一些人则喜欢双脚一前一后站立，如右脚在前，右手持镖，身体右半部分对着镖盘，还有一些人则喜欢双脚与镖盘成45度角站立。投掷时最重要的一点就是，不管采取何种站立姿势，每位练习者都应找到一个适合自己的最佳姿势并保持住。此外站立时还应注意身体与镖盘的关系，大多数选手习惯直接站立在镖盘的前方，投镖手臂正好直接对准牛眼，瞄准不同的数字时，或者当镖盘上的另一支镖挡住了视线时，左右稍微移动一下是非常有必要的。但优秀选手在连续投镖时一般不会经常移动。优秀选手之所以不同一般，主要在于他们在比赛中能始终如一，不管是身体还是大脑都能协同工作。投掷手臂的动作也是十分关键的一环。投掷者在站立稳定的基础上，需要掌握正确的手臂摆动和释放力度，才能准确将镖投向目标。在投掷过程中，手臂的动作应该保持流畅，不要过于用力或者过于轻松，要找到一个恰到好处的力度，这样才能保证投镖的准确性和稳定性。眼睛的注视也是非常重要的。在投掷镖的过程中，选手需要集中精神，将视线紧紧锁定在目标上。眼睛的准确瞄准可以帮助投掷者更好地控制力度和方向，从而提高命中率。优秀的选手往往能够用眼睛准确捕捉目标，将镖投向心仪的位置。镖赛是一个综合运用身体、手臂、眼睛等多方面技能的比赛项目。通过不断的练习和磨炼，每位选手都有可能成为一名优秀的镖手。只要保持专注、持之以恒，并且不断总结经验，相信每个人都能在比赛中展现出自己的最佳状态，取得优异的成绩。

在飞镖运动中，站姿是非常重要的基础，它直接影响到飞镖投掷的准确性和稳定性。一个正确的站姿可以帮助选手更好地平衡身体,稳定重心,从而更好地掌控飞镖的投掷。接下来,我们将详细讲解飞镖运动的站姿。

1. 站姿要点

① 稳定性:站姿的首要目标是确保身体的稳定性。双脚与肩同宽或略宽,这样可以确保身体有一个稳固的基础。同时,重心要稍微向前倾,这样有助于保持身体的平衡。双脚的分布要均匀,重心落在脚掌上而非脚跟,这样可以减少不必要的摇晃。此外,保持身体挺直,肩膀放松,双臂自然下垂。这样的姿势能够让人更加专注,提高投掷的精准度。眼神专注:站姿时,一定要保持眼睛专注在飞镖靶上的目标区域。眼睛是指导投掷方向的重要器官,保持专注可以帮助准确地瞄准目标。同时,保持眼睛平行于地面,不要歪斜或上下移动,这样可以确保投掷的稳定性和准确性。呼吸调控:在站姿时,保持深呼吸是非常重要的。深呼吸可以帮助放松身体,控制好情绪,提高专注力。在投掷前,可以进行几次深呼吸,让自己进入一个平静的状态,有助于提高投掷的稳定性和准确性。

② 平衡性:在保持稳定性的同时,还需要确保身体的平衡。这意味着身体的重心应该在双脚之间,而不是偏向一侧。另外,要注意保持肩部的平衡,不要让一侧的肩膀比另一侧更高。保持身体的平衡可以帮助更好地控制飞镖的投掷力度和方向。此外,眼睛应该始终注视着目标,保持专注和集中。飞镖比赛中的一瞬间,可能决定了胜负的结果。因此,掌握好飞镖的站姿要点至关重要。

③ 放松性:站姿不应该是僵硬的。相反,身体应该是放松的,这样可以更容易地转动和投掷飞镖。在飞镖比赛中,放松性的站姿是至关重要的。当站在飞镖台前,感受一下自己的身体,确保肩膀、手臂和手腕都是放松的。紧张的身体会限制动作,影响投掷准确性。所以,在站姿要点中,放松性是其中一个关键因素。保持平衡也是站姿要点中的重要部分。身体重心应该均匀地分布在双腿上,双脚与肩同宽。这样可以确保在投掷飞镖时有稳定的支撑,避免因失去平衡而导致投掷偏差。而眼睛的注视点也是站姿要点中需要注意的地方。在准备投掷时,眼睛应该专注于目标,保持固定的注视点。这样可以帮助集中注意力,提高投掷的精度和准确性。放松性、平衡性和眼睛注视点是飞镖站姿要点中最基本的部分。

2. 站姿步骤

(1) 站立

首先,站立直立,双脚与肩同宽或略宽。保持膝盖微屈,这样可以增加稳定性。接着,重心要稍微向前倾,以便更好地控制飞镖的出手力度。同时,双肩要放松下沉,保持平衡。手臂自然下垂,握紧飞镖的手要稍微向上倾斜,让手腕自然放松,以便更好地控制飞镖的旋转和方向。眼睛要注视着目标,注意保持专注和集中,准备好随时出手。此时,身体要保持稳定,呼吸要均匀,心态要平静。在这个站姿的基础上,配合适当的动作和出手力度,才能使飞镖准确地飞向目标。站姿是飞镖比赛中至关重要的一环,只有站姿得当,才能为后续的动作奠定良好的基础。

(2) 调整重心

确保身体的重心位于双脚之间。可以通过轻轻地移动脚趾或脚跟来调整重心。当确定重心位于双脚之间时,接下来要注意的是保持身体的平衡。在飞镖投掷的过程中,始终保持身体直立,避免身体向前或向后倾斜。在站姿过程中,可以略微弯曲膝盖,这样可以帮助减轻身体的压力,同时也更有利于稳定姿势。在调整飞镖站姿时,还要留意手臂的位置。将握有飞镖手的手臂伸直,与眼睛在同一水平线上,这样可以确保投掷的准确性。同时,保持手臂的放松,避免过于紧张,这样可以更流畅地完成投掷动作。不要忽视头部的位置。将头部稍微向前倾斜，目光集中在目标上，有助于提高准确性和集中力。记住，飞镖投掷不仅是身体的动作，也需要心理上的准备和专注。通过调整重心、保持平衡、正确的手臂位置和头部姿势，可以更好地掌握飞镖站姿要点，提升自己的投掷技巧和准确度。细心的调整和持续的练习将使飞镖技术更上一层楼，在比赛中游刃有余，收获更多胜利。

（3）放松身体

从脚部开始，逐渐向上放松身体。确保肩膀、背部和颈部都是放松的。在飞镖比赛中，一个合适的姿势可以帮助选手保持稳定并提高精准度。除了放松身体外，站姿也是非常重要的一点。第二点是保持平衡。站在投掷线上时，确保体重均匀分布在两只脚上，避免偏向一侧。保持平衡可以让选手在投掷过程中更加稳定。第三点是注意站姿的稳定性。双脚应该与投掷线垂直，保持一个舒适的宽度，以确保有足够的支撑力量。同时，保持膝盖微微弯曲，这样可以减少身体的晃动，提高投掷的准确性。最后一点是眼睛的注视点。在投掷时，将注意力集中在飞镖要命中的目标上，确保眼睛在投掷过程中保持稳定并准确锁定目标。

（4）稳定呼吸

保持稳定的呼吸，这有助于更好地控制身体和飞镖的投掷。飞镖站姿的要点之一就是保持稳定的呼吸。当准备投掷飞镖时，深呼吸可以帮助放松身体，减轻紧张感，使得投掷更加顺畅和准确。在飞镖比赛中，良好的呼吸技巧是取得成功的关键因素之一。因此，无论是练习还是比赛，稳定的呼吸都是非常重要的。

三、投镖

投镖包括三个步骤：预备、送镖和顺势动作。这三个连贯动作类似于篮球的投篮动作，动作基本要求也很相似，做到流畅、舒展、协调。在投镖的过程中，预备阶段是至关重要的一步。选手需要站稳脚跟，双手握紧镖的把手，目光紧盯着目标。这个阶段类似于篮球运动员将球放在手中，准备投篮的动作。眼睛要注视着目标，身体要保持平衡，呼吸要均匀，一切都是为了在送镖的过程中保持稳定。送镖阶段是投镖动作中的关键一环。在这一步中，选手需要用力将镖往前推出，保持臂部的伸直和力度的控制，同时在推镖的过程中要保持身体的平衡和稳定。这个过程需要选手有足够的力量和技巧，就像篮球运动员在投篮时需要有精准的控制和力量释放一样。顺势动作是投镖动作的收尾阶段，也是整个动作的点睛之笔。在送镖后，选手需要做出合适的顺势动作，让镖飞向目标并准确命中。这一步骤需要选手有良好的手眼协调能力和对力度的掌控，就像篮球运动员在出手后需要优雅地跟随球的轨迹一样。投镖和篮球投篮虽然是不同的运动项目，但在动作要求和技巧上有一定的相似之处。通过细致的训练和不懈的努力，选手们才能在比赛中做到流畅、舒展、协调，将投镖的每一个步骤都发挥到极致，从而取得优异的成绩。

（1）预备

预备动作要求准备姿势站好，两眼盯着目标，肘关节抬起，上臂与地面平行，镖稍向后引，放在面前，准备投镖（见图 2-18-7）。大多数运动员在整个投镖过程中都把镖直接放在面前，肘关节的角度几乎不变，是整个过程的静止支点。

（2）送镖

送镖是指向镖盘上目标区域投镖。送镖时前臂发力，向前摆动，手指松开，将飞镖送出（见图 2-18-8）。对初学者来说，最常见的一个问题是不知道该用多大的力量送镖。准确但不要盲目用力，是成功击中目标的关键。投镖所用的力量要将镖恰好能插到盘上，优秀选手送镖动作轻盈，镖飞行时划出一道优美的弧线（见图 2-18-9），表现出了不同一般的连贯力量。

送镖是一门技艺,需要细致的动作和精准的力量掌控。对于初学者来说,要注意的是不要过于用力,而是要掌握恰到好处的力量。在送镖的过程中,前臂要发力,但不要盲目地施加压力。只有在掌握了合适的力量之后,镖才能准确地插入目标区域。在投镖时,不要过度使用手臂或肩膀的力量,而是要依靠手腕和前臂的灵活控制,这样才能达到最好的效果。准确的力量掌握是成功击中目标的关键。

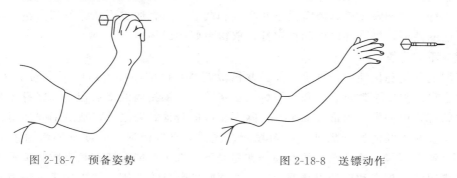

图 2-18-7　预备姿势　　　　　　　　　图 2-18-8　送镖动作

(3) 顺势动作

镖送出以后,手臂直接向镖盘方向伸出(见图 2-18-10),这也许是保持正确一致的投镖动作的关键所在。镖送出以后,手臂自然向前跟进(像网球发球或棒球的投球一样)。投镖不是一个急停急起的动作,练习者无论是在身体上还是在精神上都要顺势跟上。

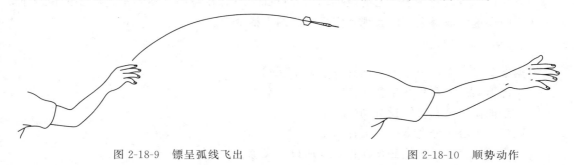

图 2-18-9　镖呈弧线飞出　　　　　　　图 2-18-10　顺势动作

四、注意事项

1. 个体差异

每个人的身体条件和习惯都不同,因此在站姿上可能会有所差异。重要的是找到适合自己的站姿,而不是盲目模仿他人。飞镖站姿是飞镖运动中非常重要的一环,一个正确的站姿能够帮助选手更好地控制飞镖的飞行轨迹。然而,需要注意的是,每个人的身体构造和习惯不同,因此飞镖站姿也会有个体差异。要考虑到个人的身高和臂长。较高的选手可能需要做一些调整,以确保他们的手臂在投掷时能够完全舒展,而较矮的选手可能需要略微弯曲手臂。另外,手的大小和握力也会影响站姿,有些选手可能需要在握持飞镖时做一些微调。个人的平衡感和稳定性也是影响飞镖站姿的重要因素。一些选手可能更倾向于采用较为稳固的站姿,而另一些选手可能更喜欢更为灵活的姿势。在选择站姿时,要根据自己的身体特点和舒适度做出调整,以确保能够保持稳定并且准确地投掷飞镖。个体差异是在飞镖站姿中需要考虑的重要因素之一。选手们应该根据自己的身体条件和习惯,找到最适合自己的站姿,从而提高投掷的准确性和稳定性。在不断的练习中,逐渐调整和优化站姿,以达到更高的水平。

2. 练习和调整

站姿不是一蹴而就的,需要通过不断的练习和调整来完善。在练习过程中,注意观察自己的站姿，发现问题并进行调整。飞镖站姿是参与飞镖比赛的关键因素，它直接影响着投掷准确度和稳定性。要想在比赛中取得好成绩，必须掌握正确的飞镖站姿要点。首先，站姿要稳定，双脚自然分开与肩同宽，脚尖稍微向外倾斜，重心均匀分布在双脚上。上半身要保持挺直，双肩平行，不要过于前倾或后仰。另外，手臂的位置也至关重要，要将飞镖握在指尖，手臂自然垂下，肘部微微弯曲，保持放松状态。此外，眼睛要注视目标，集中注意力，保持专注。练习和调整飞镖站姿需要不断实践和调整，只有通过不断练习和调整，才能找到最适合自己的站姿，提高准确度和稳定性，取得更好的成绩。

3. 适应不同环境

在不同的环境和场地中，选手可能需要稍微调整自己的站姿来适应不同的条件。例如，在硬地面上可能需要调整重心以获得更好的稳定性。飞镖站姿的要点在于确保身体和心态都处于最佳状态，以便发挥出最佳的水平。除了正确的身体站姿之外，适应不同环境也是至关重要的一点。在不同的比赛场地或练习场所，光线、空气流通、温度等环境因素会有所不同，这些因素都可能影响到选手的表现。在亮光下，选手可能会感到眩光或眼睛不适，需要适当的调整眼睛的焦点和保持眼睛湿润。而在昏暗的环境下，则需要更加集中精力，确保投掷动作的稳定性和准确性。另外，空气流通不良可能会导致选手感到气促或缺氧，影响到身体的协调性和稳定性，因此要保持场地的通风良好。在适应不同环境的同时，选手还需要保持心态的平静和专注，不受外界环境的影响干扰。无论是比赛中的压力还是外界的干扰，选手都需要保持镇定，专注于自己的投掷动作和目标。只有在身心都达到最佳状态的情况下，才能在不同环境中取得最好的表现，实现自己的飞镖梦想。

【任务实施】

根据本章知识点，请思考并回答以下几个问题：
1. 飞镖运动的主要目标是什么？
2. 完整地做出一套飞镖投掷动作。
3. 镖盘的中心部分通常被称为什么？
4. 在飞镖比赛中，选手必须在什么线后投掷飞镖？

二维码 2-18-1　飞镖其他知识

参考文献

[1] 赵云宏,肖林鹏,张秀华.高校公体教程新编.北京：北京体育大学出版社,2002.
[2] 黄晨曦.体育欣赏.南京：东南大学出版社,2016.
[3] 孙克成.新编大学体育与健康教程.北京：航空工业出版社,2014.
[4] 刘金凤.田径教学与训练.成都：西南交通大学出版社,2014.
[5] 张向阳,张兆才.大学体育教程.长春：吉林大学出版社,2012.
[6] 黄滨.篮球运动.杭州：浙江大学出版社,2014.
[7] 王家宏.球类运动——篮球.第3版.北京：高等教育出版社,2016.
[8] 林森.排球运动教程.沈阳：辽宁大学出版社,2011.
[9] 刘云民,王恒.排球教学与训练.哈尔滨：哈尔滨工程大学出版社,2016.
[10] 林建成.羽毛球球技、战术、训练与运用.北京：人民体育出版社,2009.
[11] 胡亦海.竞技运动训练理论与方法.北京：人民体育出版社,2014.
[12] 朱建国.羽毛球运动教学与训练教程.北京：清华大学出版社,2015.
[13] 勒特尔EP,科瓦奇MS.网球运动系统训练.孟焕丽,张晶译.北京：人民邮电出版社,2015.
[14] 阿不拉江·尼牙孜.台球.成都：成都时代出版社,2014.
[15] 李德昌.大学台球教程.北京：北京大学出版社,2011.
[16] 张瑞林.健美操.第2版.北京：高等教育出版社,2010.
[17] 矫林江.瑜伽体位法全图典.南京：江苏科学技术出版社,2014.
[18] 张斌,李珊珊.瑜伽从新手到高手.福州：福建科技出版社,2015.
[19] 张丽丽.蹴球运动.北京：北京体育大学出版社,2014.
[20] 范克平.南京中央国术馆首期教授班讲义《宋太祖三十二势长拳》第二套.中华武术,2005,(02)：20-24.
[21] 陈微明.太极拳遗著汇编.北京：人民体育出版社,1994.